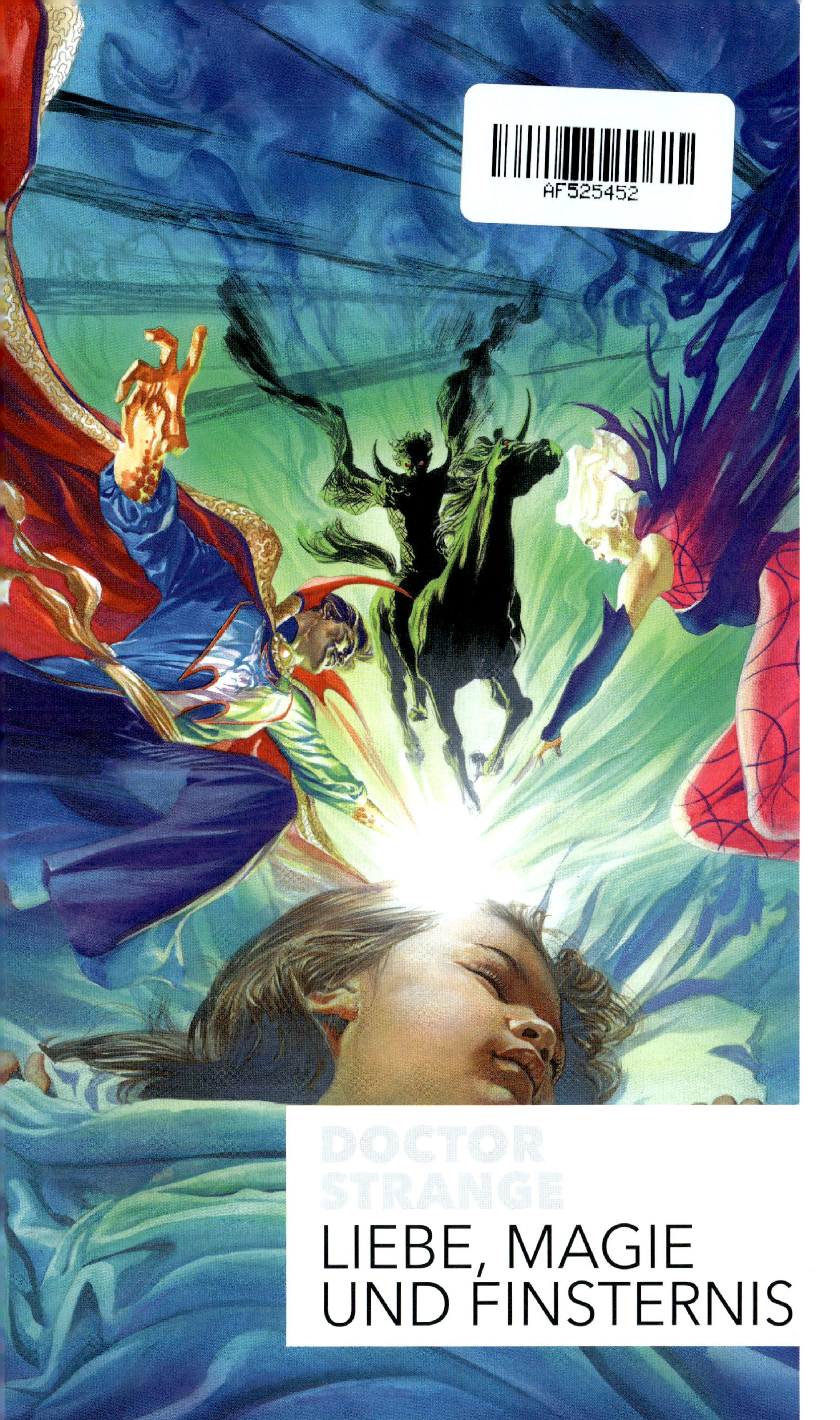
AF525452
DOCTOR STRANGE
LIEBE, MAGIE UND FINSTERNIS

DOCTOR STRANGE

JED MacKAY
AMY CHU (3)
STORY

PASQUAL FERRY (1-3, 5)
ANDY MacDONALD (1, 4)
TOKITOKORO (3)
ZEICHNUNGEN & TUSCHE

KJ DÍAZ (4)
IAN HERRING (1)
MATT HOLLINGSWORTH (1-2)
HEATHER MOORE (3, 5)
FER SIFUENTES-SUTO (3)
FARBEN

ELLETI
LETTERING

MARC-OLIVER FRISCH
ÜBERSETZUNG

KAT GREGOROWICZ
DARREN SHAN
NOAH SHARMA
REDAKTION USA

C. B. CEBULSKI
CHEFREDAKTEUR USA

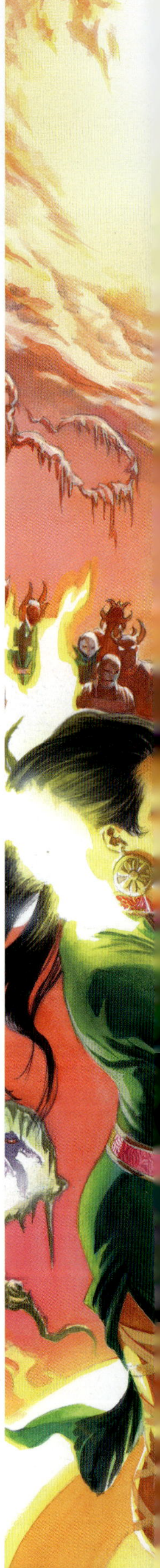

DOCTOR STRANGE erscheint bei **PANINI COMICS**, Schloßstraße 76, D-70176 Stuttgart. Druck: Lito Terrazzi S.r.l. – Prato. Pressevertrieb: Stella Distribution GmbH, D-22297 Hamburg. Direkt-Abos auf **www.paninicomics.de**. Anzeigenverkauf: BLAUFEUER VERLAGSVERTRETUNGEN GmbH, info@blaufeuer.com. Es gelten die Anzeigenpreise gemäß der Mediadaten 2023. Geschäftsführer **Hermann Paul**, Publishing Director Europe **Marco M. Lupoi**, Finanzen/ Logistik **Felix Bauer**, Marketing Director **Holger Wiest**, Marketing **Fabio Cunetto**, Vertrieb **Alexander Bubenheimer**, PR/Presse **Steffen Volkmer**, Publishing Manager **Lisa Pancaldi**, Redaktion **Christian Endres**, **Harald Gantzberg**, **Aurelio Pasini**, **Anja Seiffert**, **Nicola Soressi**, **Kristina Starschinski**, **Daniela Uhlmann**, Übersetzung **Marc-Oliver Frisch**, Proofreading **Genoveva Fincias Alonso**, Lettering **Elleti**, grafische Gestaltung **Marco Paroli** (coordinator), **Cristina Idà**, **Cinzia Morando**, Art Director **Alessandro Gucciardo**, Redaktion Panini Comics **Annalisa Califano**, **Beatrice Doti**, Prepress **Cristina Bedini**, **Daniela Guidetti**, **Andrea Lusoli**, Repro/Packager **Alessandro Nalli** (coordinator), **Anna Boselli**, **Mario Da Rin Zanco**, **Valentina Esposito**, **Luca Ficarelli**, **Linda Leporati**. Deutsche Edition bei Panini Verlags-GmbH unter Lizenz von Marvel Characters B.V. Cover von **Alex Ross**, *Doctor Strange* (2023) 1; Variant-Cover von **Marco Checchetto**, *Doctor Strange* (2023) 1 Variant-Cover-Edition.

Digitale Ausgaben:
ISBN 978-3-7569-0395-5 (.pdf) / ISBN 978-3-7569-0393-1 (.epub) /
ISBN 978-3-7569-0394-8 (.mobi)

Bibliografische Information der Deutschen Nationalbibliothek
Die Deutsche Nationalbibliothek verzeichnet diese Publikation in der Deutschen Nationalbibliografie; detaillierte bibliografische Daten sind im Internet über dnb.d-nb.de abrufbar.

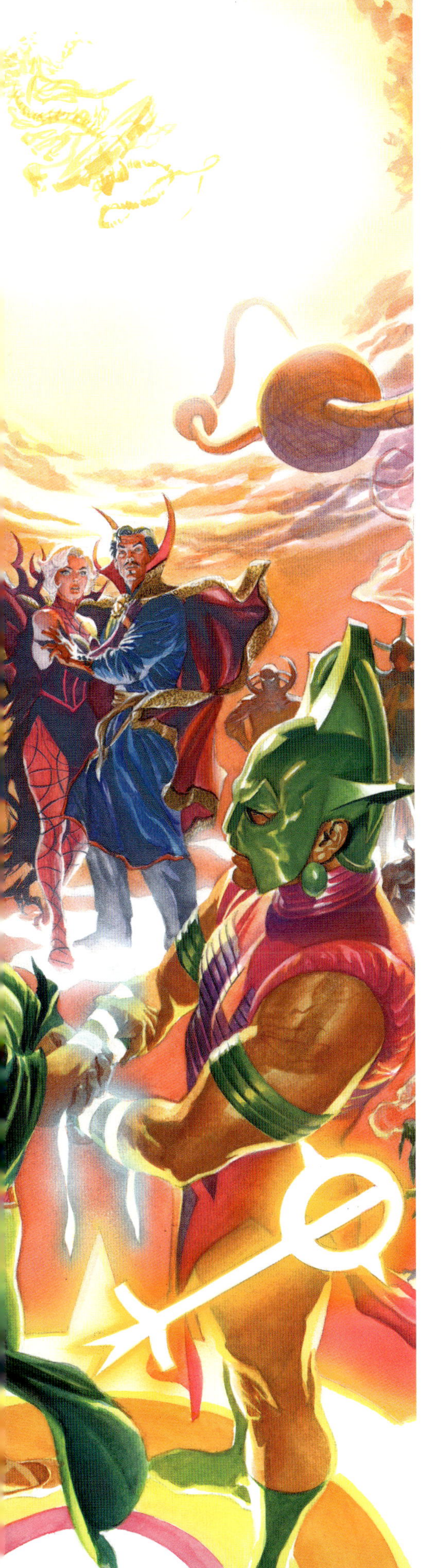

Vor vielen Jahren hatte der Chirurg **Dr. Stephen Strange** einen Autounfall. Dabei erlitten die Nerven in seinen Händen irreparable Schäden. Stephen wollte das nicht hinnehmen und suchte auf der ganzen Welt nach Heilung. So landete er beim **Uralten**, einem Mystiker und Magier, der Strange ausbildete. Am Ende wurde er dann nicht nur ein Meisterzauberer, sondern sogar der Oberste Zauberer des Universums – Beschützer der Menschenwelt vor allen magischen und okkulten Bedrohungen, vor allen Monstern und sonstigen Gefahren aus fremden Dimensionen. Jahrelang wurde Dr. Strange dabei von seinem Unterstützer und Freund **Wong** begleitet, in jüngerer Vergangenheit kam zudem noch Geisterhund **Bats** dazu. Seit einiger Zeit prägt vor allem Autor **Jed MacKay** die Geschicke im Sanctum Sanctorum, dem Heim unseres Meistermagiers im New Yorker Viertel Greenwich Village. Im aufsehenerregenden Band DER TOD VON DOCTOR STRANGE ließ MacKay den Meister der mystischen Mächte sogar sterben! Daraufhin übernahm Stephens große, jedoch aus romantischer Sicht schon lange verlorene Liebe **Clea** für ihn als Oberste Zauberin. Sie stammt aus der gnadenlosen Dunklen Dimension und ist die Nichte von **Dormammu**, Stephens finsterem Erzfeind. In den Bänden STRANGE 1 & 2 präsentierte sich Clea als deutlich ruchlosere magische Beschützerin. Sie legte sich mit dem bösen **Blasphemy Cartel** an, das aus den Resten von Direktorin **Pandora Peters'** magischer **SHIELD**-Abteilung **W.A.N.D.** entstand. Dabei traf sie auch **Harvestman**, bei dem es sich um den für **Death** arbeitenden Stephen handelte. Gemeinsam mussten er und seine Nachfolgerin gegen viele Wiedergänger antreten, die **Director None** vom Cartel auf sie hetzte, darunter sogar **Sentry**. Clea und Stephen vereinten sich zu einem **Super-Strange** aus Leben und Tod, Licht und Dunkelheit und einigem mehr. So besiegten die beiden ihre Gegner, ehe sie sich wieder voneinander lösten. Stephen wurde von Death freigelassen, kehrte ins Leben zurück, und nun sind er und Clea wieder ein Paar. Und bereit für die Zukunft …

Christian Endres

DAS LEBEN DES DR. STRANGE ZUM AUSFLIPPEN!

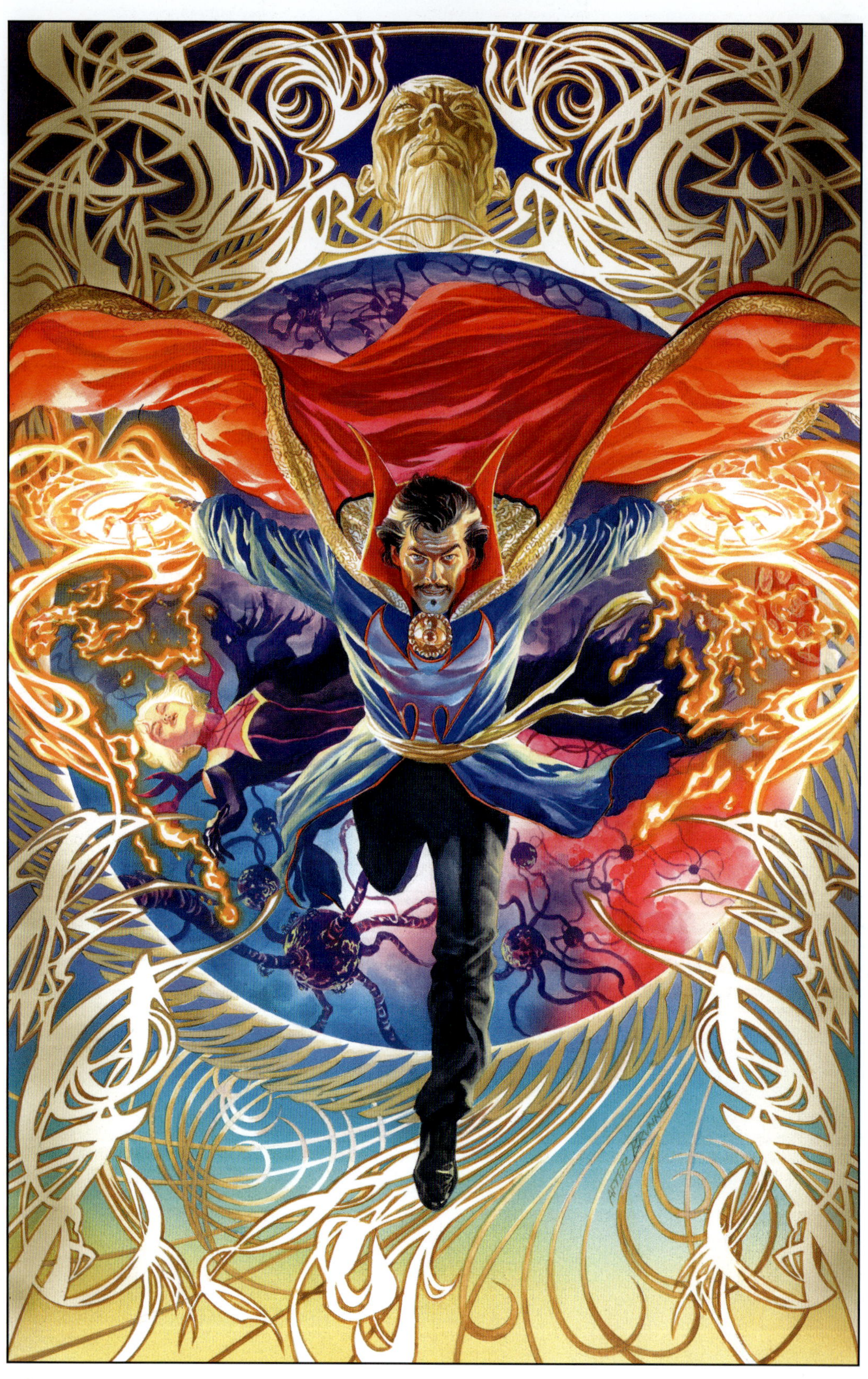

Doctor Strange (2023) 1
Cover von **ALEX ROSS**

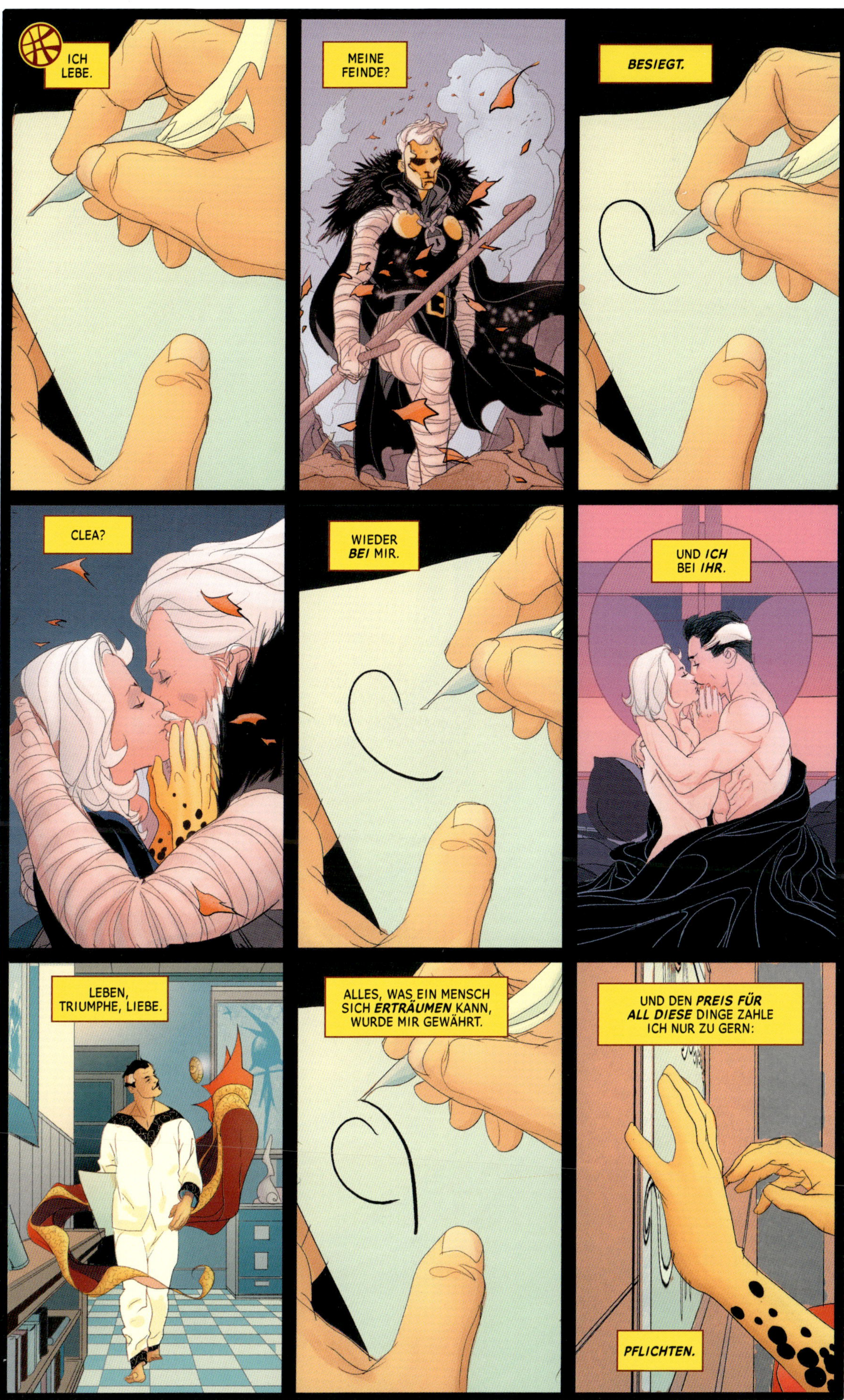
ICH LEBE.
MEINE FEINDE?
BESIEGT.
CLEA?
WIEDER BEI MIR.
UND ICH BEI IHR.
LEBEN, TRIUMPHE, LIEBE.
ALLES, WAS EIN MENSCH SICH ERTRÄUMEN KANN, WURDE MIR GEWÄHRT.
UND DEN PREIS FÜR ALL DIESE DINGE ZAHLE ICH NUR ZU GERN:
PFLICHTEN.

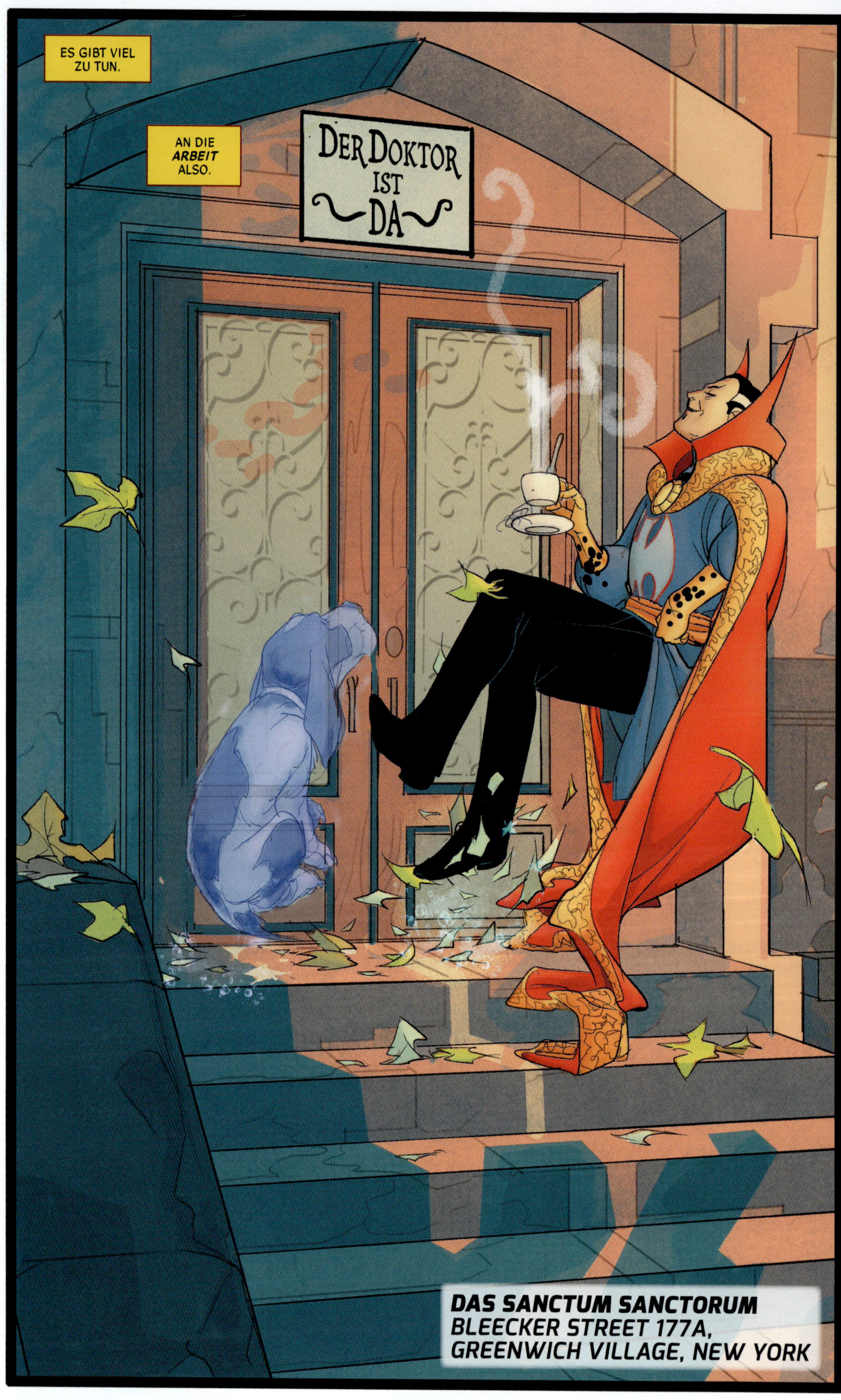
ES GIBT VIEL ZU TUN.
AN DIE ARBEIT ALSO.
DER DOKTOR IST DA
DAS SANCTUM SANCTORUM
BLEECKER STREET 177A,
GREENWICH VILLAGE, NEW YORK

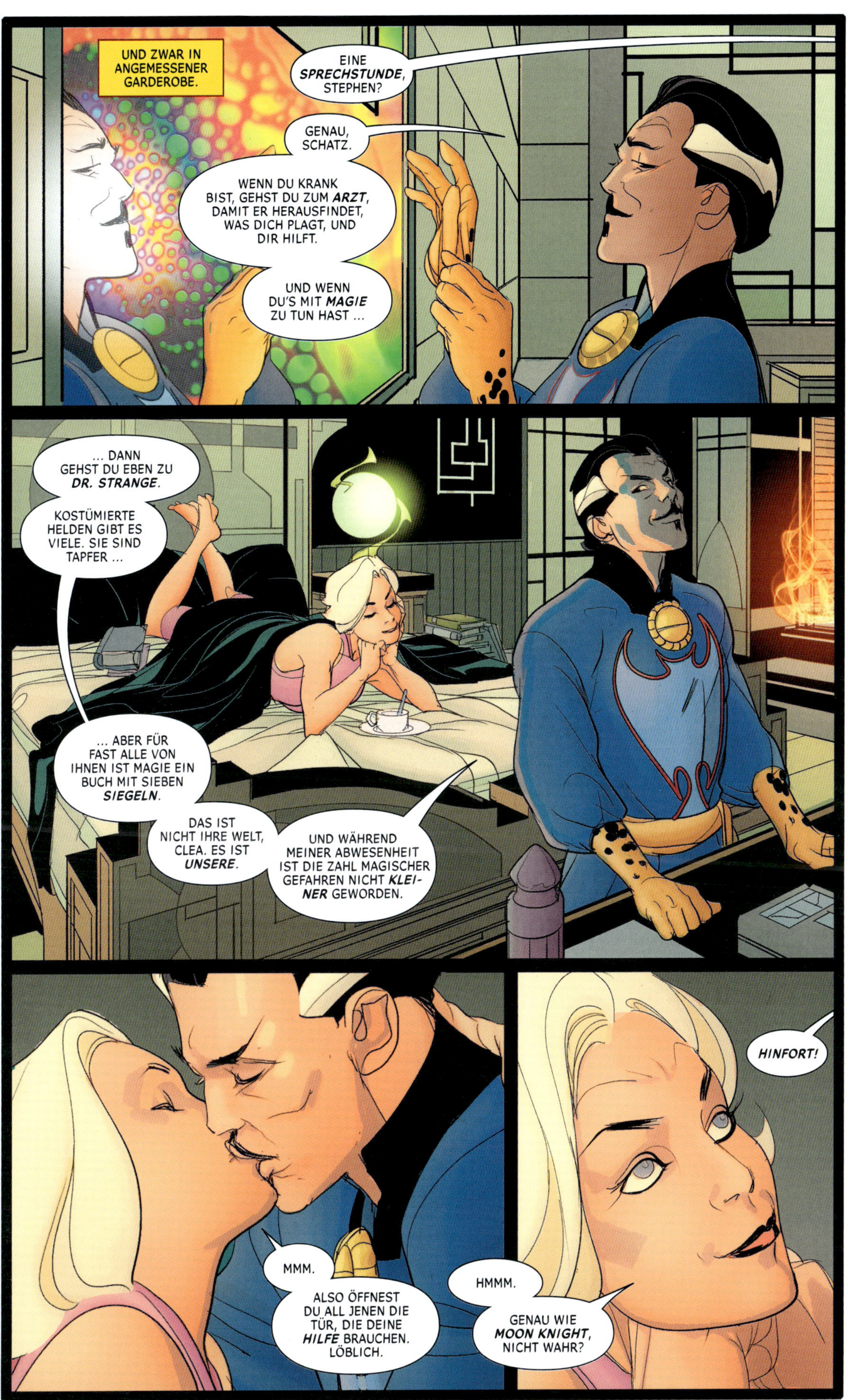
UND ZWAR IN ANGEMESSENER GARDEROBE.
EINE SPRECHSTUNDE, STEPHEN?
GENAU, SCHATZ.
WENN DU KRANK BIST, GEHST DU ZUM ARZT, DAMIT ER HERAUSFINDET, WAS DICH PLAGT, UND DIR HILFT.
UND WENN DU'S MIT MAGIE ZU TUN HAST ...
... DANN GEHST DU EBEN ZU DR. STRANGE.
KOSTÜMIERTE HELDEN GIBT ES VIELE. SIE SIND TAPFER ...
... ABER FÜR FAST ALLE VON IHNEN IST MAGIE EIN BUCH MIT SIEBEN SIEGELN.
DAS IST NICHT IHRE WELT, CLEA. ES IST UNSERE.
UND WÄHREND MEINER ABWESENHEIT IST DIE ZAHL MAGISCHER GEFAHREN NICHT KLEI-NER GEWORDEN.
MMM.
ALSO ÖFFNEST DU ALL JENEN DIE TÜR, DIE DEINE HILFE BRAUCHEN. LÖBLICH.
HMMM.
GENAU WIE MOON KNIGHT, NICHT WAHR?
HINFORT!

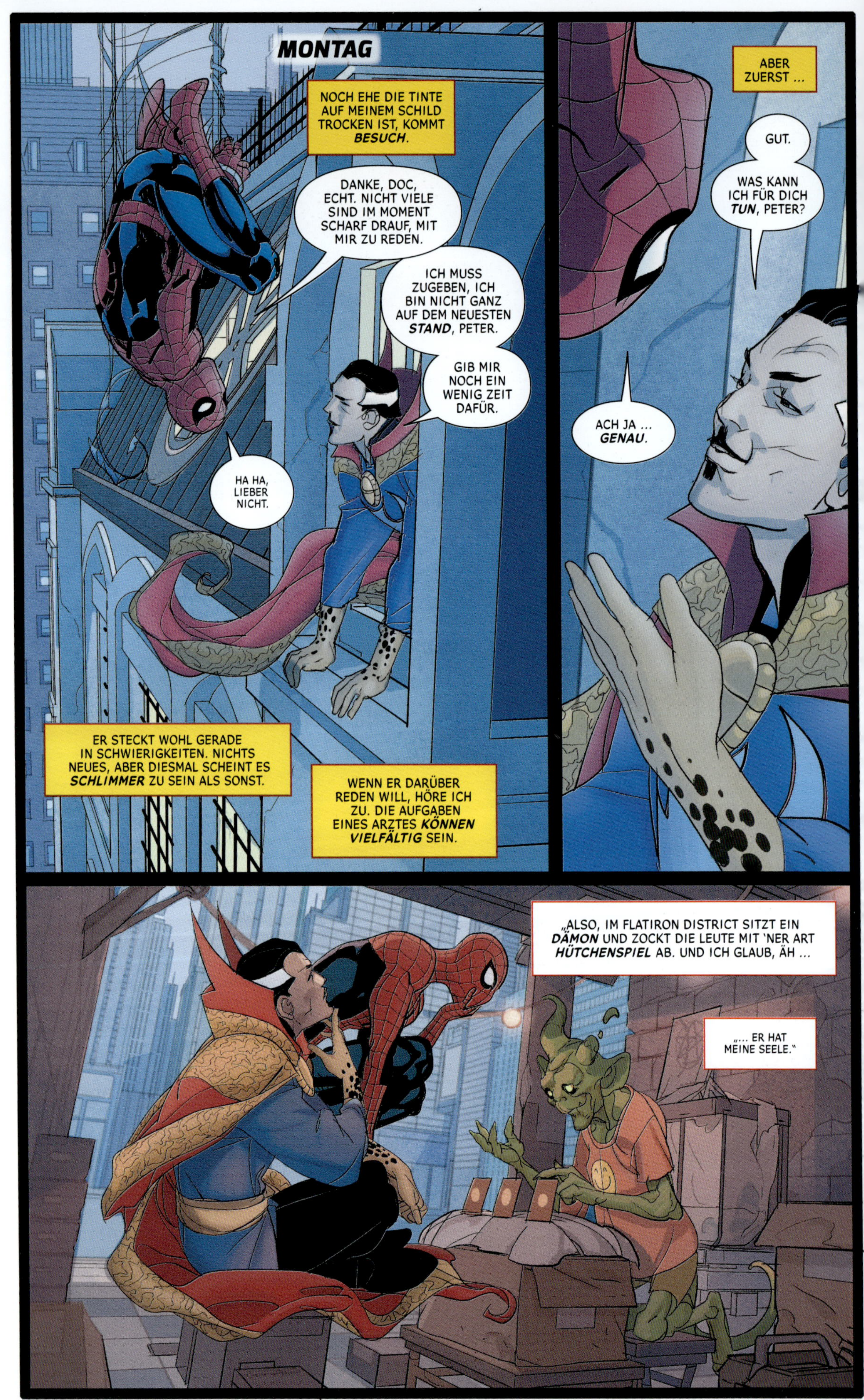
MONTAG
NOCH EHE DIE TINTE AUF MEINEM SCHILD TROCKEN IST, KOMMT BESUCH.
DANKE, DOC, ECHT. NICHT VIELE SIND IM MOMENT SCHARF DRAUF, MIT MIR ZU REDEN.
ICH MUSS ZUGEBEN, ICH BIN NICHT GANZ AUF DEM NEUESTEN STAND, PETER.
GIB MIR NOCH EIN WENIG ZEIT DAFÜR.
HA HA, LIEBER NICHT.
ER STECKT WOHL GERADE IN SCHWIERIGKEITEN. NICHTS NEUES, ABER DIESMAL SCHEINT ES SCHLIMMER ZU SEIN ALS SONST.
WENN ER DARÜBER REDEN WILL, HÖRE ICH ZU. DIE AUFGABEN EINES ARZTES KÖNNEN VIELFÄLTIG SEIN.
ABER ZUERST ...
GUT.
WAS KANN ICH FÜR DICH TUN, PETER?
ACH JA ... GENAU.
„ALSO, IM FLATIRON DISTRICT SITZT EIN DÄMON UND ZOCKT DIE LEUTE MIT 'NER ART HÜTCHENSPIEL AB. UND ICH GLAUB, ÄH ...
„... ER HAT MEINE SEELE."

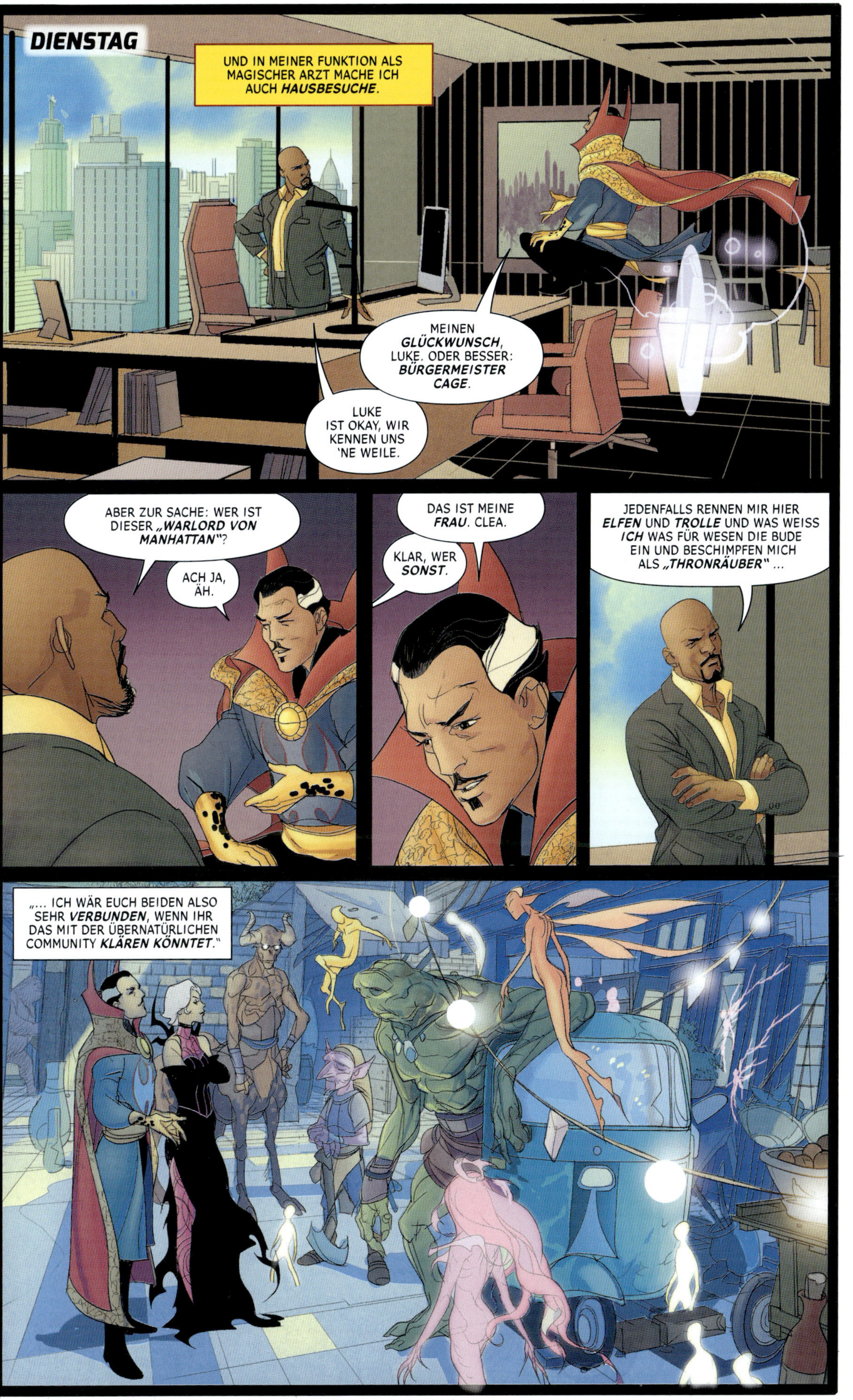

DIENSTAG

UND IN MEINER FUNKTION ALS MAGISCHER ARZT MACHE ICH AUCH *HAUSBESUCHE*.

MEINEN *GLÜCKWUNSCH*, LUKE. ODER BESSER: *BÜRGERMEISTER CAGE*.

LUKE IST OKAY, WIR KENNEN UNS 'NE WEILE.

ABER ZUR SACHE: WER IST DIESER *„WARLORD VON MANHATTAN“*?

ACH JA, ÄH.

DAS IST MEINE *FRAU*. CLEA.

KLAR, WER *SONST*.

JEDENFALLS RENNEN MIR HIER *ELFEN* UND *TROLLE* UND WAS WEISS *ICH* WAS FÜR WESEN DIE BUDE EIN UND BESCHIMPFEN MICH ALS *„THRONRÄUBER“* ...

„... ICH WÄR EUCH BEIDEN ALSO SEHR *VERBUNDEN*, WENN IHR DAS MIT DER ÜBERNATÜRLICHEN COMMUNITY *KLÄREN KÖNNTET*.“

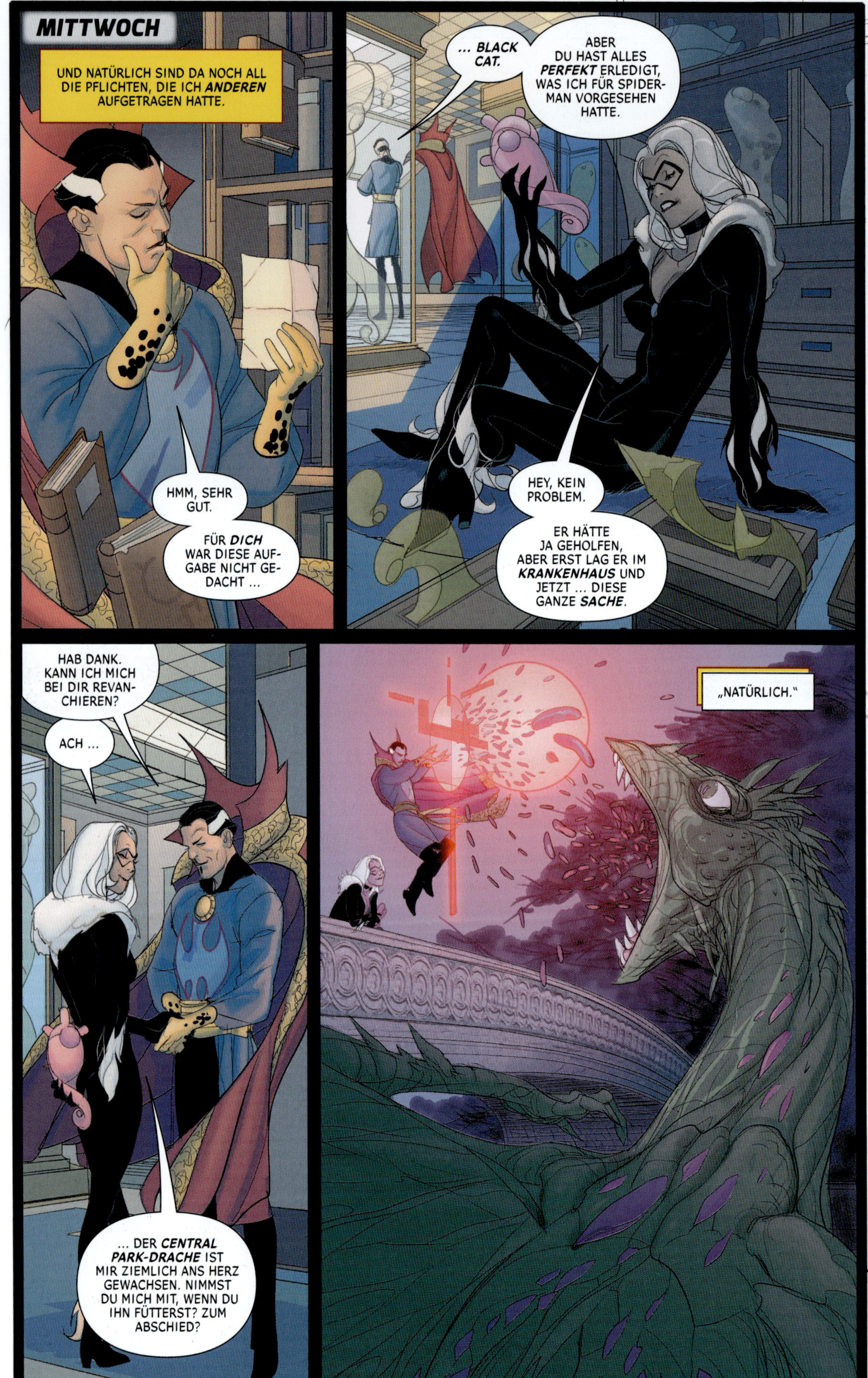
MITTWOCH
UND NATÜRLICH SIND DA NOCH ALL DIE PFLICHTEN, DIE ICH ANDEREN AUFGETRAGEN HATTE.
HMM, SEHR GUT.
FÜR DICH WAR DIESE AUFGABE NICHT GEDACHT ...
... BLACK CAT.
ABER DU HAST ALLES PERFEKT ERLEDIGT, WAS ICH FÜR SPIDER-MAN VORGESEHEN HATTE.
HEY, KEIN PROBLEM.
ER HÄTTE JA GEHOLFEN, ABER ERST LAG ER IM KRANKENHAUS UND JETZT ... DIESE GANZE SACHE.
HAB DANK. KANN ICH MICH BEI DIR REVANCHIEREN?
ACH ...
... DER CENTRAL PARK-DRACHE IST MIR ZIEMLICH ANS HERZ GEWACHSEN. NIMMST DU MICH MIT, WENN DU IHN FÜTTERST? ZUM ABSCHIED?
„NATÜRLICH."

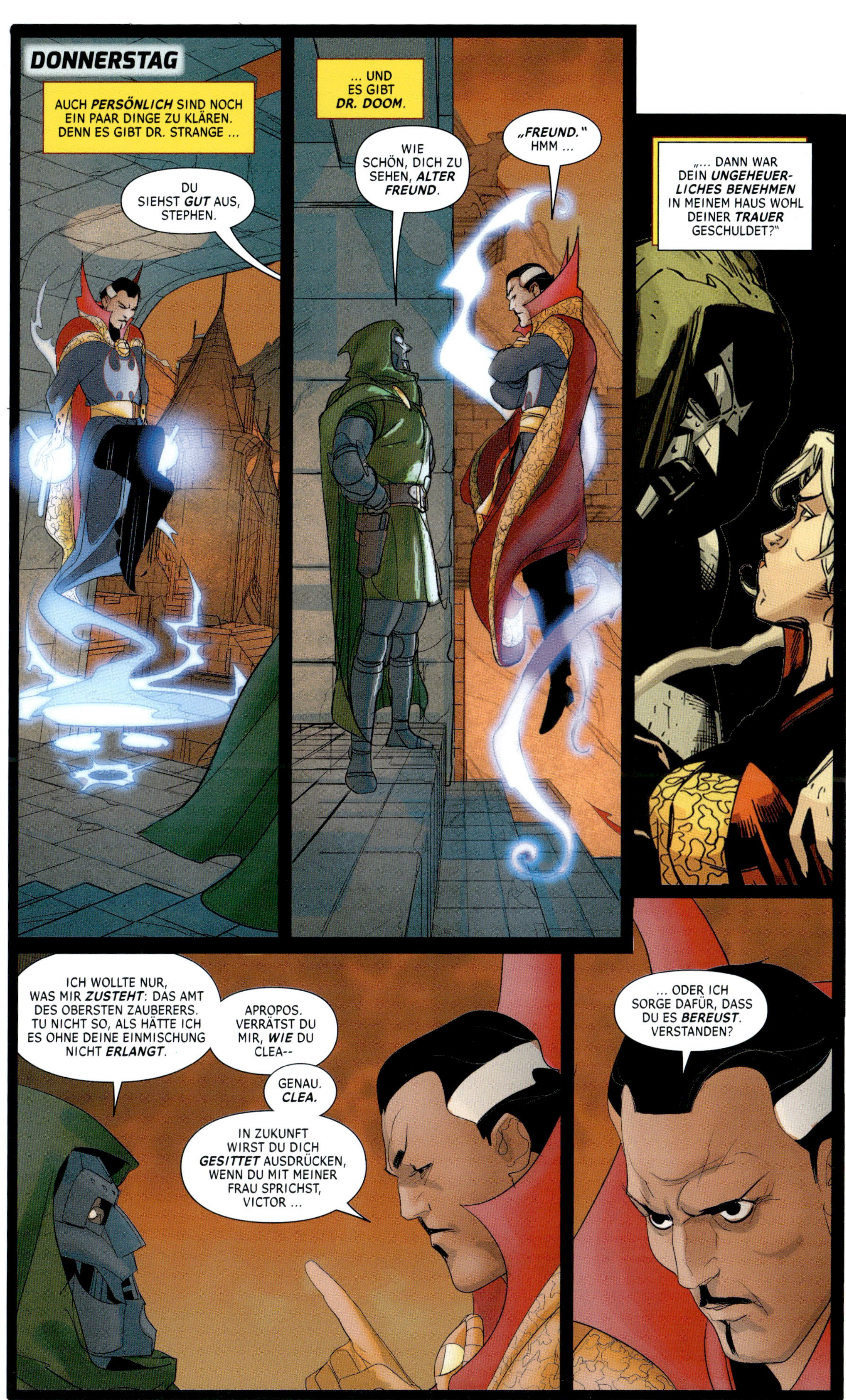
DONNERSTAG
AUCH PERSÖNLICH SIND NOCH EIN PAAR DINGE ZU KLÄREN. DENN ES GIBT DR. STRANGE ...
DU SIEHST GUT AUS, STEPHEN.
... UND ES GIBT DR. DOOM.
WIE SCHÖN, DICH ZU SEHEN, ALTER FREUND.
„FREUND." HMM ...
„... DANN WAR DEIN UNGEHEUERLICHES BENEHMEN IN MEINEM HAUS WOHL DEINER TRAUER GESCHULDET?"
ICH WOLLTE NUR, WAS MIR ZUSTEHT: DAS AMT DES OBERSTEN ZAUBERERS. TU NICHT SO, ALS HÄTTE ICH ES OHNE DEINE EINMISCHUNG NICHT ERLANGT.
APROPOS. VERRÄTST DU MIR, WIE DU CLEA--
GENAU. CLEA.
IN ZUKUNFT WIRST DU DICH GESITTET AUSDRÜCKEN, WENN DU MIT MEINER FRAU SPRICHST, VICTOR ...
... ODER ICH SORGE DAFÜR, DASS DU ES BEREUST. VERSTANDEN?

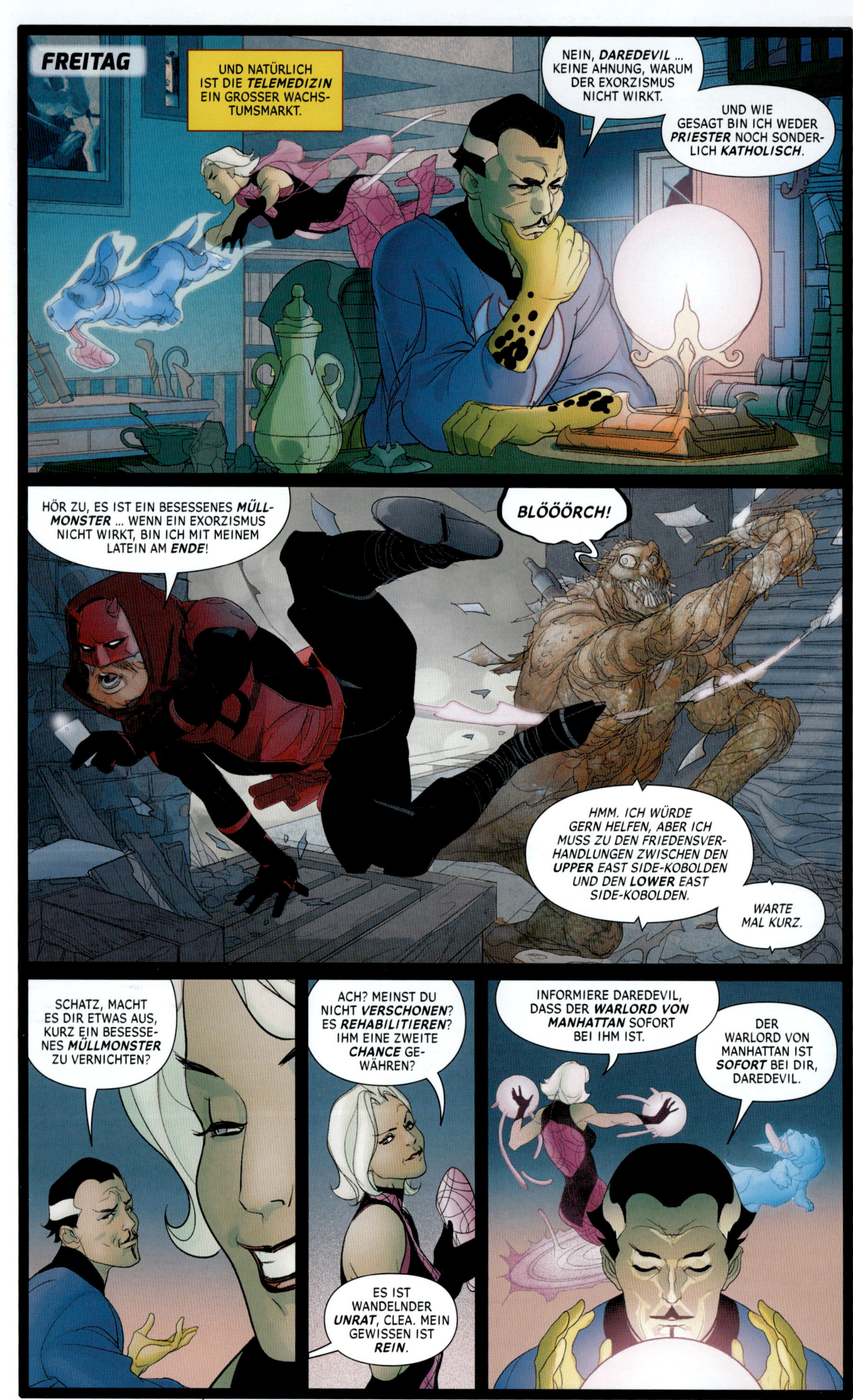
FREITAG
UND NATÜRLICH IST DIE TELEMEDIZIN EIN GROSSER WACHSTUMSMARKT.
NEIN, DAREDEVIL ... KEINE AHNUNG, WARUM DER EXORZISMUS NICHT WIRKT.
UND WIE GESAGT BIN ICH WEDER PRIESTER NOCH SONDERLICH KATHOLISCH.
HÖR ZU, ES IST EIN BESESSENES MÜLLMONSTER ... WENN EIN EXORZISMUS NICHT WIRKT, BIN ICH MIT MEINEM LATEIN AM ENDE!
BLÖÖÖRCH!
HMM. ICH WÜRDE GERN HELFEN, ABER ICH MUSS ZU DEN FRIEDENSVERHANDLUNGEN ZWISCHEN DEN UPPER EAST SIDE-KOBOLDEN UND DEN LOWER EAST SIDE-KOBOLDEN.
WARTE MAL KURZ.
SCHATZ, MACHT ES DIR ETWAS AUS, KURZ EIN BESESSENES MÜLLMONSTER ZU VERNICHTEN?
ACH? MEINST DU NICHT VERSCHONEN? ES REHABILITIEREN? IHM EINE ZWEITE CHANCE GEWÄHREN?
ES IST WANDELNDER UNRAT, CLEA. MEIN GEWISSEN IST REIN.
INFORMIERE DAREDEVIL, DASS DER WARLORD VON MANHATTAN SOFORT BEI IHM IST.
DER WARLORD VON MANHATTAN IST SOFORT BEI DIR, DAREDEVIL.

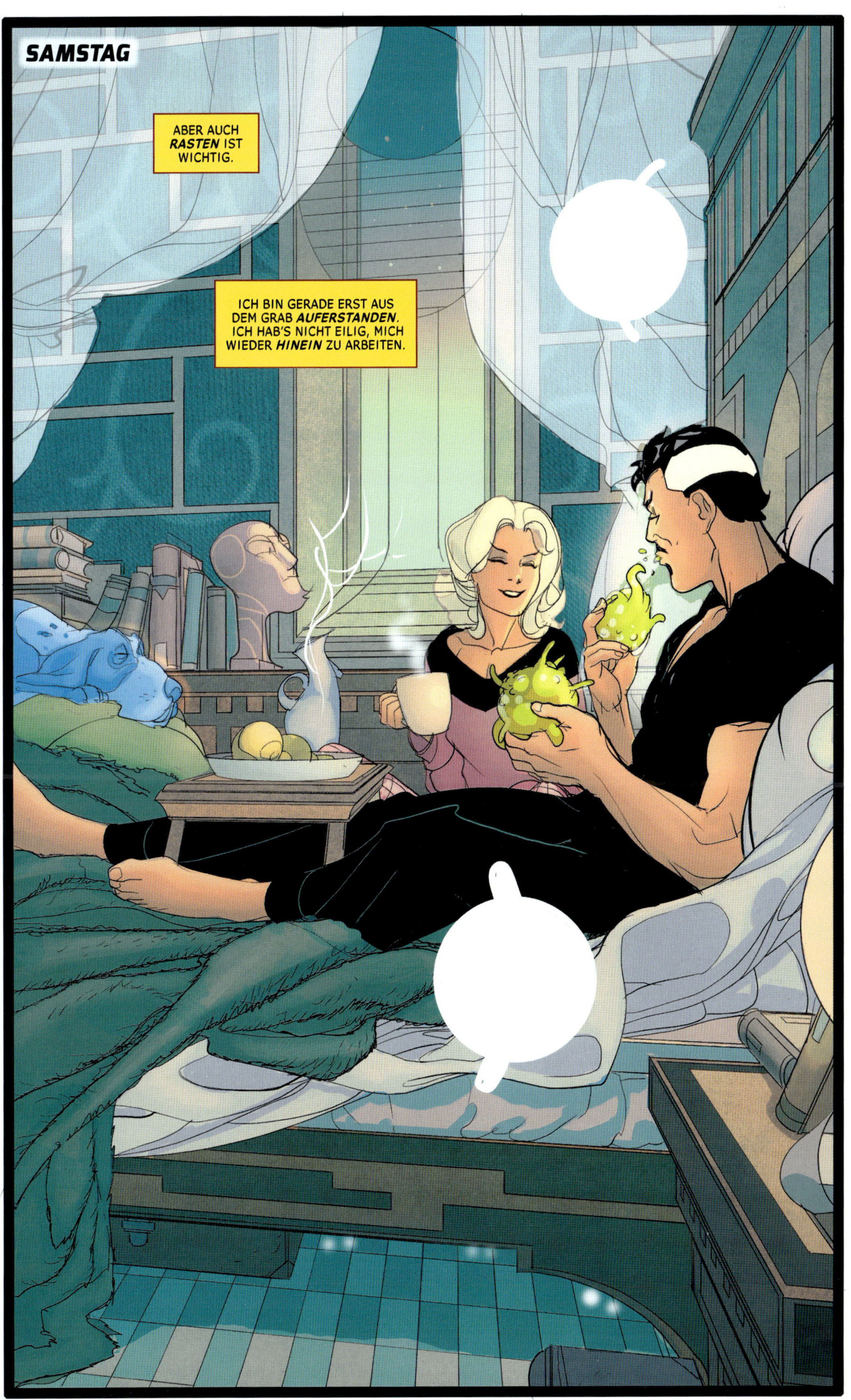
SAMSTAG
ABER AUCH *RASTEN* IST WICHTIG.
ICH BIN GERADE ERST AUS DEM GRAB *AUFERSTANDEN*. ICH HAB'S NICHT EILIG, MICH WIEDER *HINEIN* ZU ARBEITEN.

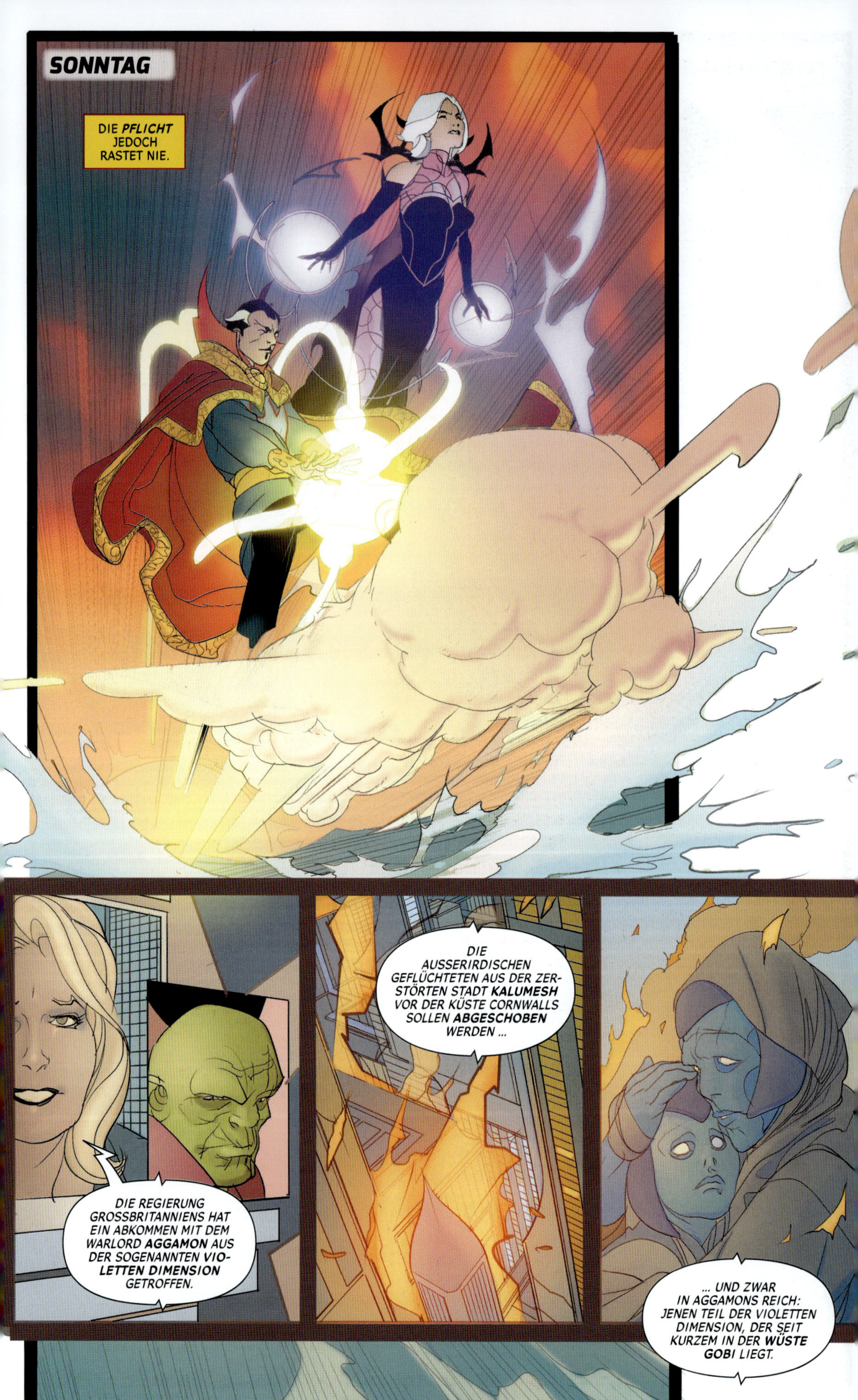
SONNTAG
DIE PFLICHT JEDOCH RASTET NIE.
DIE REGIERUNG GROSSBRITANNIENS HAT EIN ABKOMMEN MIT DEM WARLORD AGGAMON AUS DER SOGENANNTEN VIOLETTEN DIMENSION GETROFFEN.
DIE AUSSERIRDISCHEN GEFLÜCHTETEN AUS DER ZERSTÖRTEN STADT KALUMESH VOR DER KÜSTE CORNWALLS SOLLEN ABGESCHOBEN WERDEN ...
... UND ZWAR IN AGGAMONS REICH: JENEN TEIL DER VIOLETTEN DIMENSION, DER SEIT KURZEM IN DER WÜSTE GOBI LIEGT.

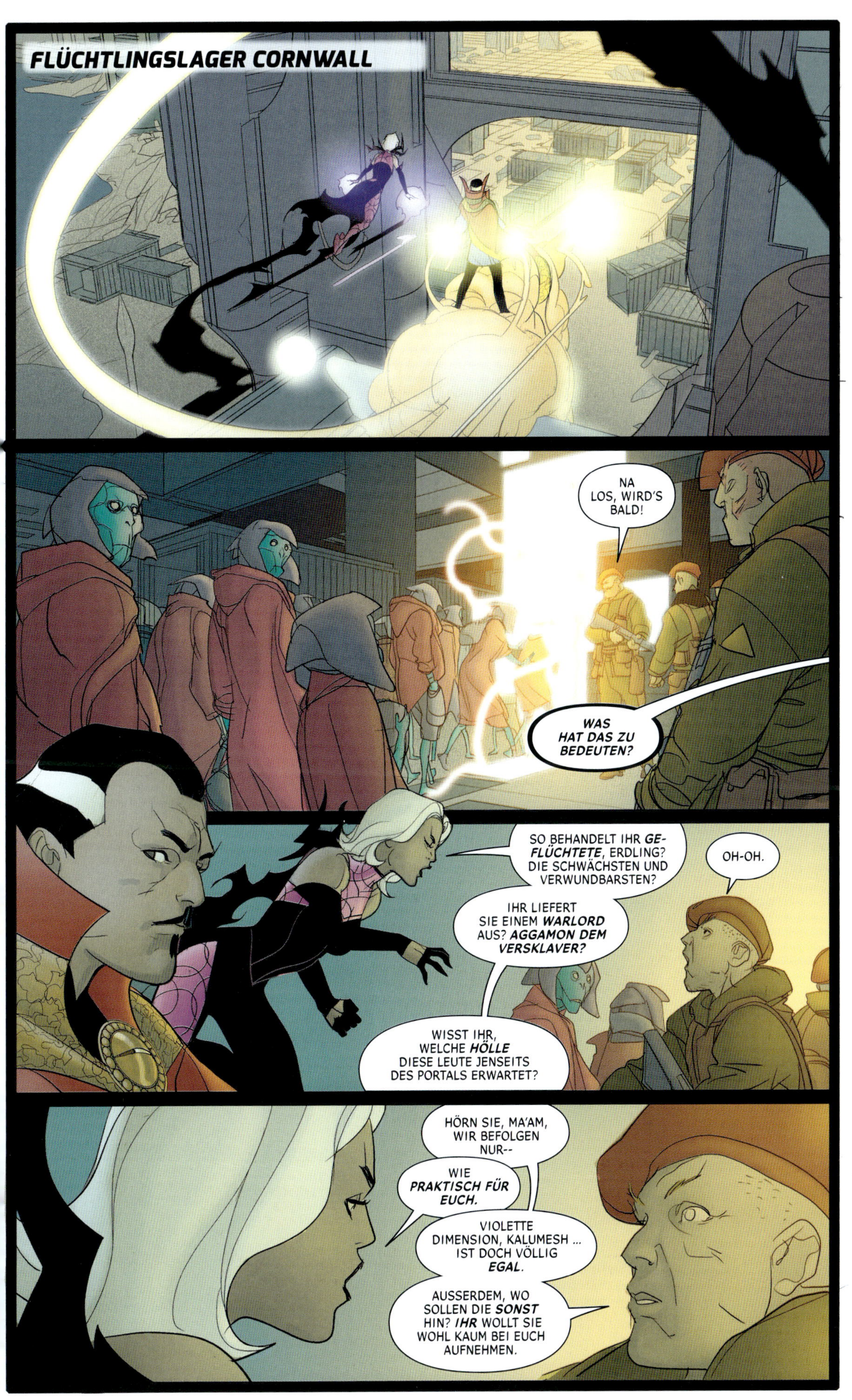
FLÜCHTLINGSLAGER CORNWALL
NA LOS, WIRD'S BALD!
WAS HAT DAS ZU BEDEUTEN?
SO BEHANDELT IHR GEFLÜCHTETE, ERDLING? DIE SCHWÄCHSTEN UND VERWUNDBARSTEN?
IHR LIEFERT SIE EINEM WARLORD AUS? AGGAMON DEM VERSKLAVER?
WISST IHR, WELCHE HÖLLE DIESE LEUTE JENSEITS DES PORTALS ERWARTET?
OH-OH.
HÖRN SIE, MA'AM, WIR BEFOLGEN NUR--
WIE PRAKTISCH FÜR EUCH.
VIOLETTE DIMENSION, KALUMESH ... IST DOCH VÖLLIG EGAL.
AUSSERDEM, WO SOLLEN DIE SONST HIN? IHR WOLLT SIE WOHL KAUM BEI EUCH AUFNEHMEN.

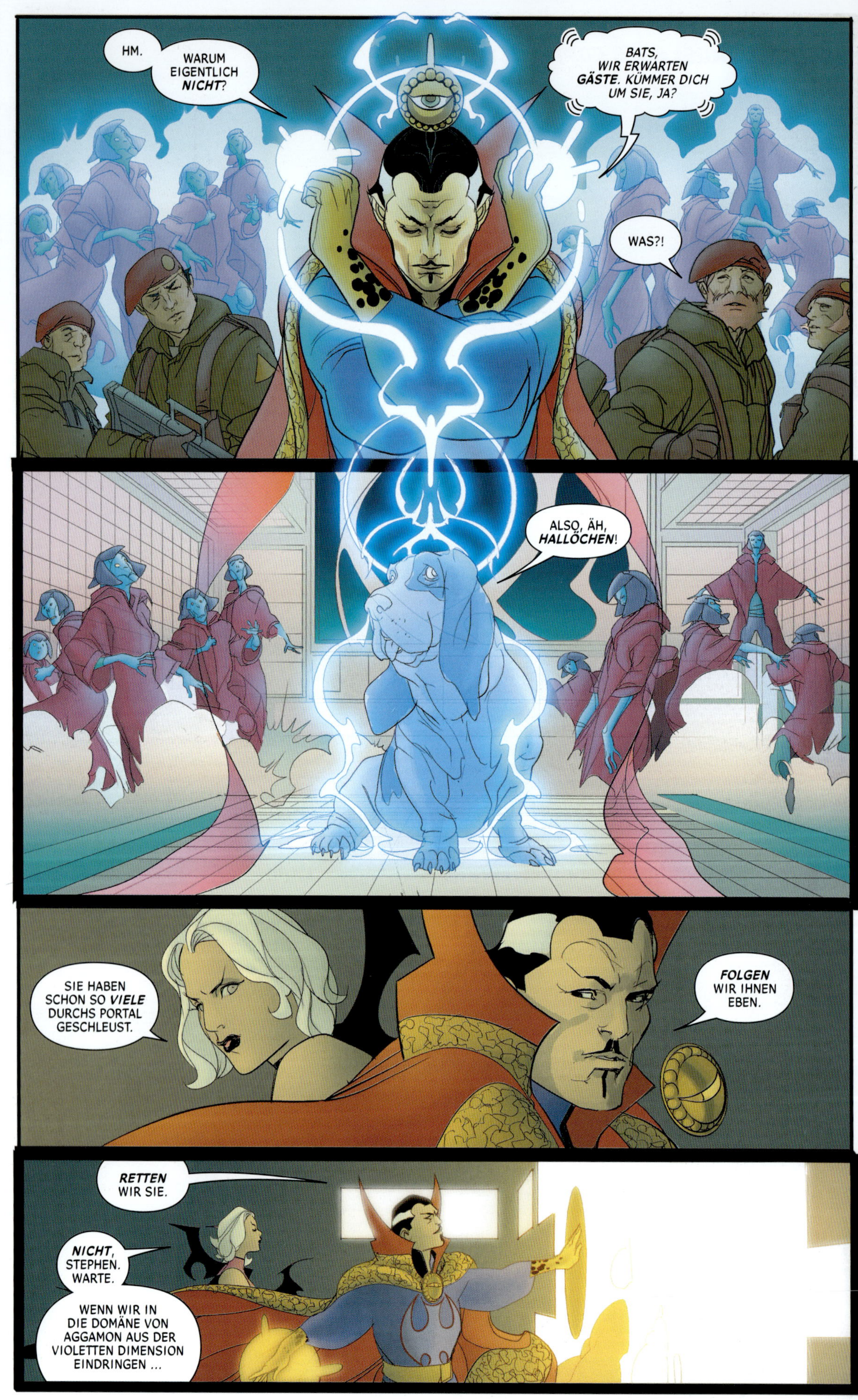
HM.
WARUM EIGENTLICH *NICHT*?
BATS, WIR ERWARTEN *GÄSTE*. KÜMMER DICH UM SIE, JA?
WAS?!
ALSO, ÄH, *HALLÖCHEN*!
SIE HABEN SCHON SO *VIELE* DURCHS PORTAL GESCHLEUST.
FOLGEN WIR IHNEN EBEN.
RETTEN WIR SIE.
NICHT, STEPHEN. WARTE.
WENN WIR IN DIE DOMÄNE VON AGGAMON AUS DER VIOLETTEN DIMENSION EINDRINGEN ...

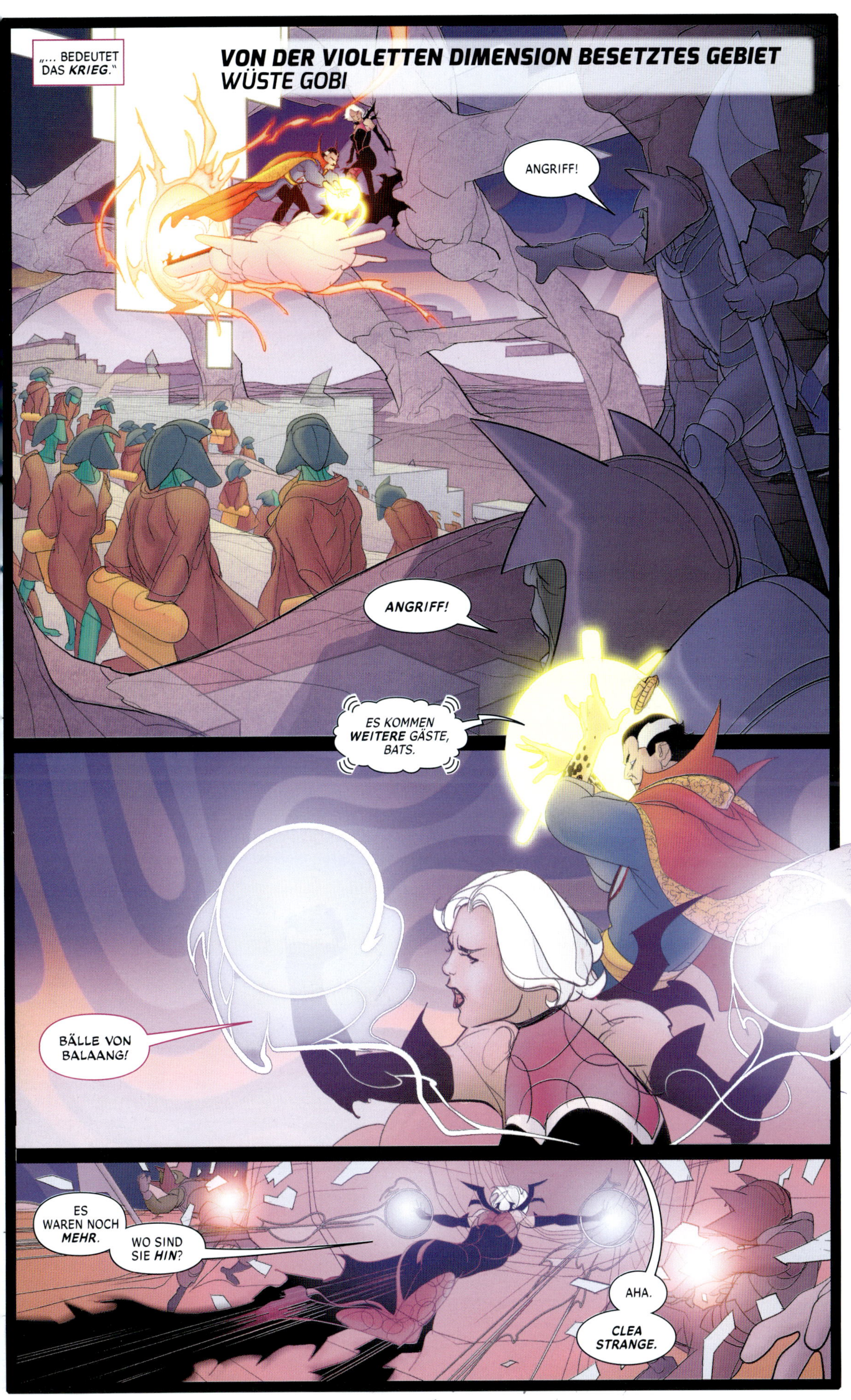
„... BEDEUTET DAS KRIEG."
VON DER VIOLETTEN DIMENSION BESETZTES GEBIET
WÜSTE GOBI
ANGRIFF!
ANGRIFF!
ES KOMMEN WEITERE GÄSTE, BATS.
BÄLLE VON BALAANG!
ES WAREN NOCH MEHR.
WO SIND SIE HIN?
AHA.
CLEA STRANGE.

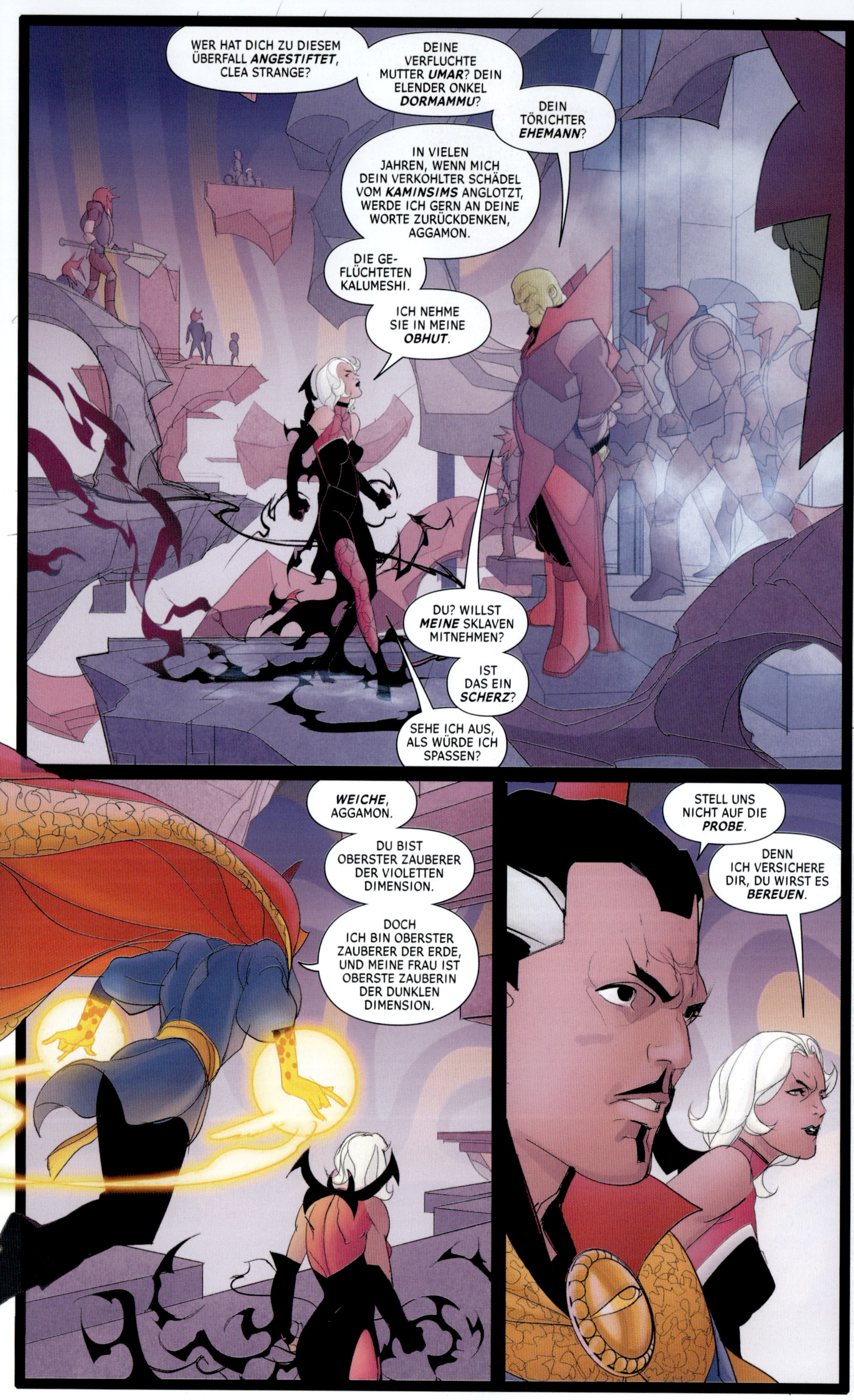
WER HAT DICH ZU DIESEM ÜBERFALL **ANGESTIFTET**, CLEA STRANGE?
DEINE VERFLUCHTE MUTTER **UMAR**? DEIN ELENDER ONKEL **DORMAMMU**?
DEIN TÖRICHTER **EHEMANN**?
IN VIELEN JAHREN, WENN MICH DEIN VERKOHLTER SCHÄDEL VOM **KAMINSIMS** ANGLOTZT, WERDE ICH GERN AN DEINE WORTE ZURÜCKDENKEN, AGGAMON.
DIE GE- FLÜCHTETEN KALUMESHI.
ICH NEHME SIE IN MEINE **OBHUT**.
DU? WILLST **MEINE** SKLAVEN MITNEHMEN?
IST DAS EIN **SCHERZ**?
SEHE ICH AUS, ALS WÜRDE ICH SPASSEN?
WEICHE, AGGAMON.
DU BIST OBERSTER ZAUBERER DER VIOLETTEN DIMENSION.
DOCH ICH BIN OBERSTER ZAUBERER DER ERDE, UND MEINE FRAU IST OBERSTE ZAUBERIN DER DUNKLEN DIMENSION.
STELL UNS NICHT AUF DIE **PROBE**.
DENN ICH VERSICHERE DIR, DU WIRST ES **BEREUEN**.

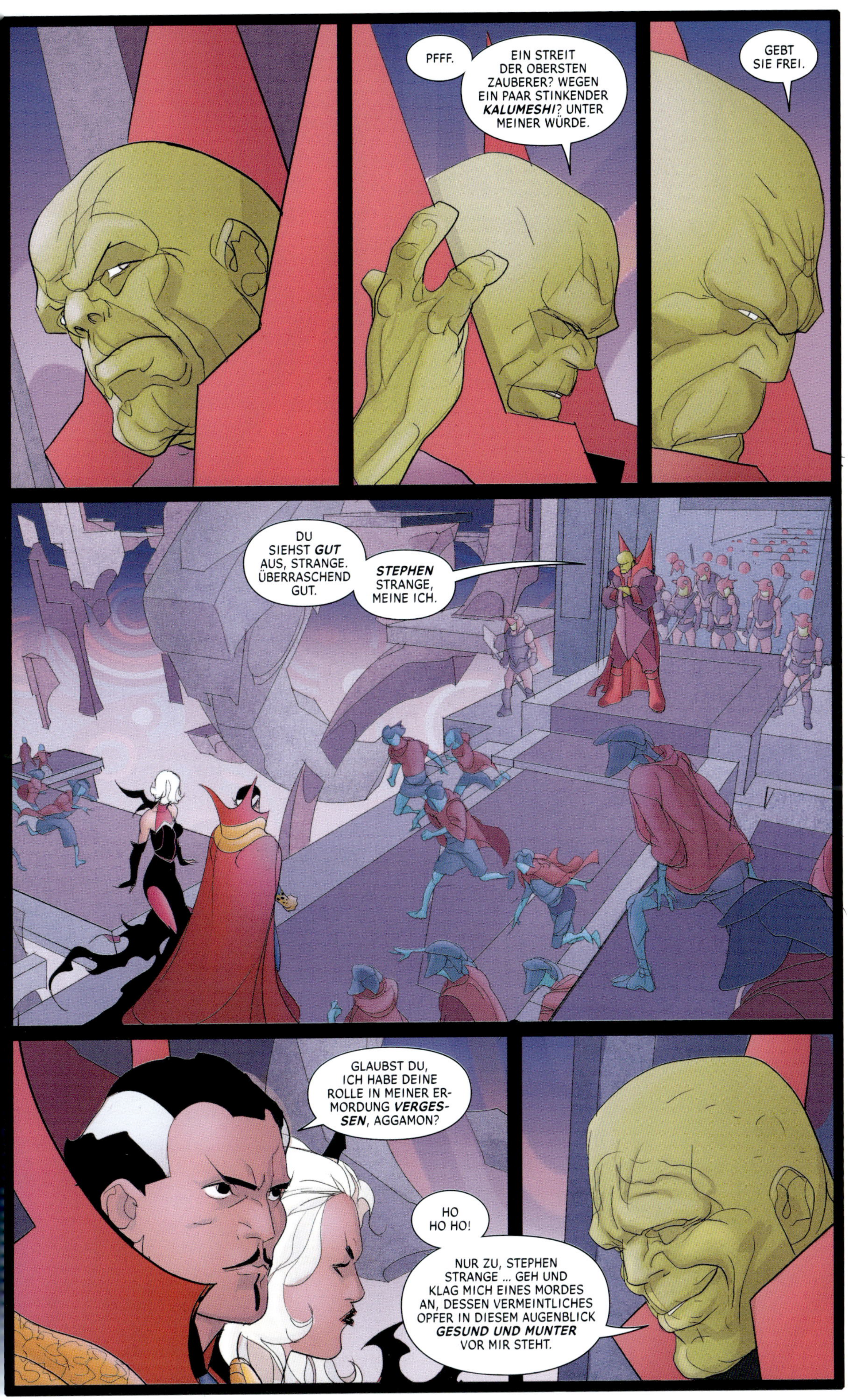
PFFF.
EIN STREIT DER OBERSTEN ZAUBERER? WEGEN EIN PAAR STINKENDER KALUMESHI? UNTER MEINER WÜRDE.
GEBT SIE FREI.
DU SIEHST GUT AUS, STRANGE. ÜBERRASCHEND GUT.
STEPHEN STRANGE, MEINE ICH.
GLAUBST DU, ICH HABE DEINE ROLLE IN MEINER ERMORDUNG VERGESSEN, AGGAMON?
HO HO HO!
NUR ZU, STEPHEN STRANGE ... GEH UND KLAG MICH EINES MORDES AN, DESSEN VERMEINTLICHES OPFER IN DIESEM AUGENBLICK GESUND UND MUNTER VOR MIR STEHT.

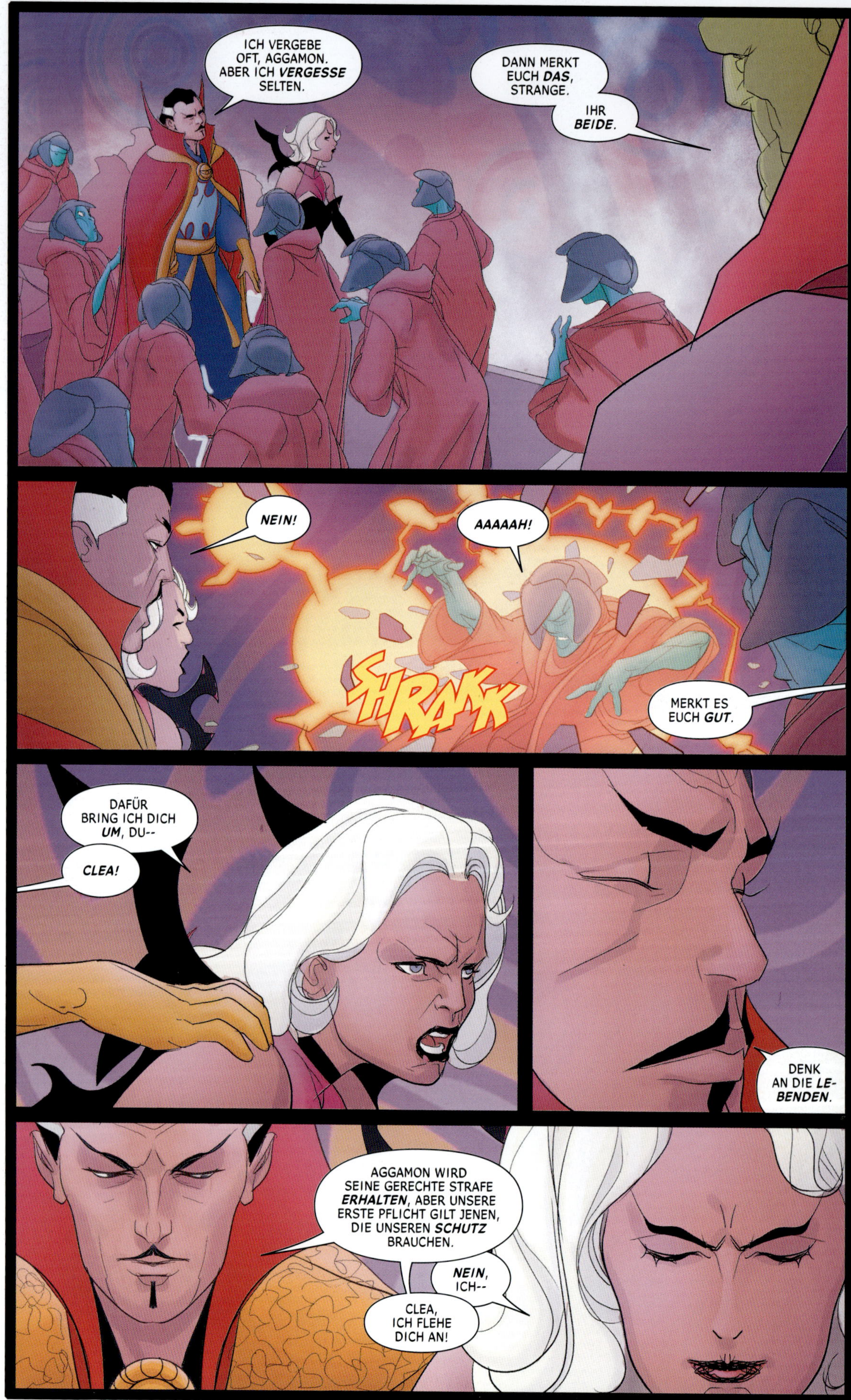
ICH VERGEBE OFT, AGGAMON. ABER ICH VERGESSE SELTEN.
DANN MERKT EUCH DAS, STRANGE.
IHR BEIDE.
NEIN!
AAAAAH!
SHRAKK
MERKT ES EUCH GUT.
DAFÜR BRING ICH DICH UM, DU--
CLEA!
DENK AN DIE LEBENDEN.
AGGAMON WIRD SEINE GERECHTE STRAFE ERHALTEN, ABER UNSERE ERSTE PFLICHT GILT JENEN, DIE UNSEREN SCHUTZ BRAUCHEN.
NEIN, ICH--
CLEA, ICH FLEHE DICH AN!

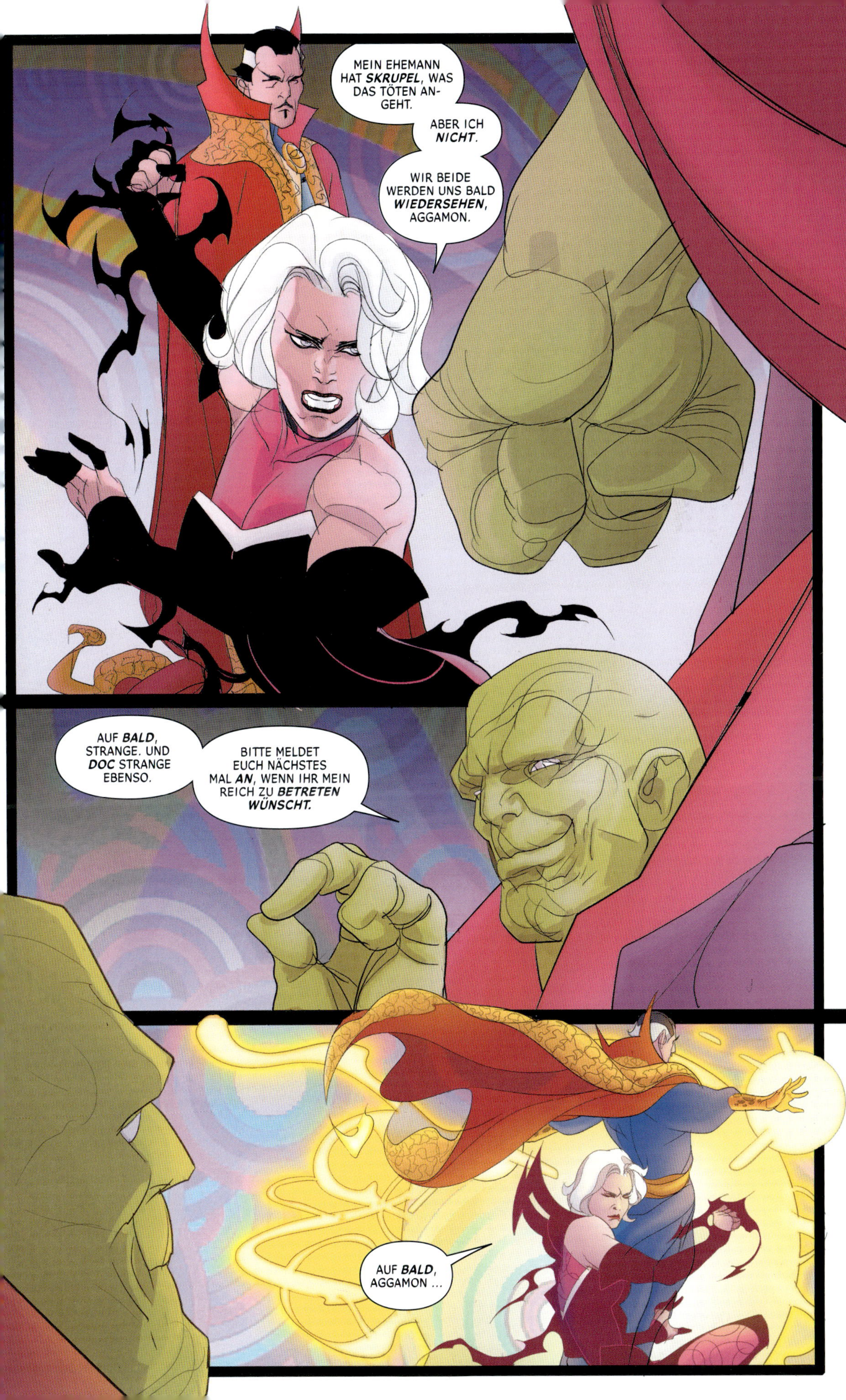
MEIN EHEMANN HAT **SKRUPEL**, WAS DAS TÖTEN ANGEHT.
ABER ICH **NICHT**.
WIR BEIDE WERDEN UNS BALD **WIEDERSEHEN**, AGGAMON.
AUF **BALD**, STRANGE. UND **DOC** STRANGE EBENSO.
BITTE MELDET EUCH NÄCHSTES MAL **AN**, WENN IHR MEIN REICH ZU **BETRETEN WÜNSCHT.**
AUF **BALD**, AGGAMON ...

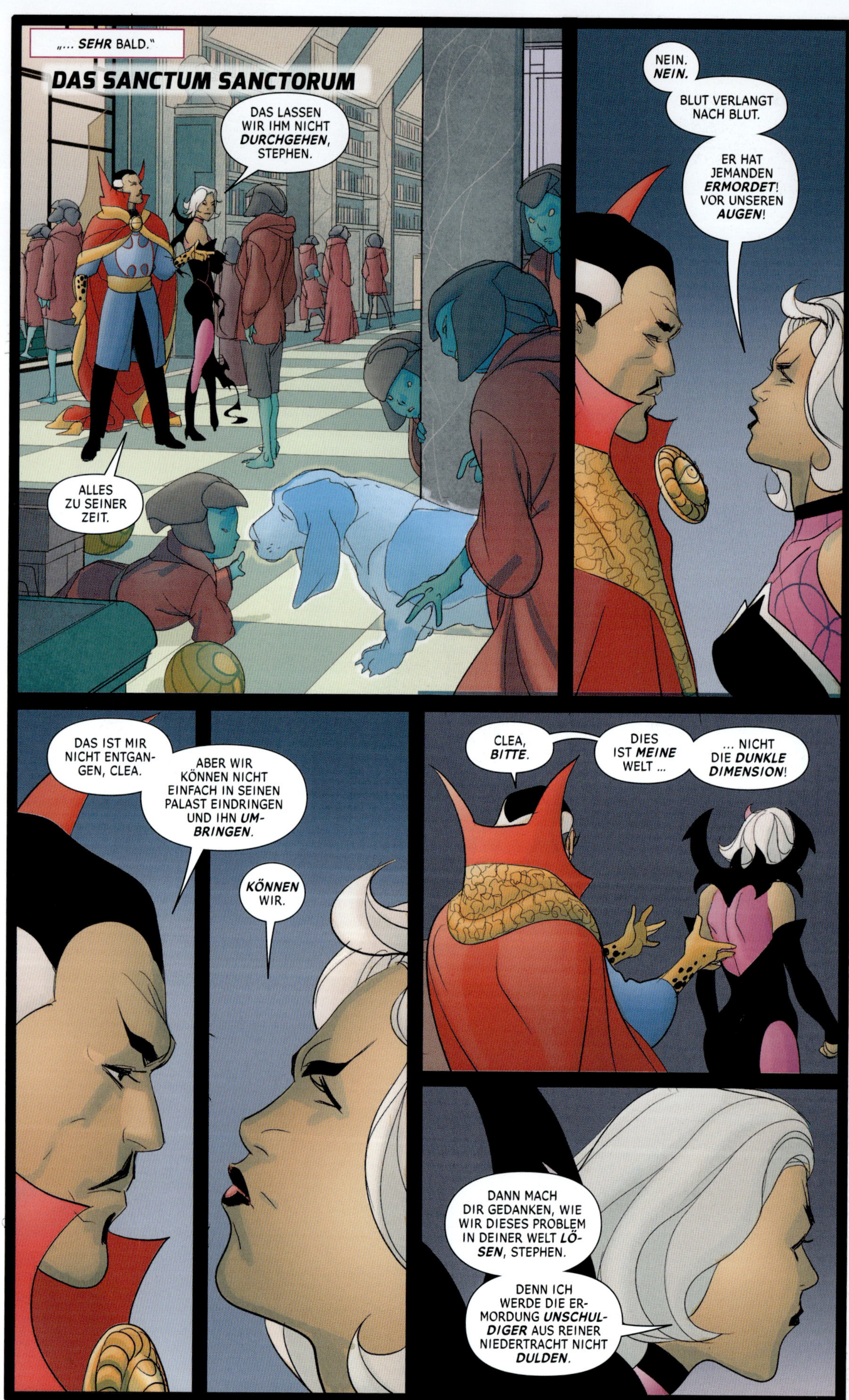
„… SEHR BALD."
DAS SANCTUM SANCTORUM
DAS LASSEN WIR IHM NICHT DURCHGEHEN, STEPHEN.
ALLES ZU SEINER ZEIT.
NEIN. NEIN.
BLUT VERLANGT NACH BLUT.
ER HAT JEMANDEN ERMORDET! VOR UNSEREN AUGEN!
DAS IST MIR NICHT ENTGANGEN, CLEA.
ABER WIR KÖNNEN NICHT EINFACH IN SEINEN PALAST EINDRINGEN UND IHN UMBRINGEN.
KÖNNEN WIR.
CLEA, BITTE.
DIES IST MEINE WELT …
… NICHT DIE DUNKLE DIMENSION!
DANN MACH DIR GEDANKEN, WIE WIR DIESES PROBLEM IN DEINER WELT LÖSEN, STEPHEN.
DENN ICH WERDE DIE ERMORDUNG UNSCHULDIGER AUS REINER NIEDERTRACHT NICHT DULDEN.

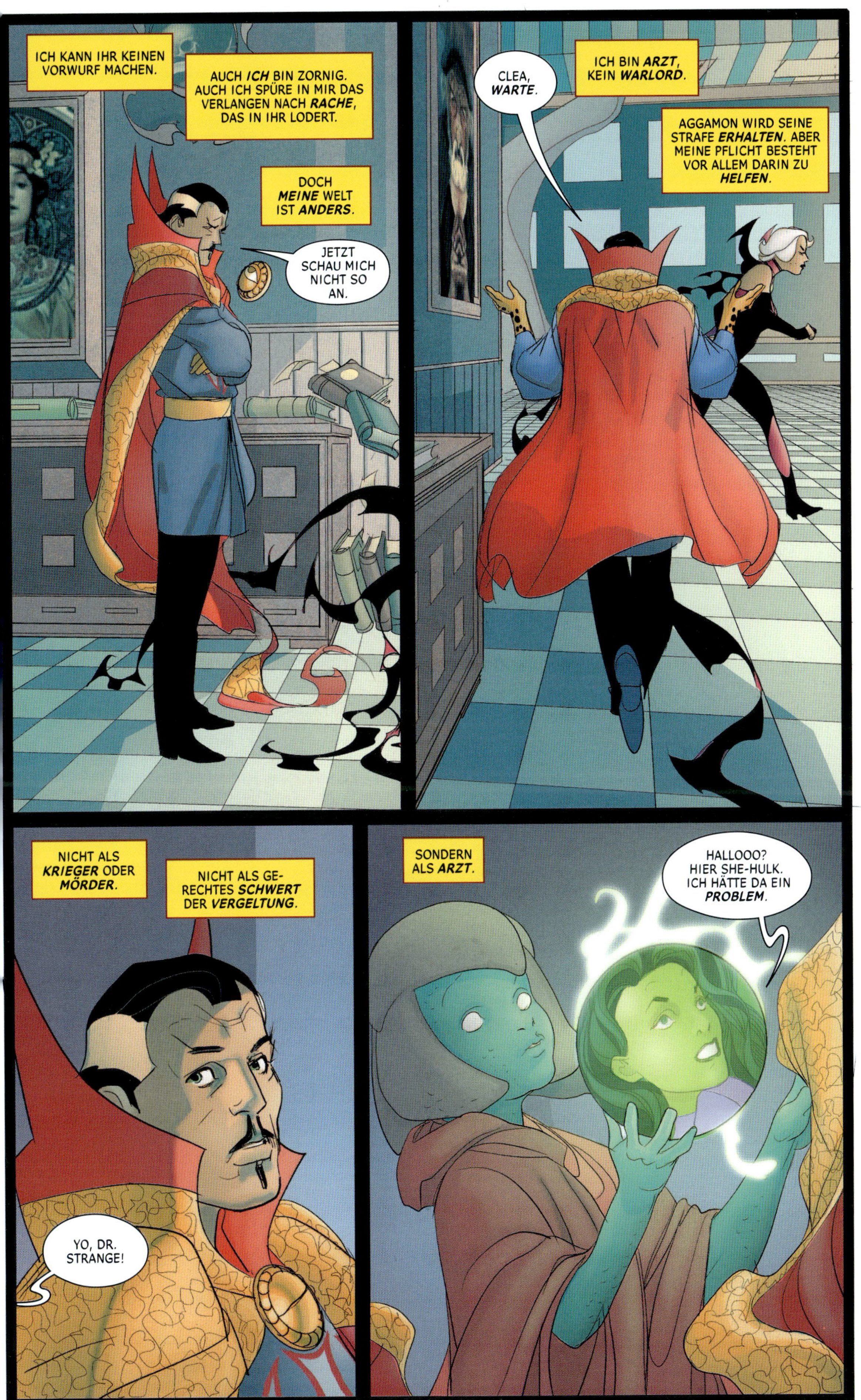
ICH KANN IHR KEINEN VORWURF MACHEN.
AUCH *ICH* BIN ZORNIG. AUCH ICH SPÜRE IN MIR DAS VERLANGEN NACH *RACHE*, DAS IN IHR LODERT.
DOCH *MEINE* WELT IST *ANDERS*.
JETZT SCHAU MICH NICHT SO AN.
CLEA, *WARTE*.
ICH BIN *ARZT*, KEIN *WARLORD*.
AGGAMON WIRD SEINE STRAFE *ERHALTEN*. ABER MEINE PFLICHT BESTEHT VOR ALLEM DARIN ZU *HELFEN*.
NICHT ALS *KRIEGER* ODER *MÖRDER*.
NICHT ALS GE-RECHTES *SCHWERT* DER *VERGELTUNG*.
YO, DR. STRANGE!
SONDERN ALS *ARZT*.
HALLOOO? HIER SHE-HULK. ICH HÄTTE DA EIN *PROBLEM*.

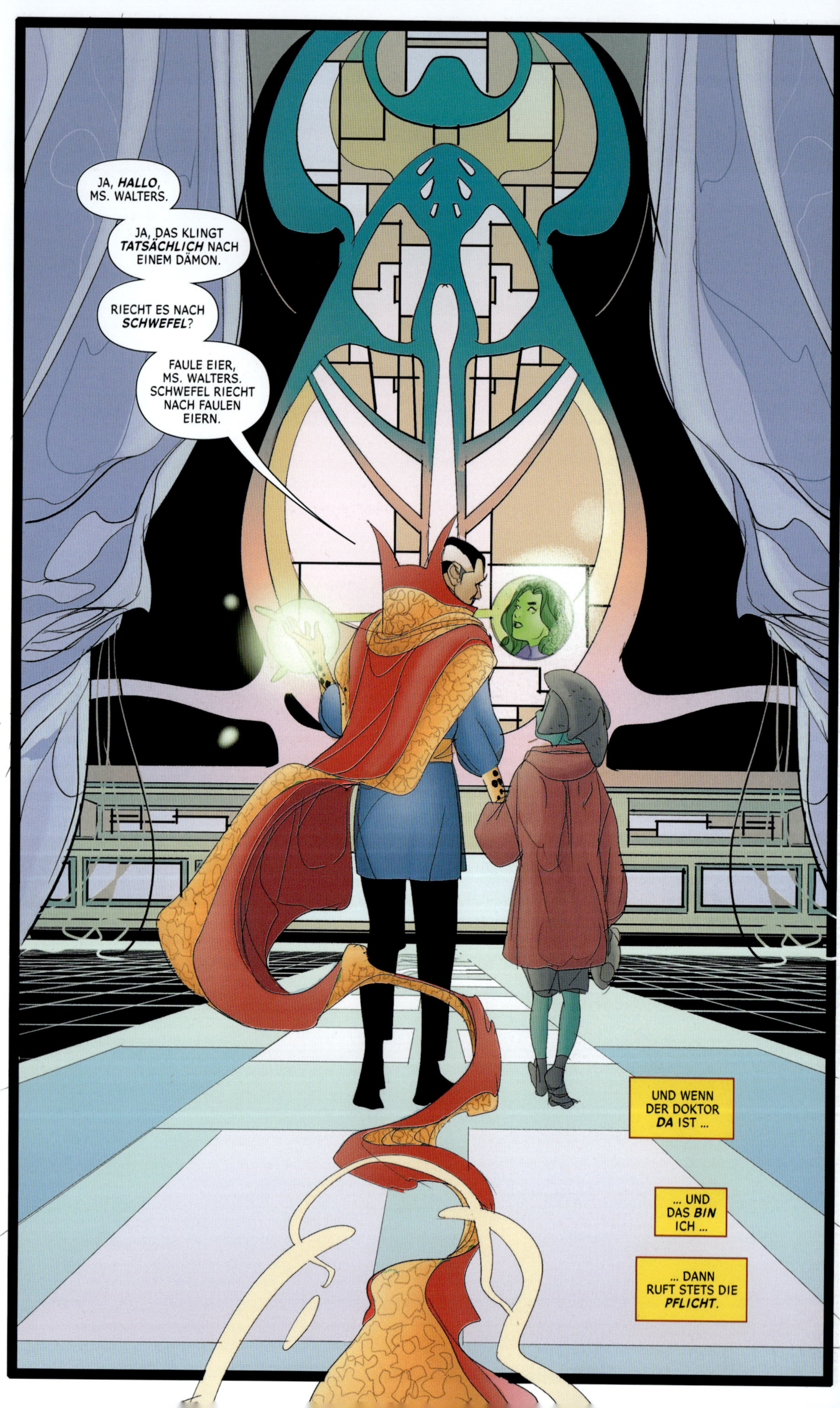
JA, HALLO, MS. WALTERS.
JA, DAS KLINGT TATSÄCHLICH NACH EINEM DÄMON.
RIECHT ES NACH SCHWEFEL?
FAULE EIER, MS. WALTERS. SCHWEFEL RIECHT NACH FAULEN EIERN.
UND WENN DER DOKTOR DA IST …
… UND DAS BIN ICH …
… DANN RUFT STETS DIE PFLICHT.

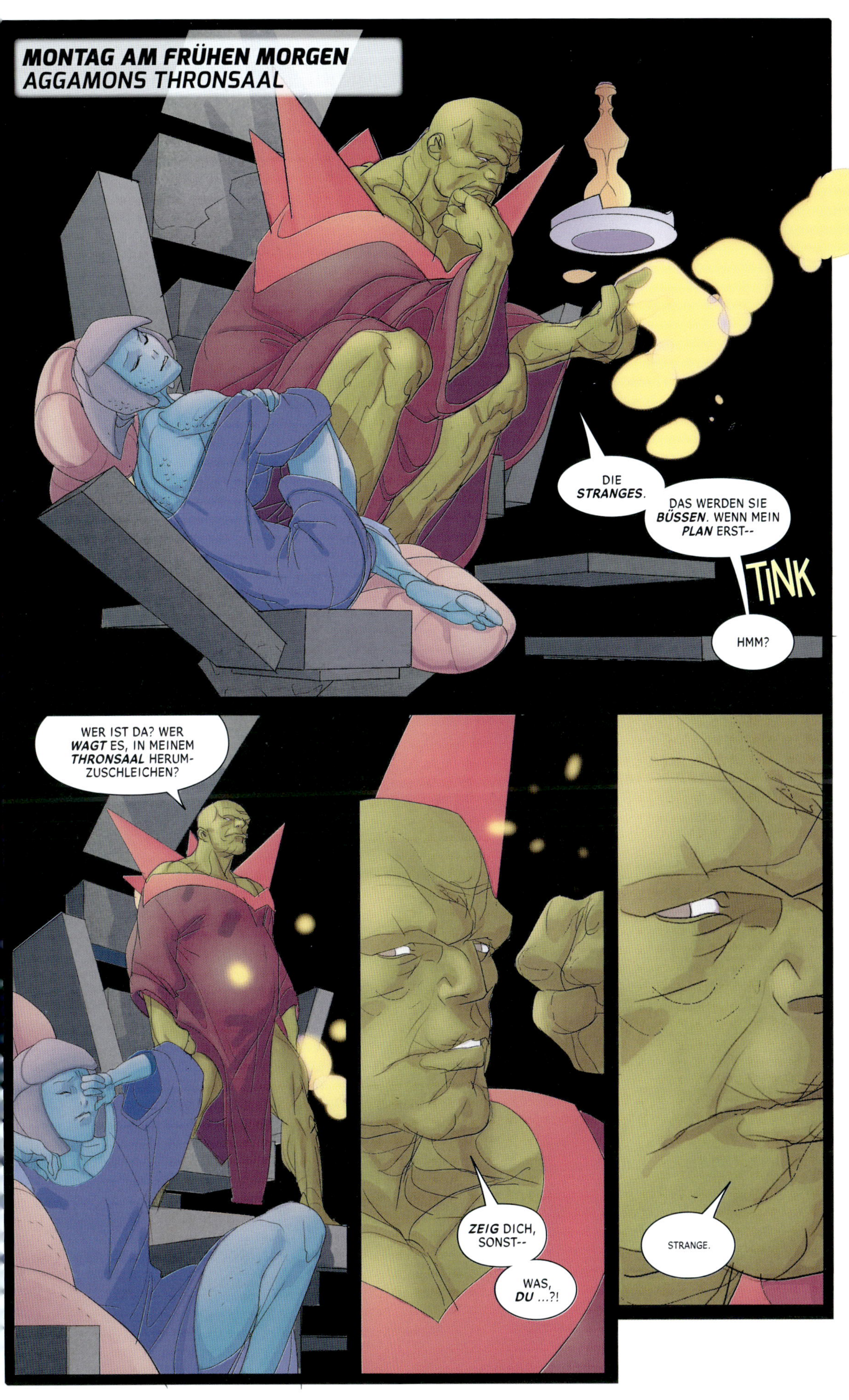
MONTAG AM FRÜHEN MORGEN
AGGAMONS THRONSAAL
DIE STRANGES.
DAS WERDEN SIE BÜSSEN. WENN MEIN PLAN ERST--
TINK
HMM?
WER IST DA? WER WAGT ES, IN MEINEM THRONSAAL HERUMZUSCHLEICHEN?
ZEIG DICH, SONST--
WAS, DU ...?!
STRANGE.

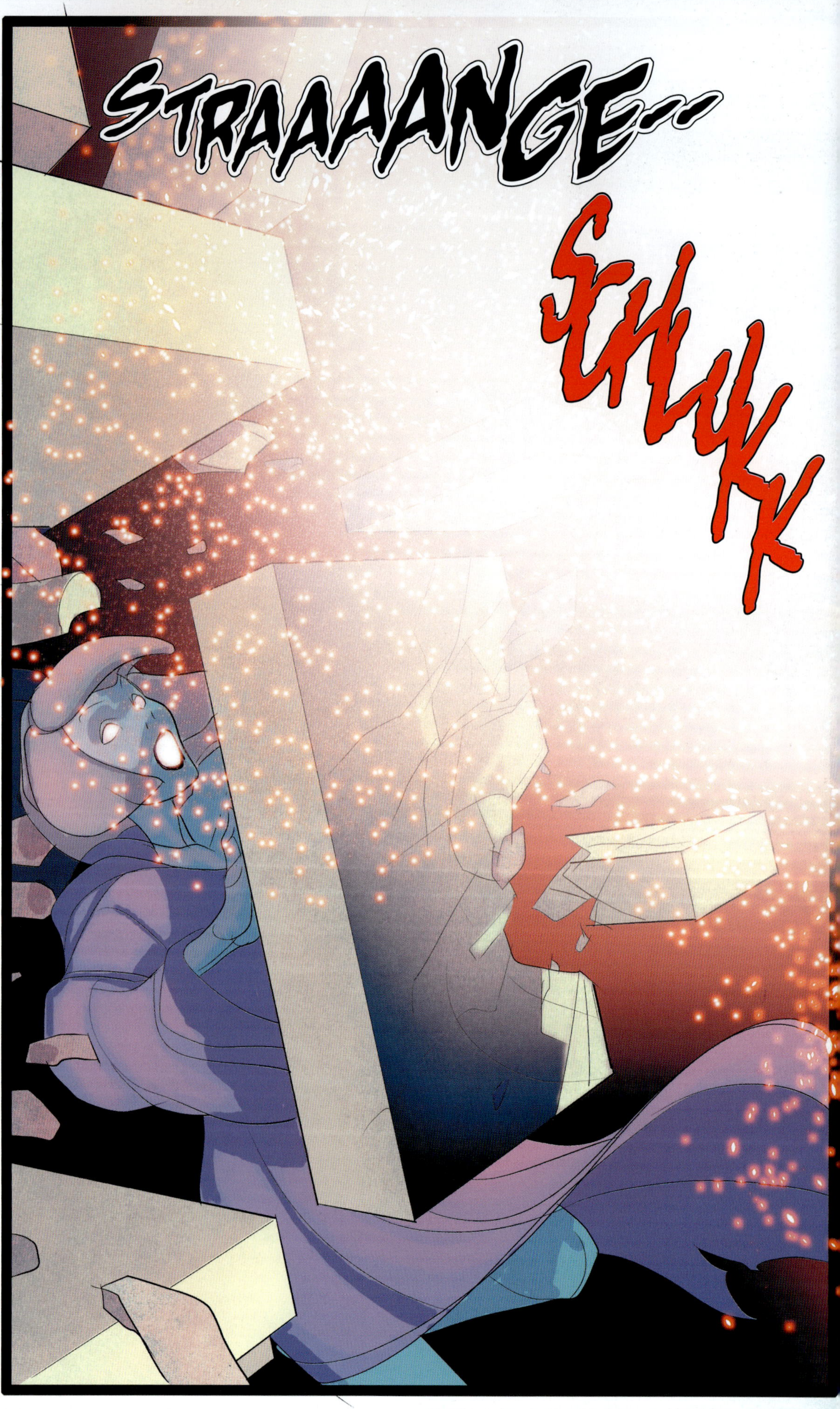

STRAAAANGE--
SHUKK

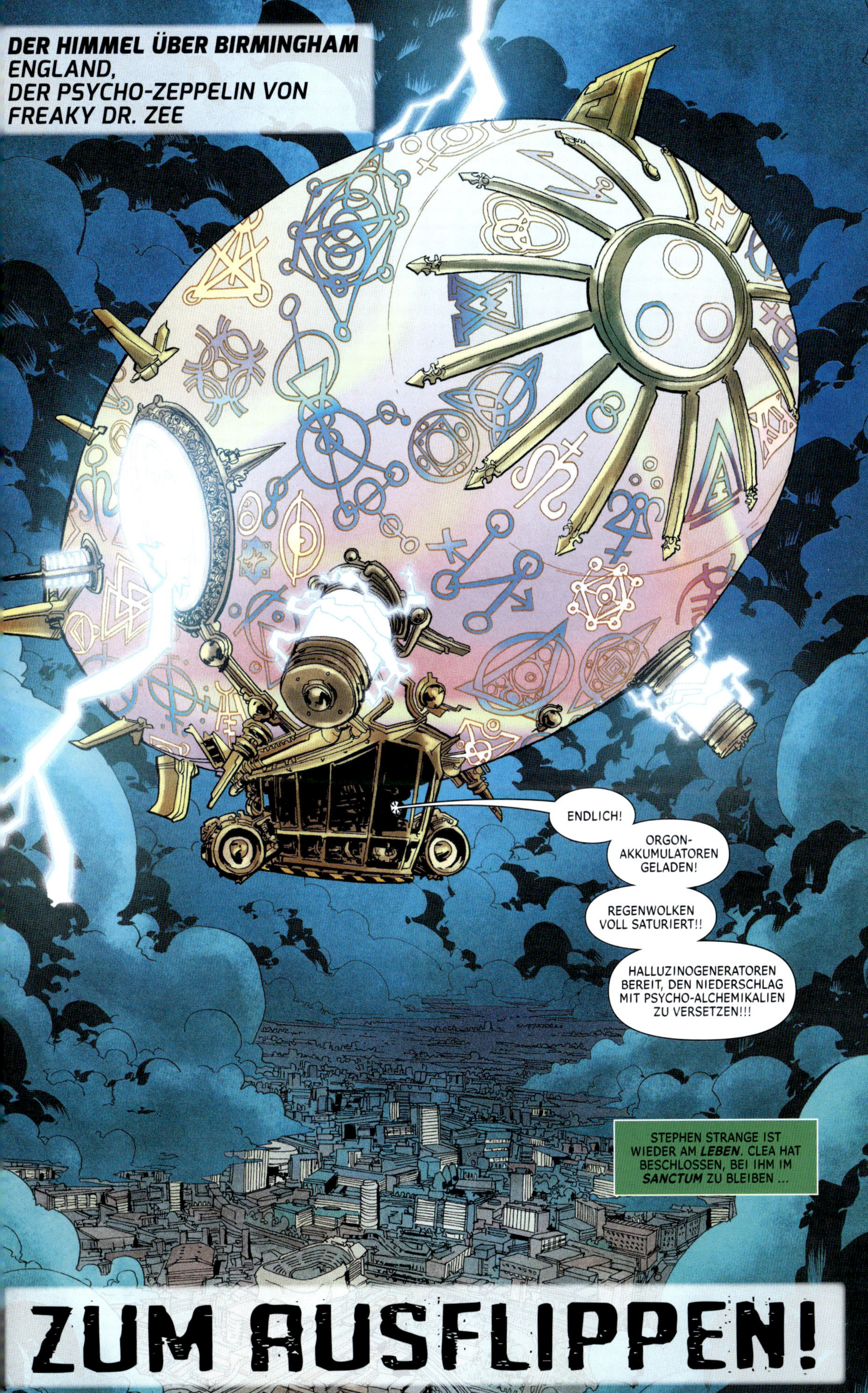
DER HIMMEL ÜBER BIRMINGHAM
ENGLAND,
DER PSYCHO-ZEPPELIN VON
FREAKY DR. ZEE
ENDLICH!
ORGON-AKKUMULATOREN GELADEN!
REGENWOLKEN VOLL SATURIERT!!
HALLUZINOGENERATOREN BEREIT, DEN NIEDERSCHLAG MIT PSYCHO-ALCHEMIKALIEN ZU VERSETZEN!!!
STEPHEN STRANGE IST WIEDER AM *LEBEN*. CLEA HAT BESCHLOSSEN, BEI IHM IM *SANCTUM* ZU BLEIBEN ...
ZUM AUSFLIPPEN!

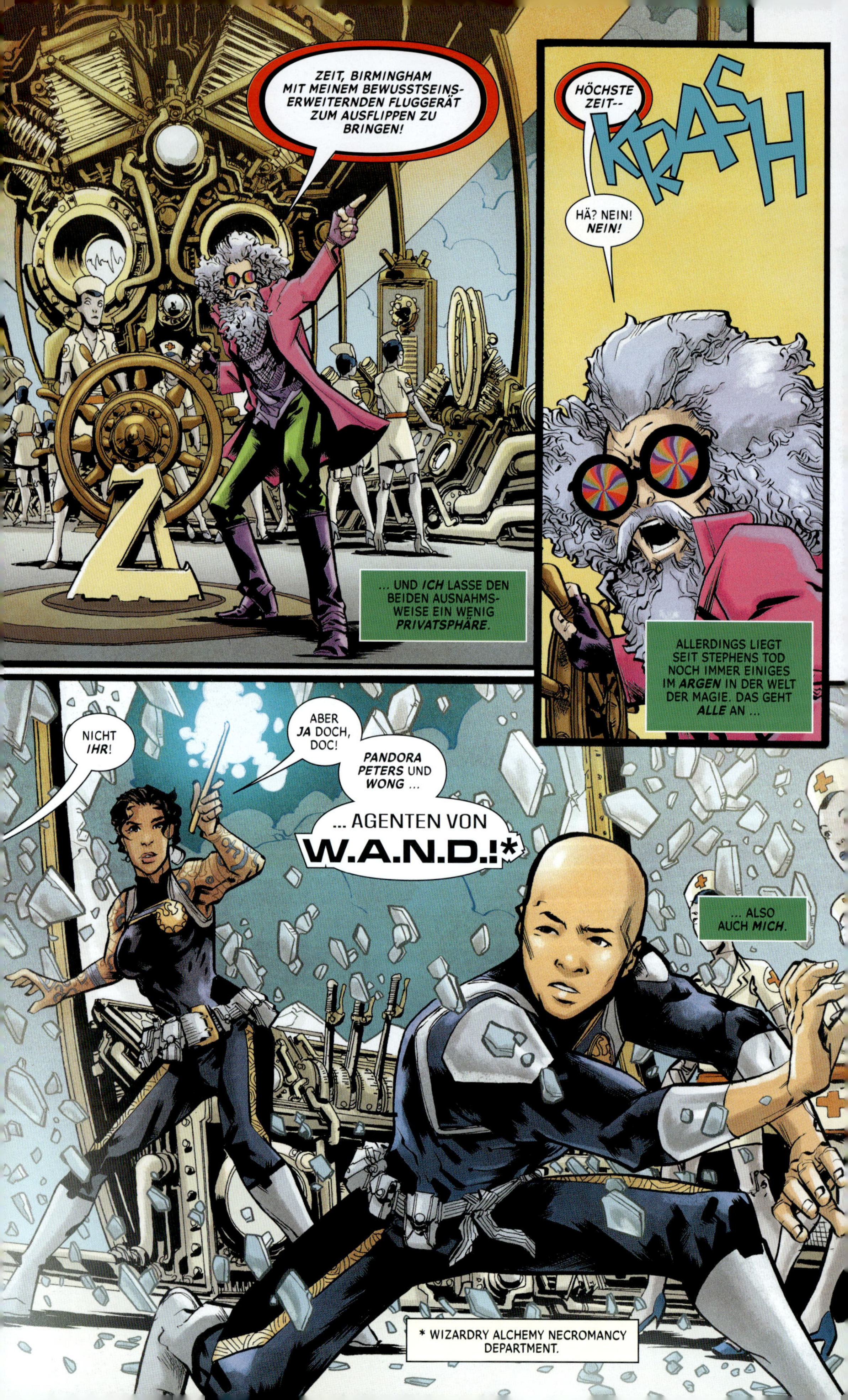
ZEIT, BIRMINGHAM MIT MEINEM BEWUSSTSEINS-ERWEITERNDEN FLUGGERÄT ZUM AUSFLIPPEN ZU BRINGEN!
... UND *ICH* LASSE DEN BEIDEN AUSNAHMSWEISE EIN *WENIG PRIVATSPHÄRE.*
HÖCHSTE ZEIT--
KRASH
HÄ? NEIN! *NEIN!*
ALLERDINGS LIEGT SEIT STEPHENS TOD NOCH IMMER EINIGES IM *ARGEN* IN DER WELT DER MAGIE. DAS GEHT *ALLE* AN ...
NICHT *IHR*!
ABER *JA* DOCH, DOC!
PANDORA PETERS UND *WONG* ...
... AGENTEN VON W.A.N.D.!*
... ALSO AUCH *MICH*.
* WIZARDRY ALCHEMY NECROMANCY DEPARTMENT.

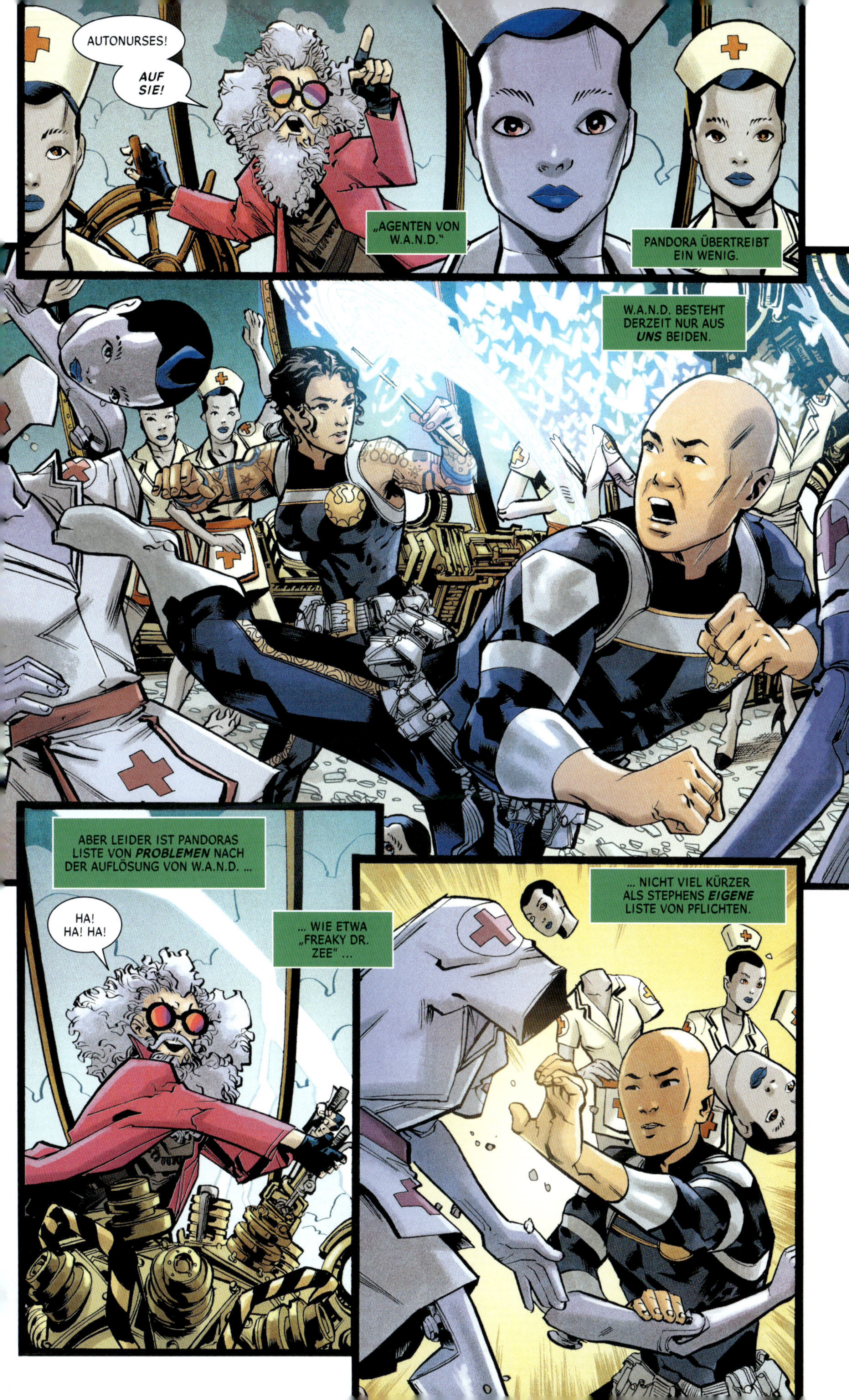
AUTONURSES!
AUF SIE!
„AGENTEN VON W.A.N.D.“
PANDORA ÜBERTREIBT EIN WENIG.
W.A.N.D. BESTEHT DERZEIT NUR AUS UNS BEIDEN.
ABER LEIDER IST PANDORAS LISTE VON PROBLEMEN NACH DER AUFLÖSUNG VON W.A.N.D. ...
HA! HA! HA!
... WIE ETWA „FREAKY DR. ZEE“ ...
... NICHT VIEL KÜRZER ALS STEPHENS EIGENE LISTE VON PFLICHTEN.

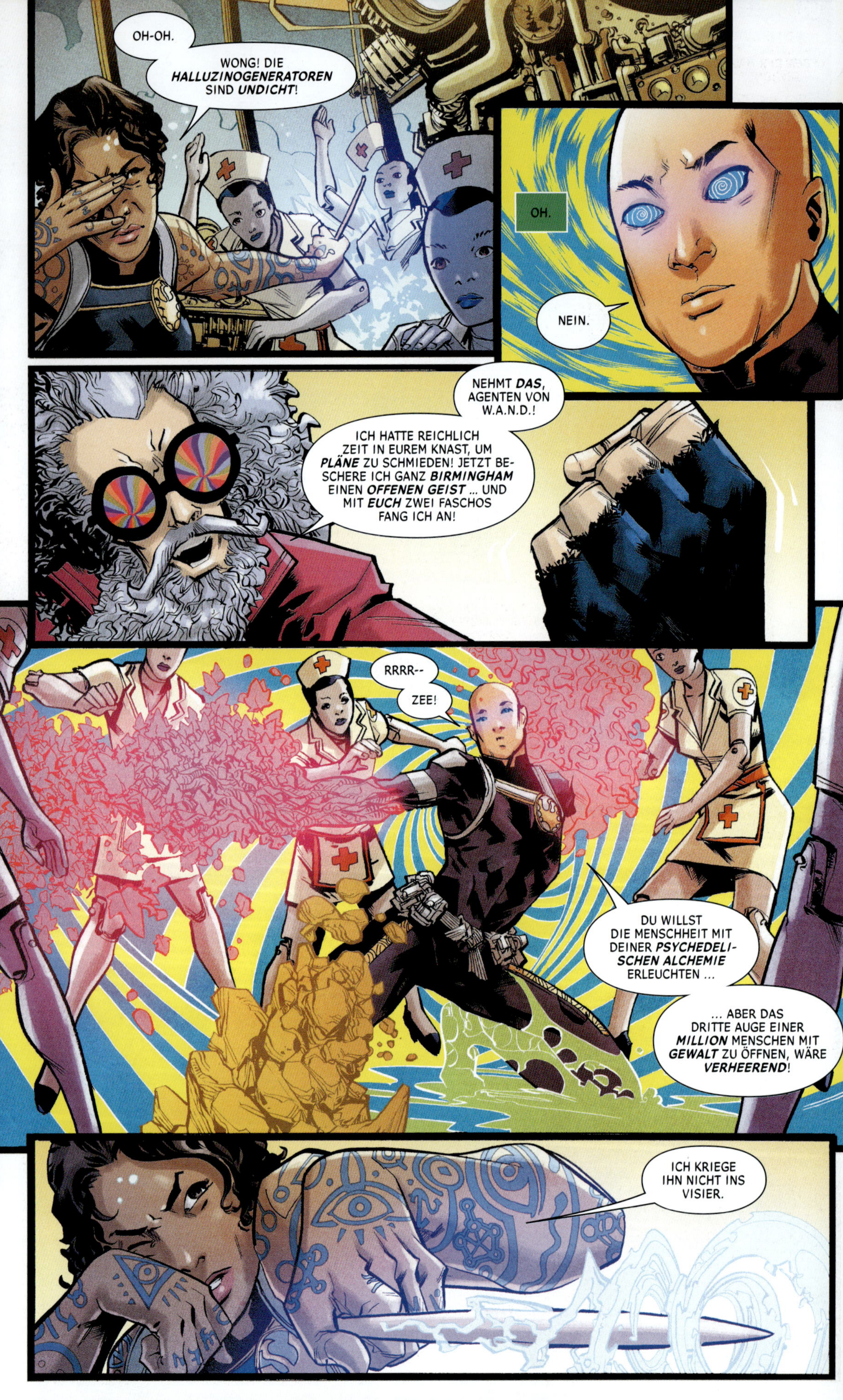
OH-OH.
WONG! DIE HALLUZINOGENERATOREN SIND UNDICHT!
OH.
NEIN.
NEHMT DAS, AGENTEN VON W.A.N.D.!
ICH HATTE REICHLICH ZEIT IN EUREM KNAST, UM PLÄNE ZU SCHMIEDEN! JETZT BESCHERE ICH GANZ BIRMINGHAM EINEN OFFENEN GEIST ... UND MIT EUCH ZWEI FASCHOS FANG ICH AN!
RRRR--
ZEE!
DU WILLST DIE MENSCHHEIT MIT DEINER PSYCHEDELISCHEN ALCHEMIE ERLEUCHTEN ...
... ABER DAS DRITTE AUGE EINER MILLION MENSCHEN MIT GEWALT ZU ÖFFNEN, WÄRE VERHEEREND!
ICH KRIEGE IHN NICHT INS VISIER.

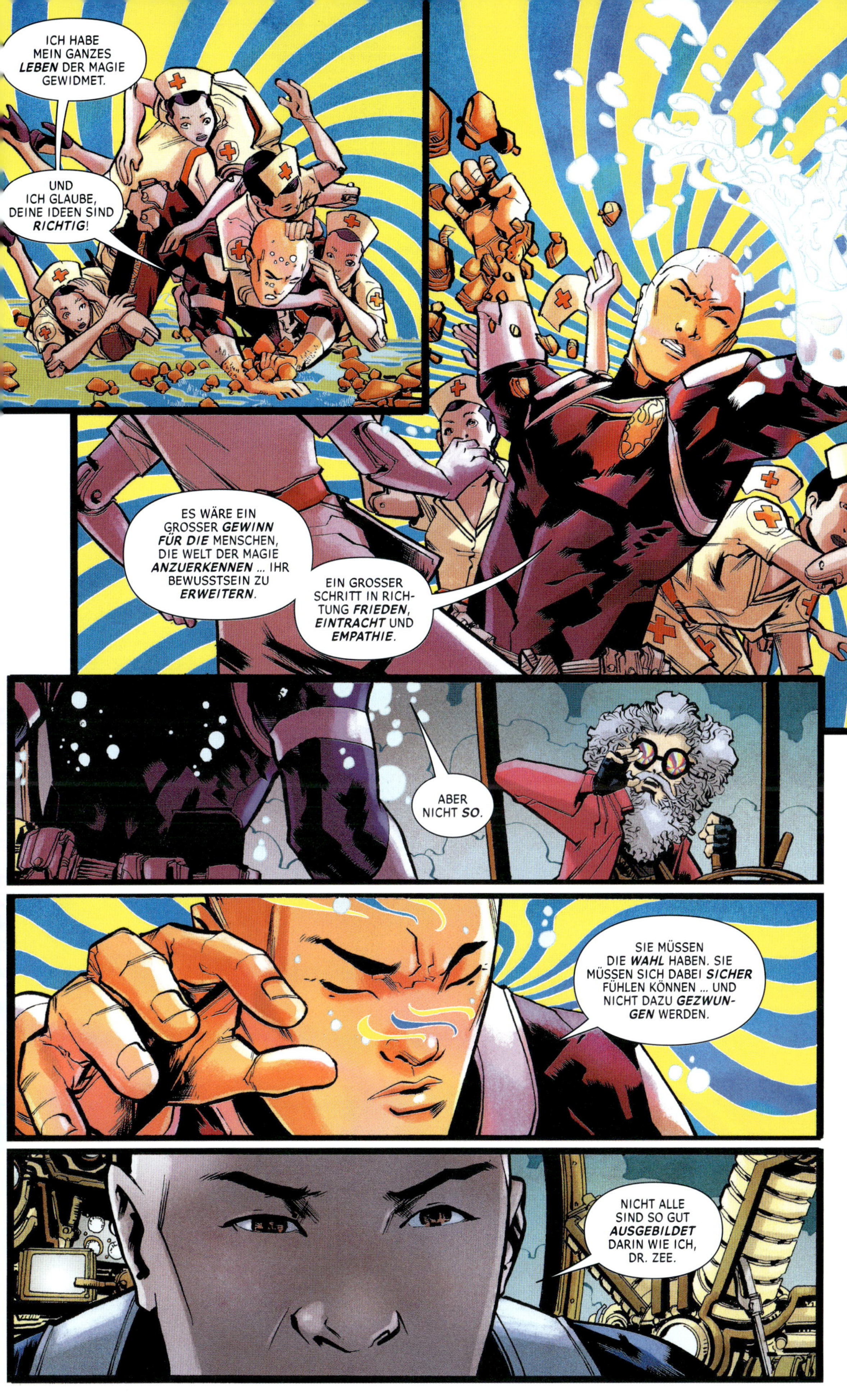
ICH HABE MEIN GANZES *LEBEN* DER MAGIE GEWIDMET.
UND ICH GLAUBE, DEINE IDEEN SIND *RICHTIG*!
ES WÄRE EIN GROSSER *GEWINN FÜR DIE* MENSCHEN, DIE WELT DER MAGIE *ANZUERKENNEN* ... IHR BEWUSSTSEIN ZU *ERWEITERN*.
EIN GROSSER SCHRITT IN RICHTUNG *FRIEDEN*, *EINTRACHT* UND *EMPATHIE*.
ABER NICHT *SO*.
SIE MÜSSEN DIE *WAHL* HABEN. SIE MÜSSEN SICH DABEI *SICHER* FÜHLEN KÖNNEN ... UND NICHT DAZU *GEZWUNGEN* WERDEN.
NICHT ALLE SIND SO GUT *AUSGEBILDET* DARIN WIE ICH, DR. ZEE.

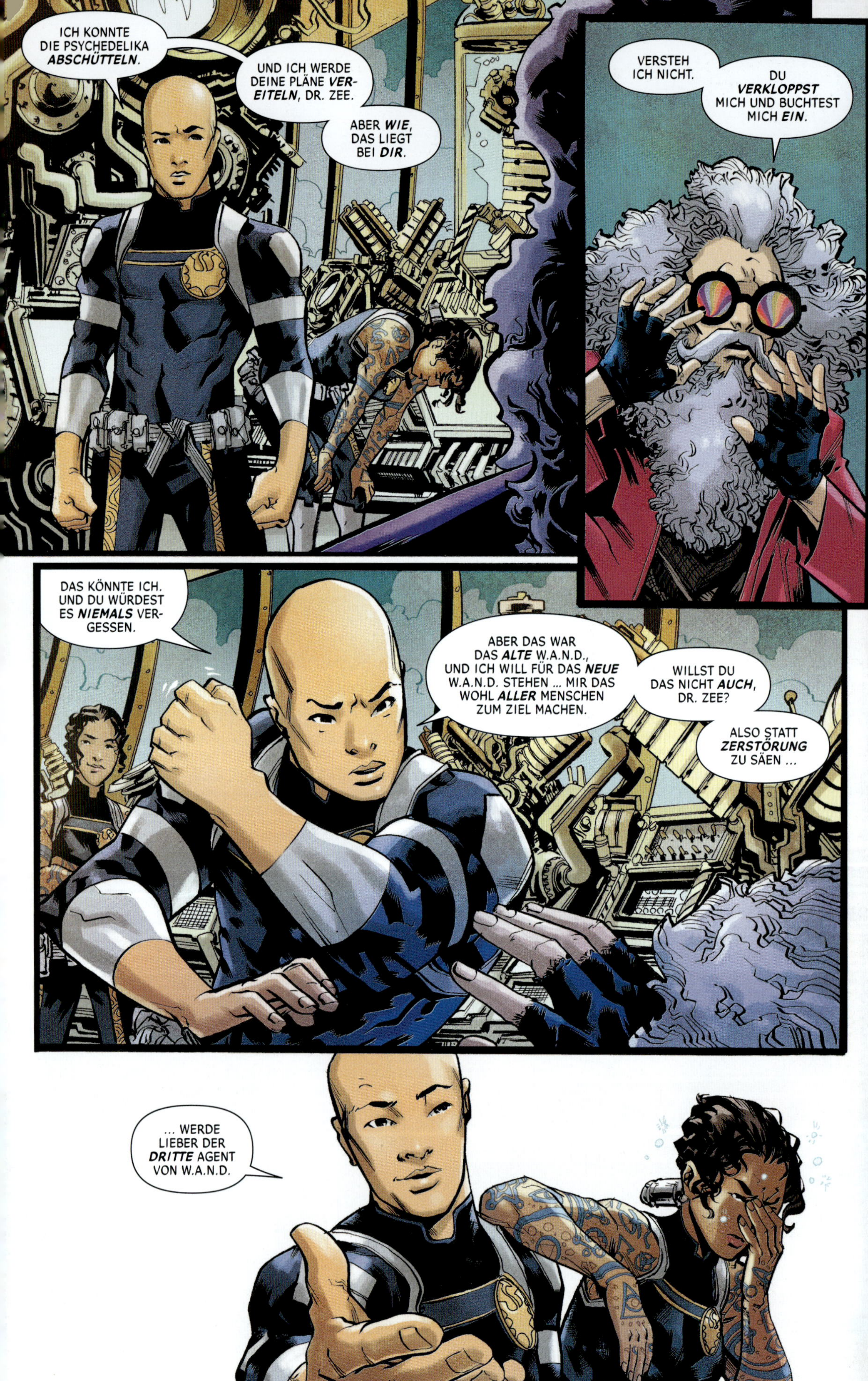
ICH KONNTE DIE PSYCHEDELIKA ABSCHÜTTELN.
UND ICH WERDE DEINE PLÄNE VEREITELN, DR. ZEE.
ABER WIE, DAS LIEGT BEI DIR.
VERSTEH ICH NICHT.
DU VERKLOPPST MICH UND BUCHTEST MICH EIN.
DAS KÖNNTE ICH. UND DU WÜRDEST ES NIEMALS VERGESSEN.
ABER DAS WAR DAS ALTE W.A.N.D., UND ICH WILL FÜR DAS NEUE W.A.N.D. STEHEN ... MIR DAS WOHL ALLER MENSCHEN ZUM ZIEL MACHEN.
WILLST DU DAS NICHT AUCH, DR. ZEE?
ALSO STATT ZERSTÖRUNG ZU SÄEN ...
... WERDE LIEBER DER DRITTE AGENT VON W.A.N.D.

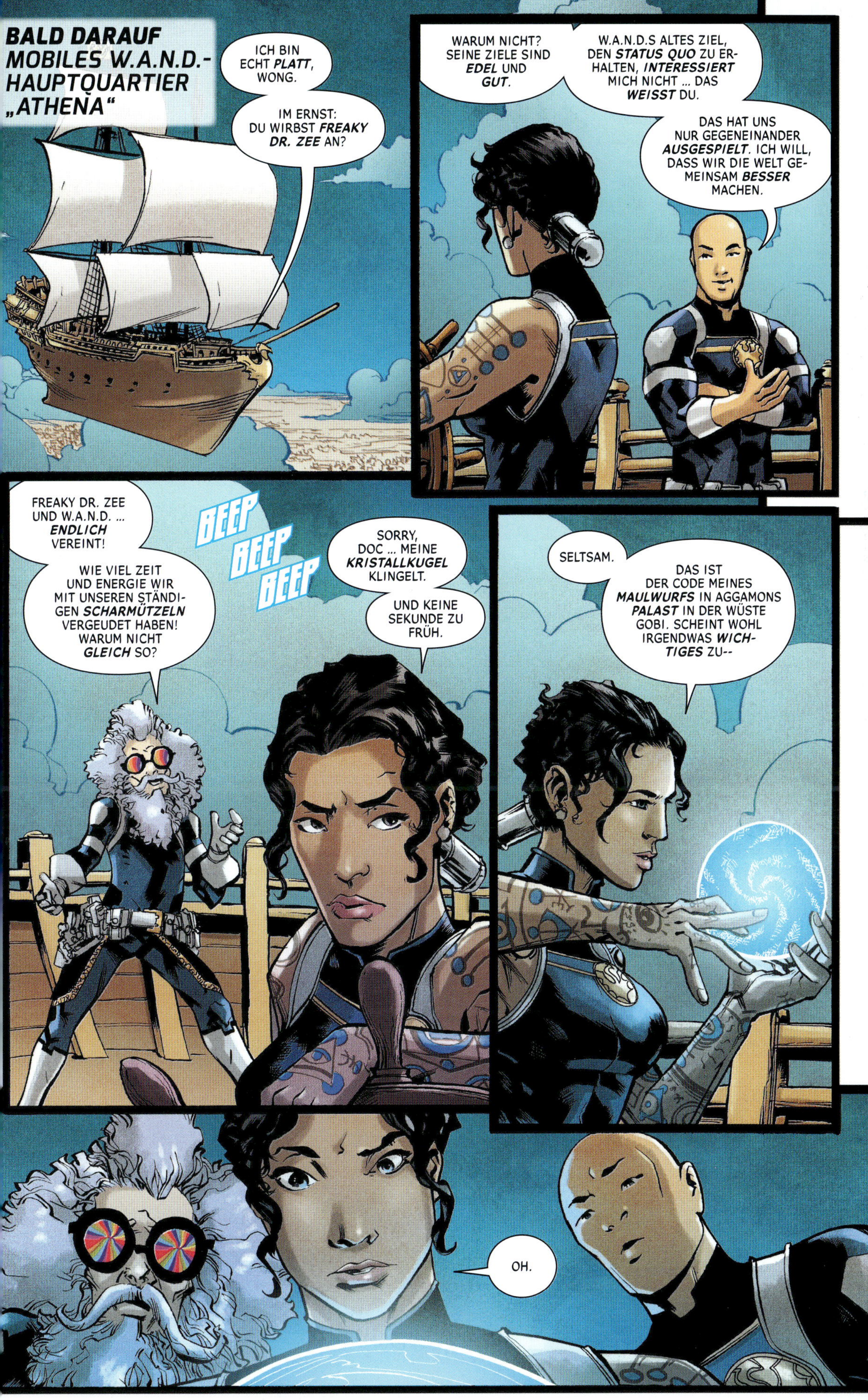
BALD DARAUF
MOBILES W.A.N.D.-HAUPTQUARTIER „ATHENA“
ICH BIN ECHT PLATT, WONG.
IM ERNST: DU WIRBST FREAKY DR. ZEE AN?
WARUM NICHT? SEINE ZIELE SIND EDEL UND GUT.
W.A.N.D.S ALTES ZIEL, DEN STATUS QUO ZU ERHALTEN, INTERESSIERT MICH NICHT ... DAS WEISST DU.
DAS HAT UNS NUR GEGENEINANDER AUSGESPIELT. ICH WILL, DASS WIR DIE WELT GEMEINSAM BESSER MACHEN.
FREAKY DR. ZEE UND W.A.N.D. ... ENDLICH VEREINT!
WIE VIEL ZEIT UND ENERGIE WIR MIT UNSEREN STÄNDIGEN SCHARMÜTZELN VERGEUDET HABEN! WARUM NICHT GLEICH SO?
BEEP BEEP BEEP
SORRY, DOC ... MEINE KRISTALLKUGEL KLINGELT.
UND KEINE SEKUNDE ZU FRÜH.
SELTSAM.
DAS IST DER CODE MEINES MAULWURFS IN AGGAMONS PALAST IN DER WÜSTE GOBI. SCHEINT WOHL IRGENDWAS WICHTIGES ZU--
OH.

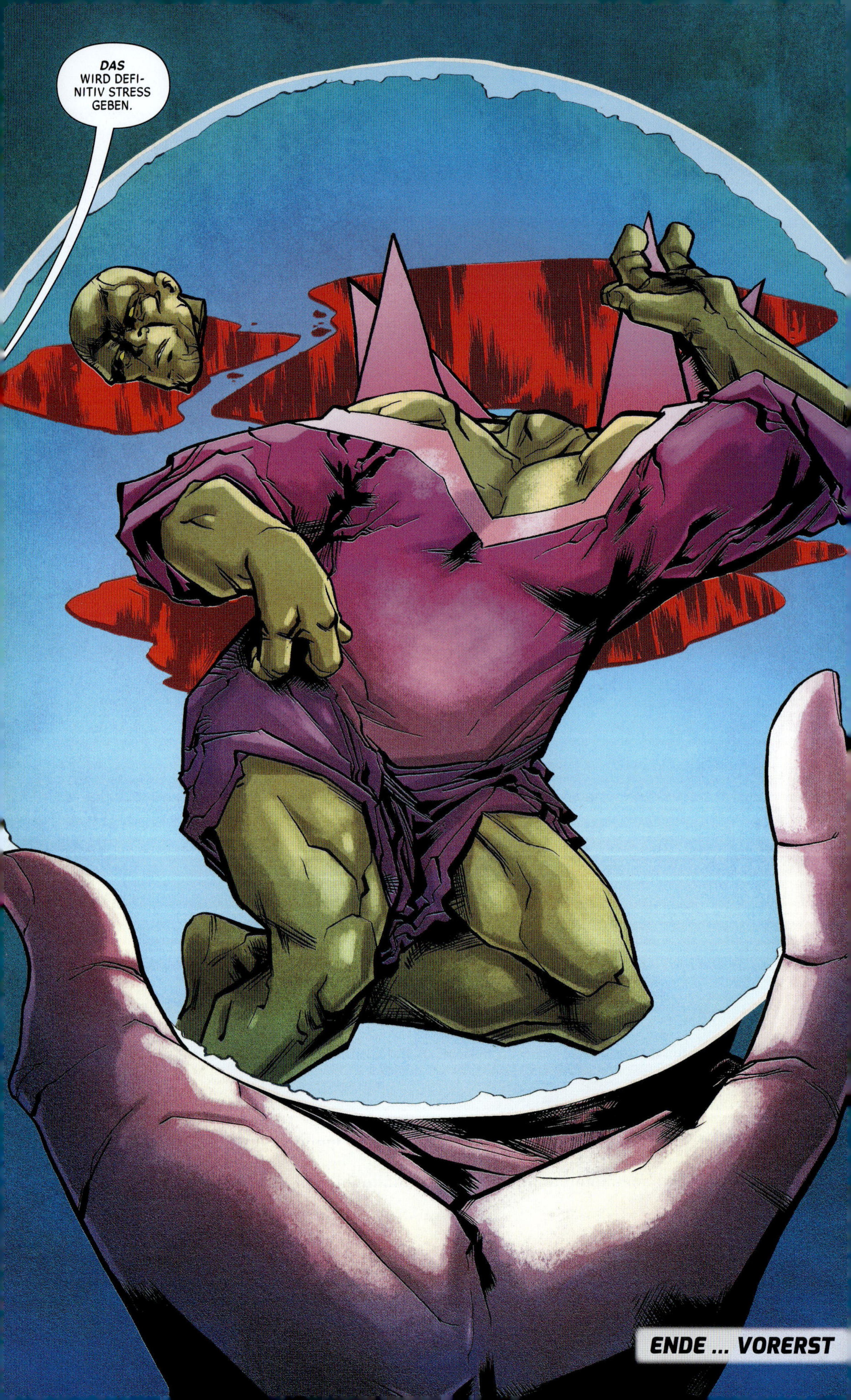
DAS WIRD DEFI-NITIV STRESS GEBEN.
ENDE ... VORERST

BÖSE TRÄUME

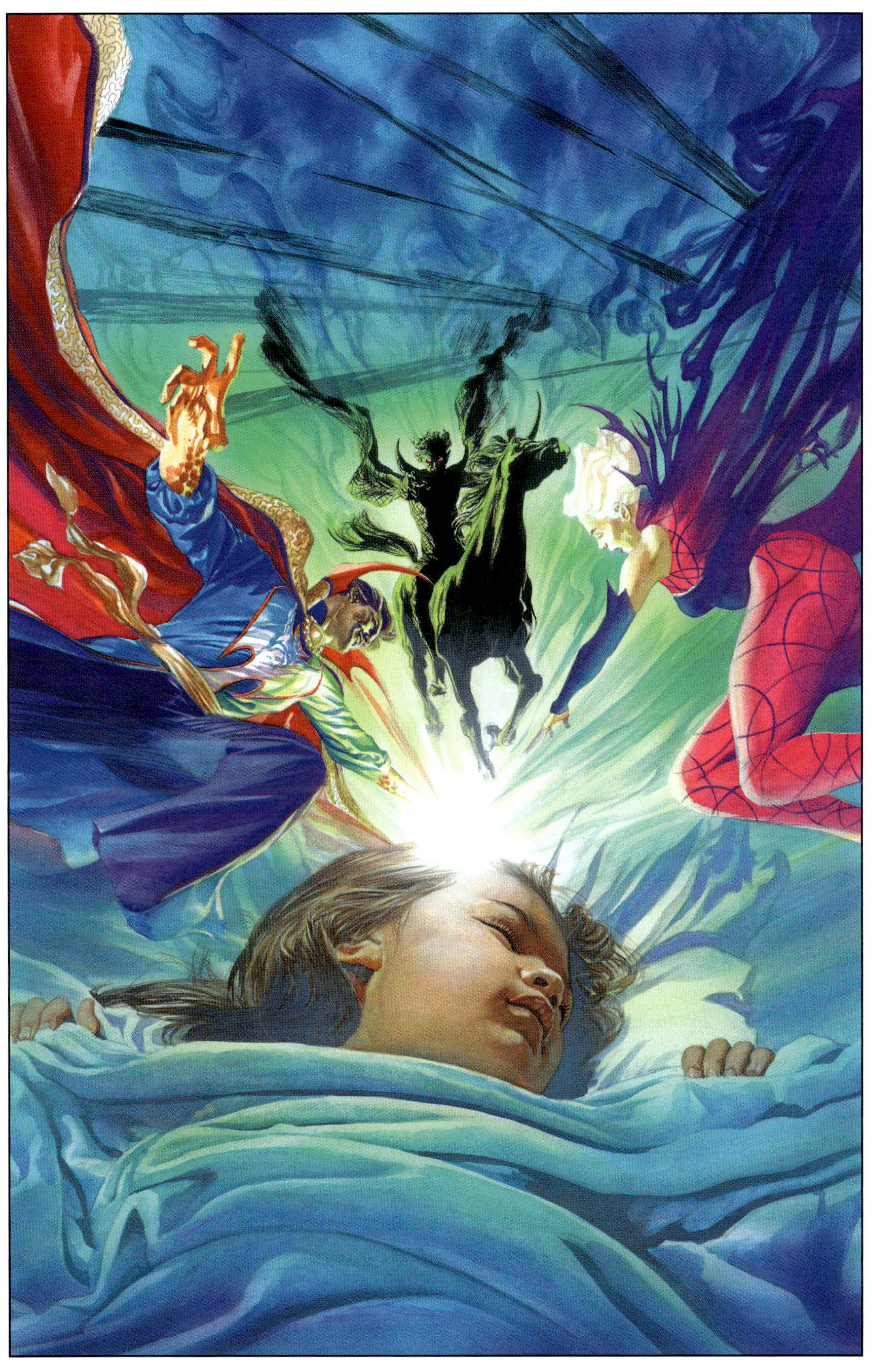

Doctor Strange (2023) 2
Cover von **ALEX ROSS**

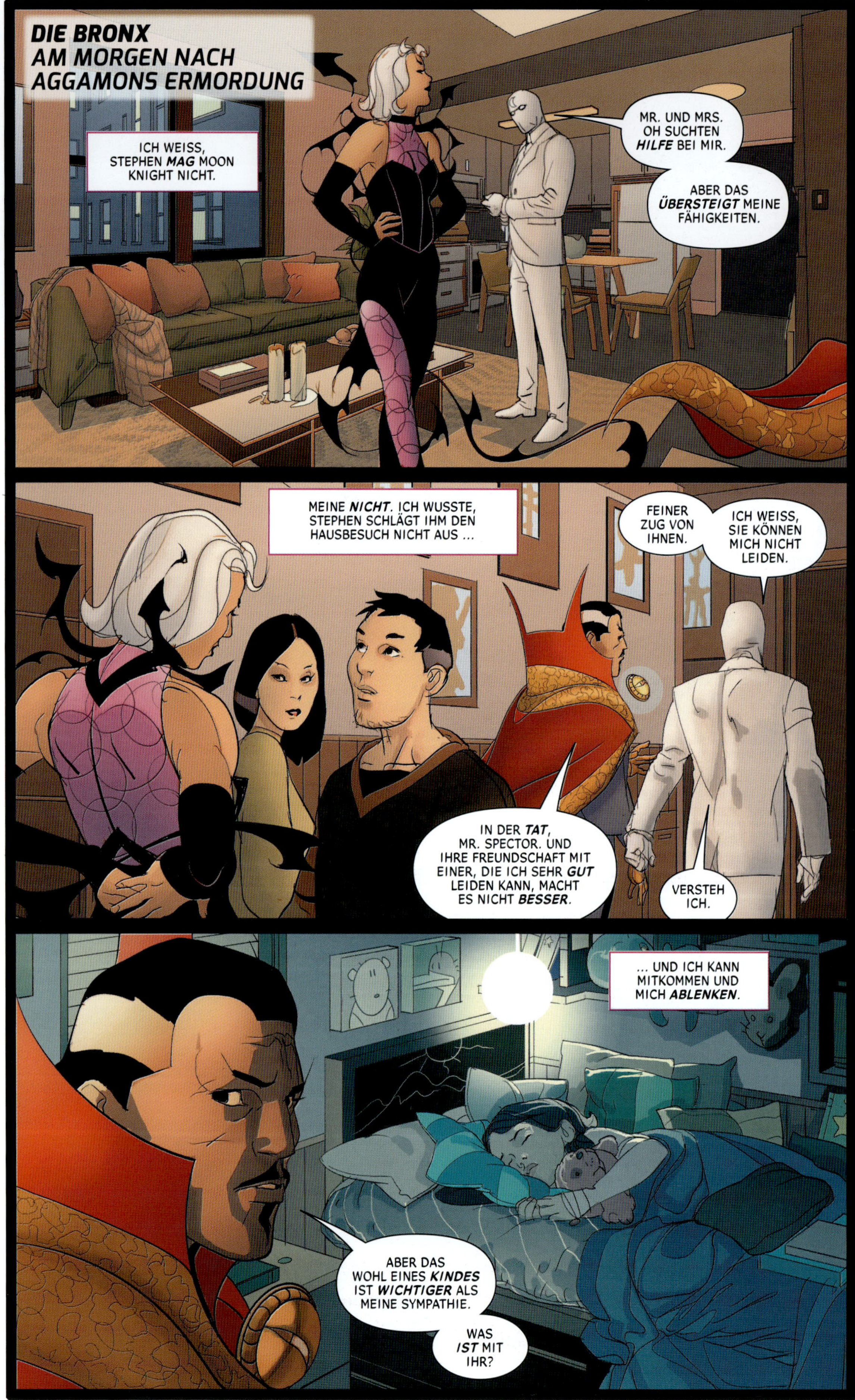
DIE BRONX
AM MORGEN NACH
AGGAMONS ERMORDUNG
ICH WEISS, STEPHEN MAG MOON KNIGHT NICHT.
MR. UND MRS. OH SUCHTEN HILFE BEI MIR.
ABER DAS ÜBERSTEIGT MEINE FÄHIGKEITEN.
MEINE NICHT. ICH WUSSTE, STEPHEN SCHLÄGT IHM DEN HAUSBESUCH NICHT AUS ...
FEINER ZUG VON IHNEN.
ICH WEISS, SIE KÖNNEN MICH NICHT LEIDEN.
IN DER TAT, MR. SPECTOR. UND IHRE FREUNDSCHAFT MIT EINER, DIE ICH SEHR GUT LEIDEN KANN, MACHT ES NICHT BESSER.
VERSTEH ICH.
... UND ICH KANN MITKOMMEN UND MICH ABLENKEN.
ABER DAS WOHL EINES KINDES IST WICHTIGER ALS MEINE SYMPATHIE.
WAS IST MIT IHR?

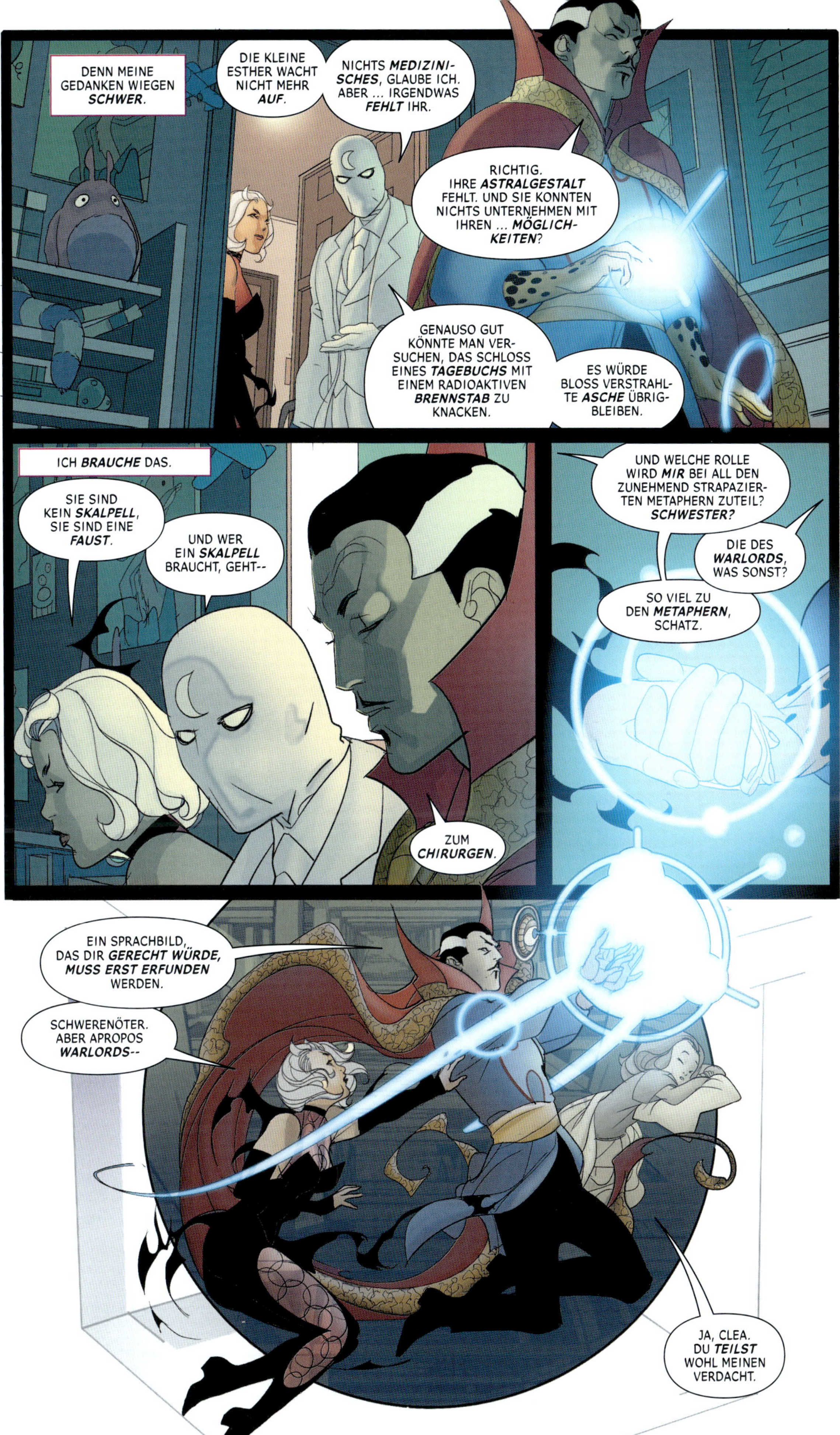
DENN MEINE GEDANKEN WIEGEN SCHWER.
DIE KLEINE ESTHER WACHT NICHT MEHR AUF.
NICHTS MEDIZINISCHES, GLAUBE ICH. ABER ... IRGENDWAS FEHLT IHR.
RICHTIG. IHRE ASTRALGESTALT FEHLT. UND SIE KONNTEN NICHTS UNTERNEHMEN MIT IHREN ... MÖGLICHKEITEN?
GENAUSO GUT KÖNNTE MAN VERSUCHEN, DAS SCHLOSS EINES TAGEBUCHS MIT EINEM RADIOAKTIVEN BRENNSTAB ZU KNACKEN.
ES WÜRDE BLOSS VERSTRAHLTE ASCHE ÜBRIGBLEIBEN.
ICH BRAUCHE DAS.
SIE SIND KEIN SKALPELL, SIE SIND EINE FAUST.
UND WER EIN SKALPELL BRAUCHT, GEHT--
ZUM CHIRURGEN.
UND WELCHE ROLLE WIRD MIR BEI ALL DEN ZUNEHMEND STRAPAZIERTEN METAPHERN ZUTEIL? SCHWESTER?
DIE DES WARLORDS, WAS SONST?
SO VIEL ZU DEN METAPHERN, SCHATZ.
EIN SPRACHBILD, DAS DIR GERECHT WÜRDE, MUSS ERST ERFUNDEN WERDEN.
SCHWERENÖTER. ABER APROPOS WARLORDS--
JA, CLEA. DU TEILST WOHL MEINEN VERDACHT.

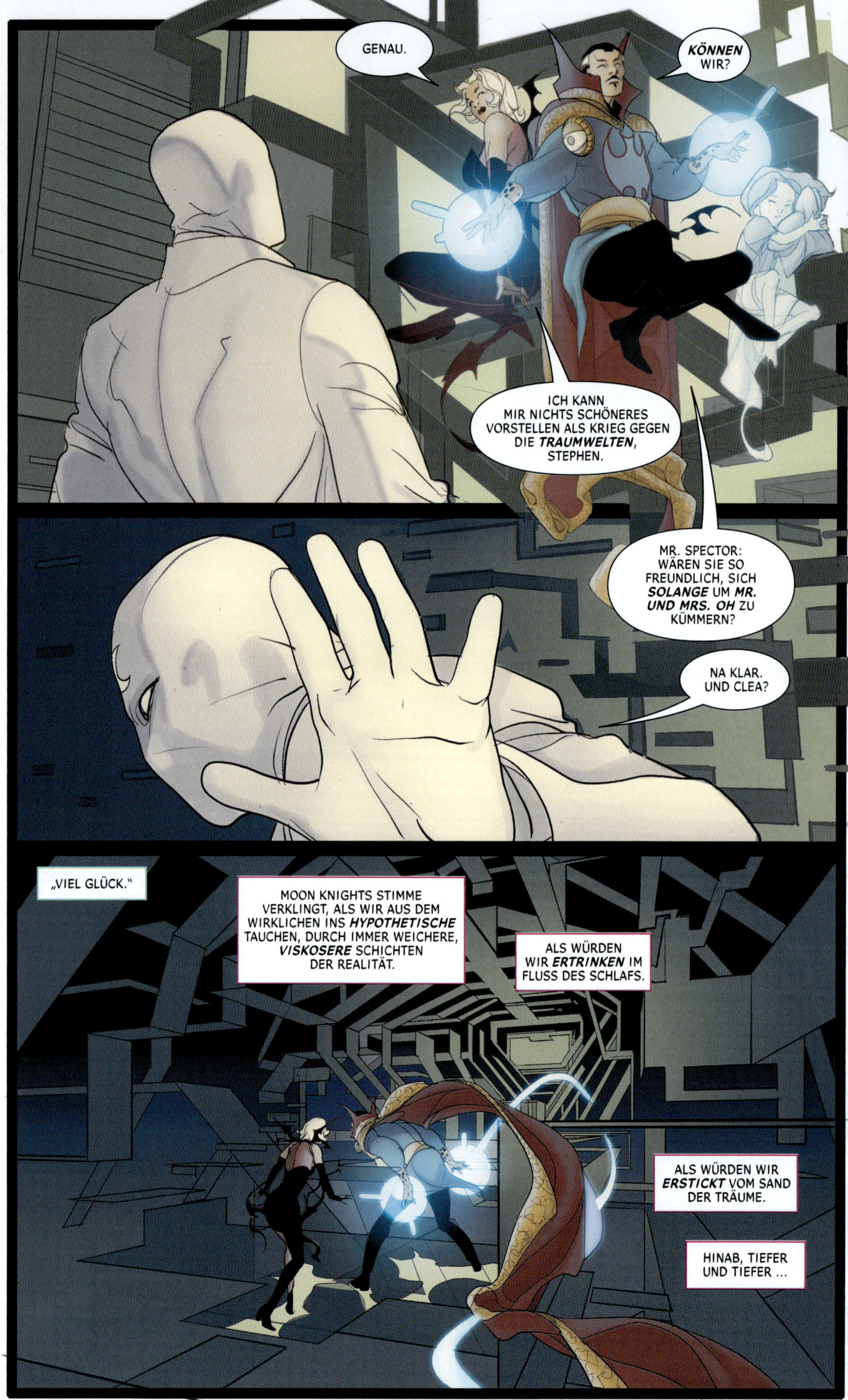
GENAU.
KÖNNEN WIR?
ICH KANN MIR NICHTS SCHÖNERES VORSTELLEN ALS KRIEG GEGEN DIE TRAUMWELTEN, STEPHEN.
MR. SPECTOR: WÄREN SIE SO FREUNDLICH, SICH SOLANGE UM MR. UND MRS. OH ZU KÜMMERN?
NA KLAR. UND CLEA?
„VIEL GLÜCK."
MOON KNIGHTS STIMME VERKLINGT, ALS WIR AUS DEM WIRKLICHEN INS HYPOTHETISCHE TAUCHEN, DURCH IMMER WEICHERE, VISKOSERE SCHICHTEN DER REALITÄT.
ALS WÜRDEN WIR ERTRINKEN IM FLUSS DES SCHLAFS.
ALS WÜRDEN WIR ERSTICKT VOM SAND DER TRÄUME.
HINAB, TIEFER UND TIEFER ...

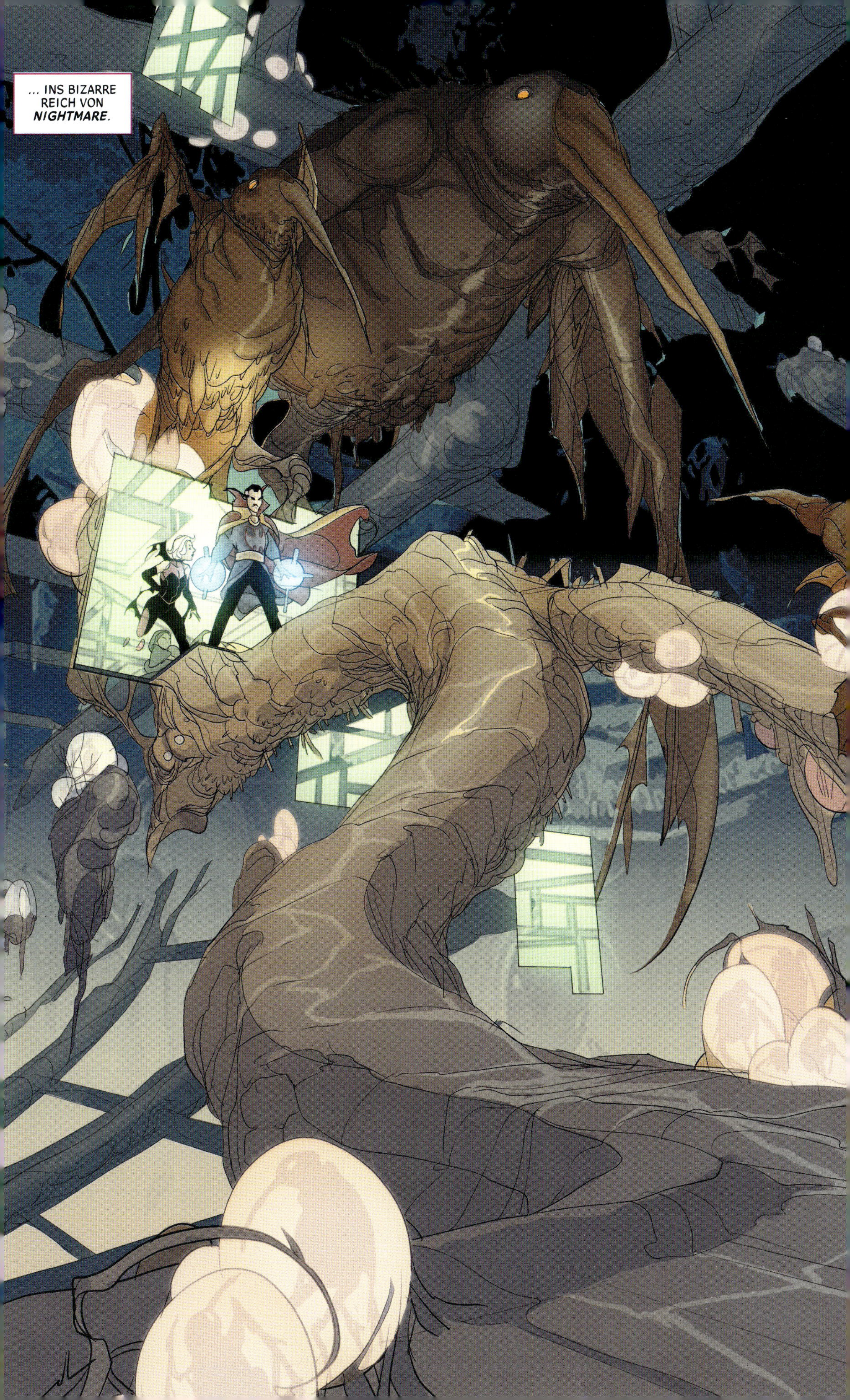
... INS BIZARRE REICH VON *NIGHTMARE*.

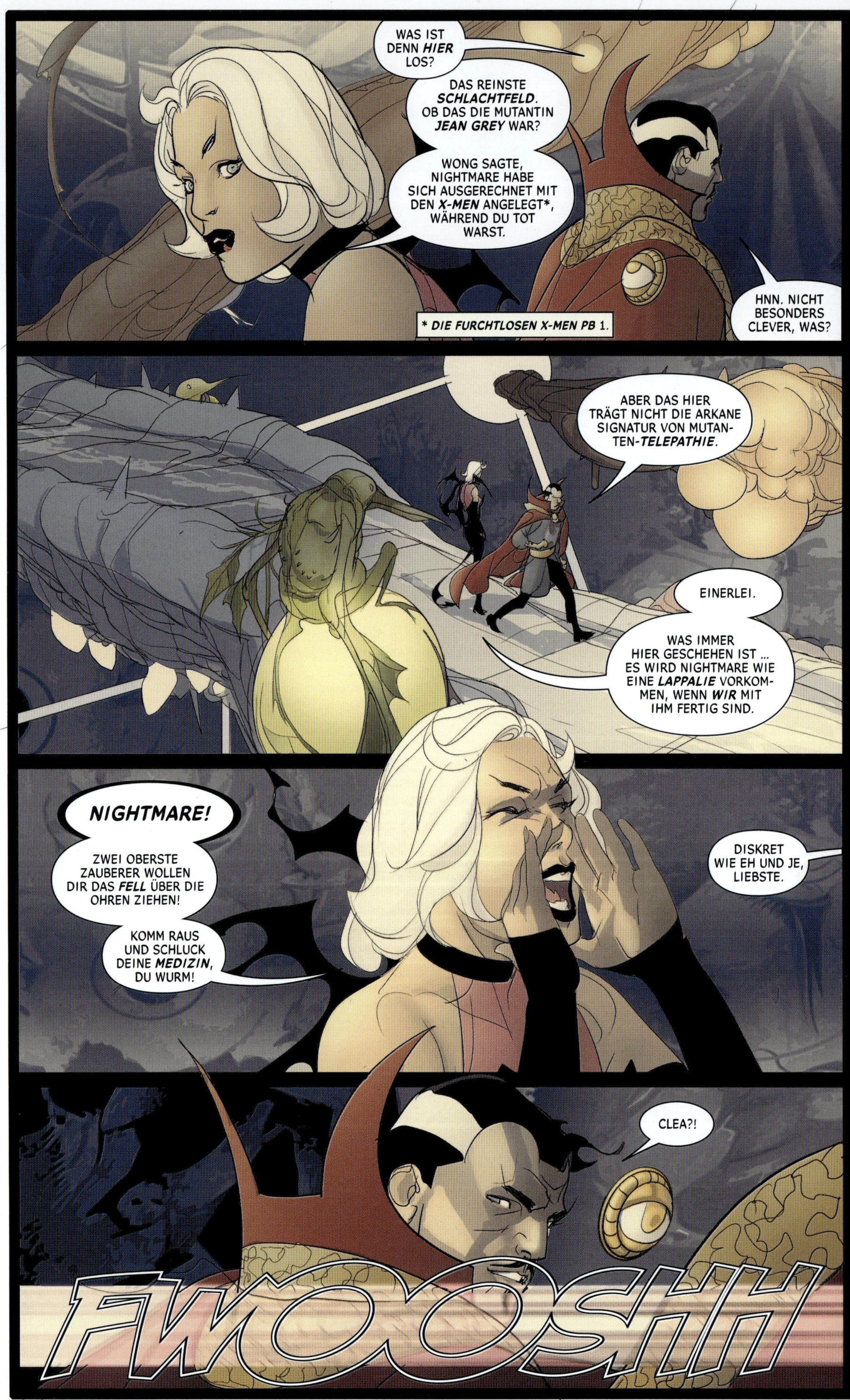
WAS IST DENN HIER LOS?
DAS REINSTE SCHLACHTFELD. OB DAS DIE MUTANTIN JEAN GREY WAR?
WONG SAGTE, NIGHTMARE HABE SICH AUSGERECHNET MIT DEN X-MEN ANGELEGT*, WÄHREND DU TOT WARST.
HNN. NICHT BESONDERS CLEVER, WAS?
* DIE FURCHTLOSEN X-MEN PB 1.
ABER DAS HIER TRÄGT NICHT DIE ARKANE SIGNATUR VON MUTANTEN-TELEPATHIE.
EINERLEI.
WAS IMMER HIER GESCHEHEN IST ... ES WIRD NIGHTMARE WIE EINE LAPPALIE VORKOMMEN, WENN WIR MIT IHM FERTIG SIND.
NIGHTMARE!
ZWEI OBERSTE ZAUBERER WOLLEN DIR DAS FELL ÜBER DIE OHREN ZIEHEN!
KOMM RAUS UND SCHLUCK DEINE MEDIZIN, DU WURM!
DISKRET WIE EH UND JE, LIEBSTE.
CLEA?!
FWOOSHH

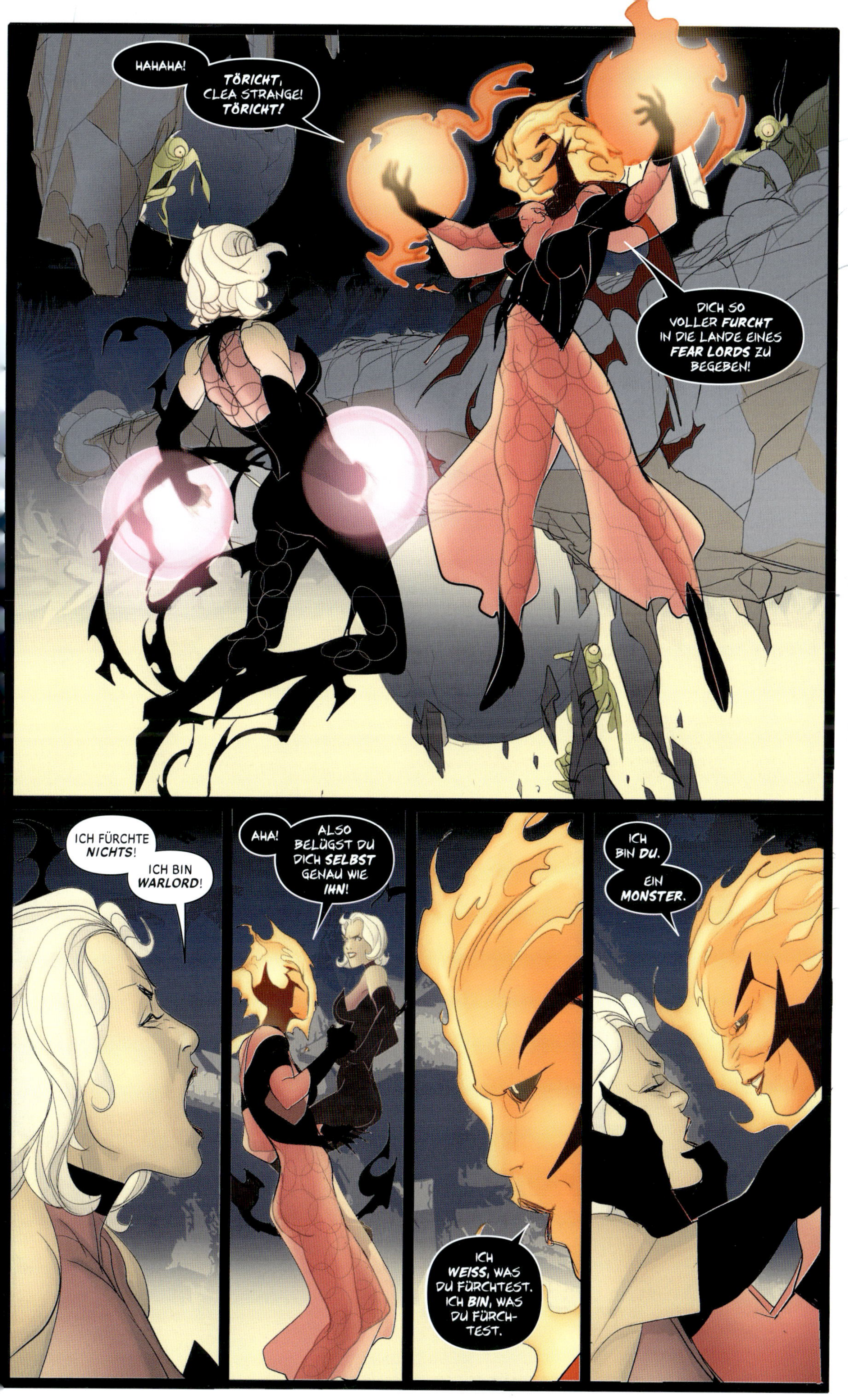
HAHAHA!
TÖRICHT, CLEA STRANGE! TÖRICHT!
DICH SO VOLLER FURCHT IN DIE LANDE EINES FEAR LORDS ZU BEGEBEN!
ICH FÜRCHTE NICHTS!
ICH BIN WARLORD!
AHA!
ALSO BELÜGST DU DICH SELBST GENAU WIE IHN!
ICH WEISS, WAS DU FÜRCHTEST. ICH BIN, WAS DU FÜRCH-TEST.
ICH BIN DU.
EIN MONSTER.

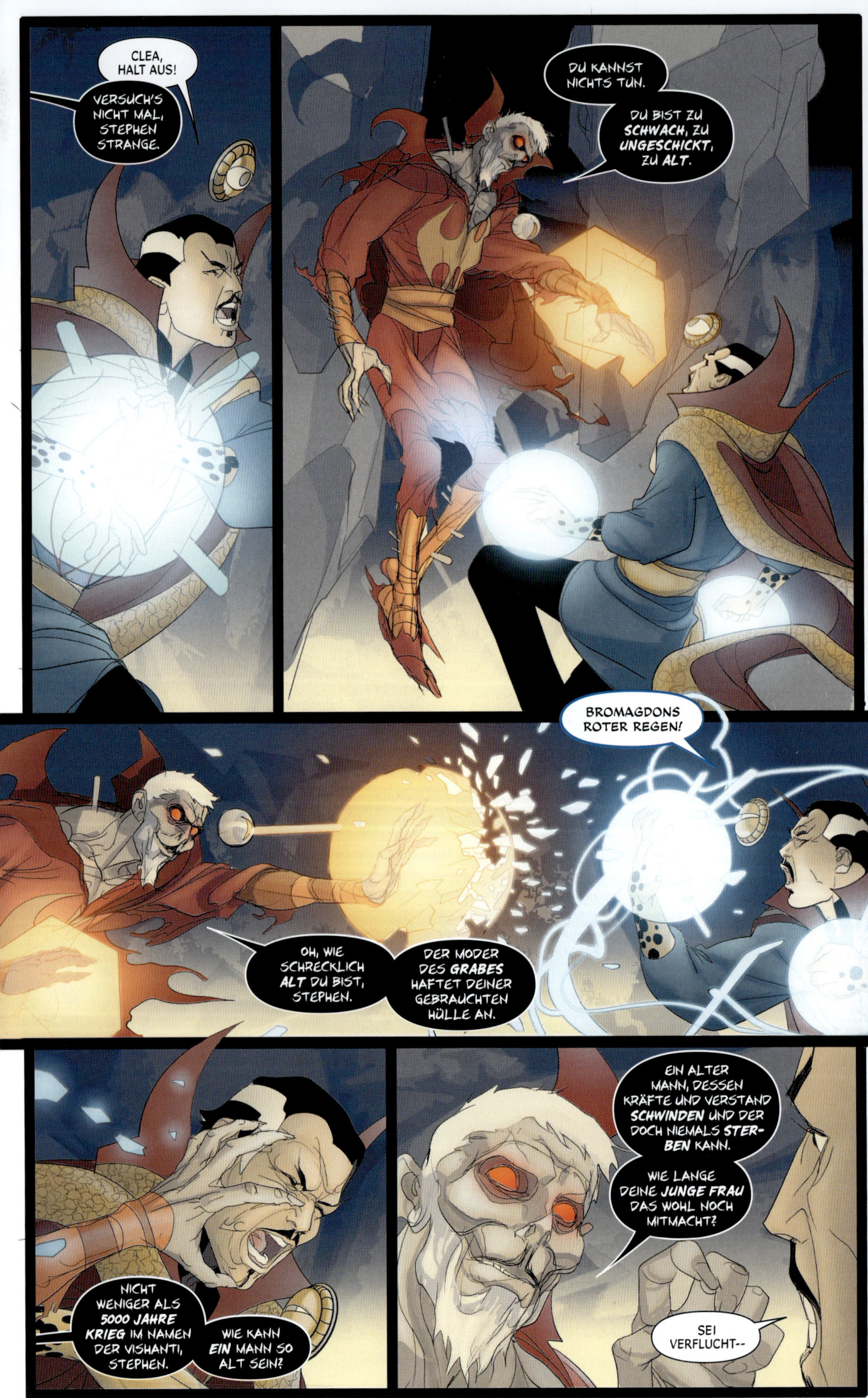

CLEA, HALT AUS!
VERSUCH'S NICHT MAL, STEPHEN STRANGE.
DU KANNST NICHTS TUN.
DU BIST ZU SCHWACH, ZU UNGESCHICKT, ZU ALT.
BROMAGDONS ROTER REGEN!
OH, WIE SCHRECKLICH ALT DU BIST, STEPHEN.
DER MODER DES GRABES HAFTET DEINER GEBRAUCHTEN HÜLLE AN.
NICHT WENIGER ALS 5000 JAHRE KRIEG IM NAMEN DER VISHANTI, STEPHEN.
WIE KANN EIN MANN SO ALT SEIN?
EIN ALTER MANN, DESSEN KRÄFTE UND VERSTAND SCHWINDEN UND DER DOCH NIEMALS STERBEN KANN.
WIE LANGE DEINE JUNGE FRAU DAS WOHL NOCH MITMACHT?
SEI VERFLUCHT--

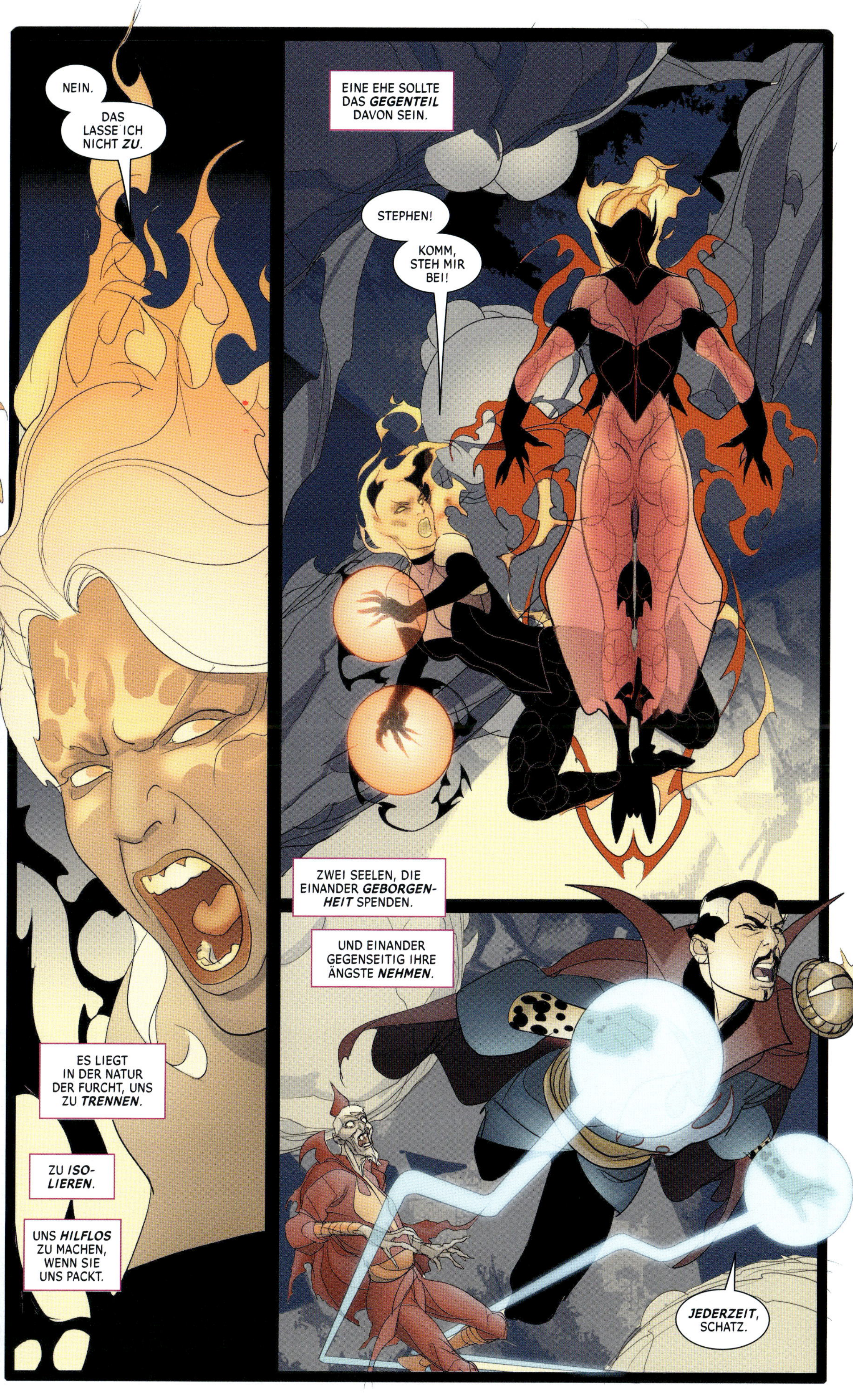
NEIN.
DAS LASSE ICH NICHT *ZU*.
EINE EHE SOLLTE DAS *GEGENTEIL* DAVON SEIN.
STEPHEN!
KOMM, STEH MIR BEI!
ES LIEGT IN DER NATUR DER FURCHT, UNS ZU *TRENNEN*.
ZU *ISO-LIEREN*.
UNS *HILFLOS* ZU MACHEN, WENN SIE UNS PACKT.
ZWEI SEELEN, DIE EINANDER *GEBORGEN-HEIT* SPENDEN.
UND EINANDER GEGENSEITIG IHRE ÄNGSTE *NEHMEN*.
JEDERZEIT, SCHATZ.

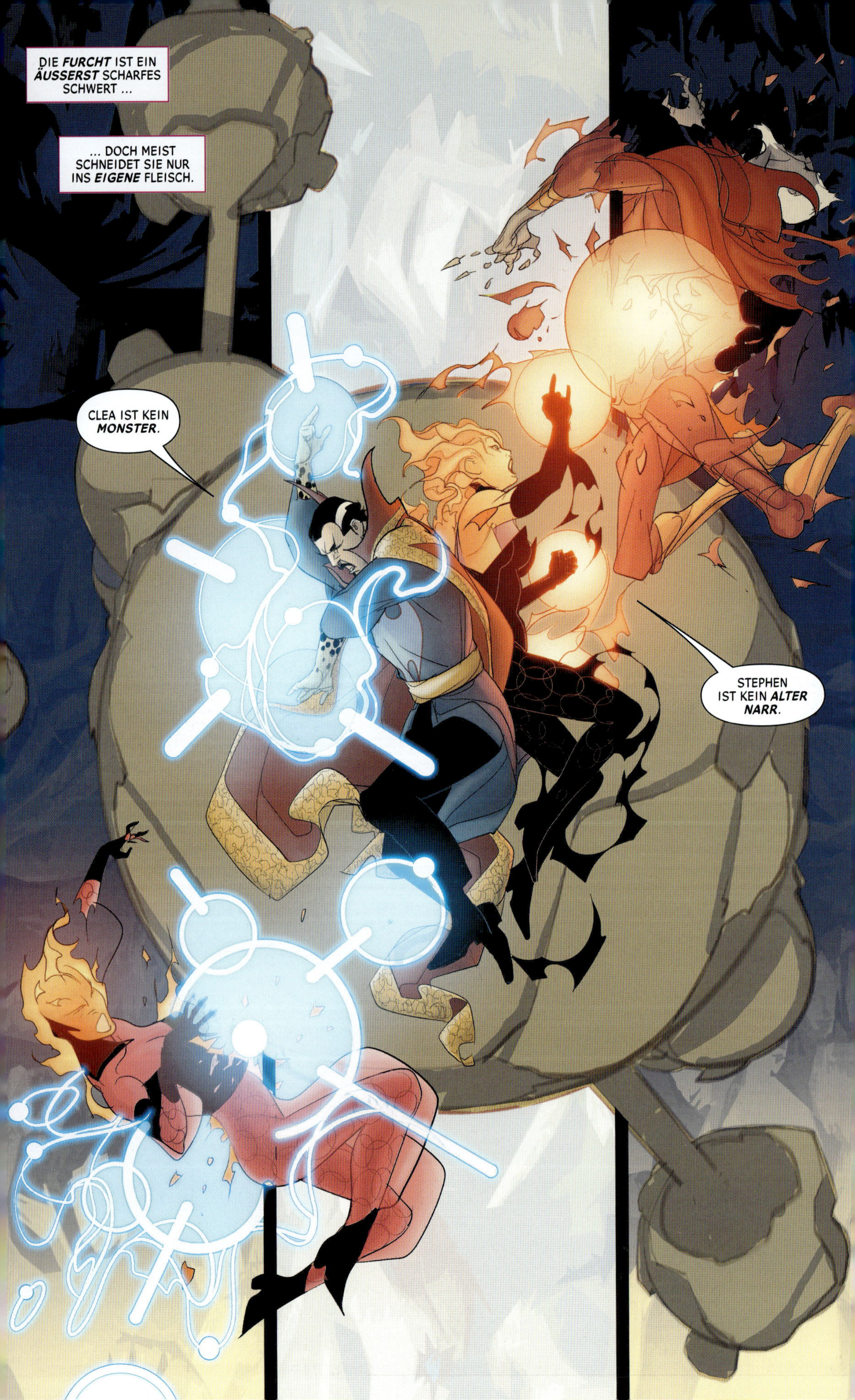
DIE FURCHT IST EIN ÄUSSERST SCHARFES SCHWERT ...
... DOCH MEIST SCHNEIDET SIE NUR INS EIGENE FLEISCH.
CLEA IST KEIN MONSTER.
STEPHEN IST KEIN ALTER NARR.

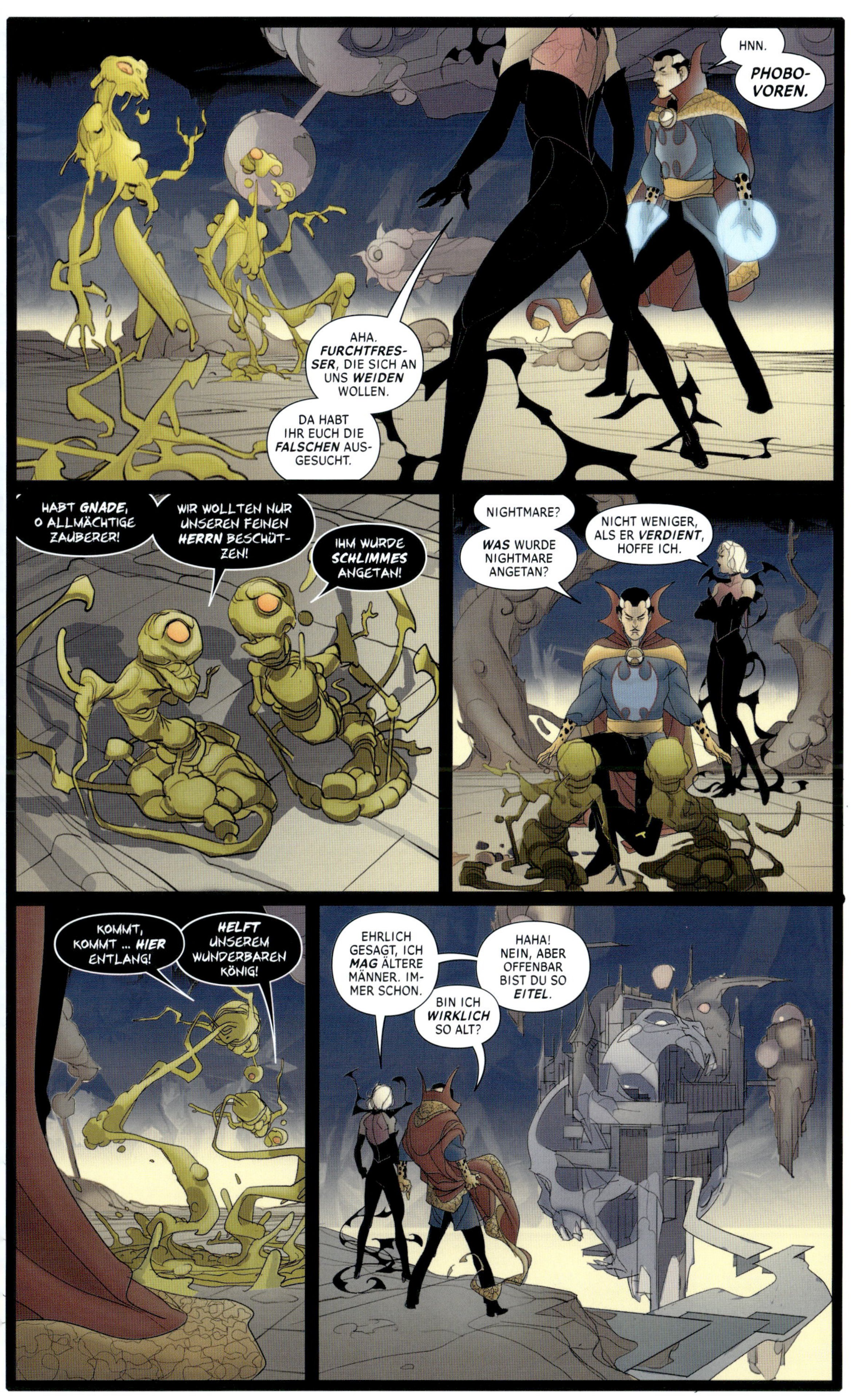
HNN.
PHOBO-VOREN.
AHA. FURCHTFRES-SER, DIE SICH AN UNS WEIDEN WOLLEN.
DA HABT IHR EUCH DIE FALSCHEN AUS-GESUCHT.
HABT GNADE, O ALLMÄCHTIGE ZAUBERER!
WIR WOLLTEN NUR UNSEREN FEINEN HERRN BESCHÜT-ZEN!
IHM WURDE SCHLIMMES ANGETAN!
NIGHTMARE?
WAS WURDE NIGHTMARE ANGETAN?
NICHT WENIGER, ALS ER VERDIENT, HOFFE ICH.
KOMMT, KOMMT ... HIER ENTLANG!
HELFT UNSEREM WUNDERBAREN KÖNIG!
EHRLICH GESAGT, ICH MAG ÄLTERE MÄNNER. IM-MER SCHON.
BIN ICH WIRKLICH SO ALT?
HAHA! NEIN, ABER OFFENBAR BIST DU SO EITEL.

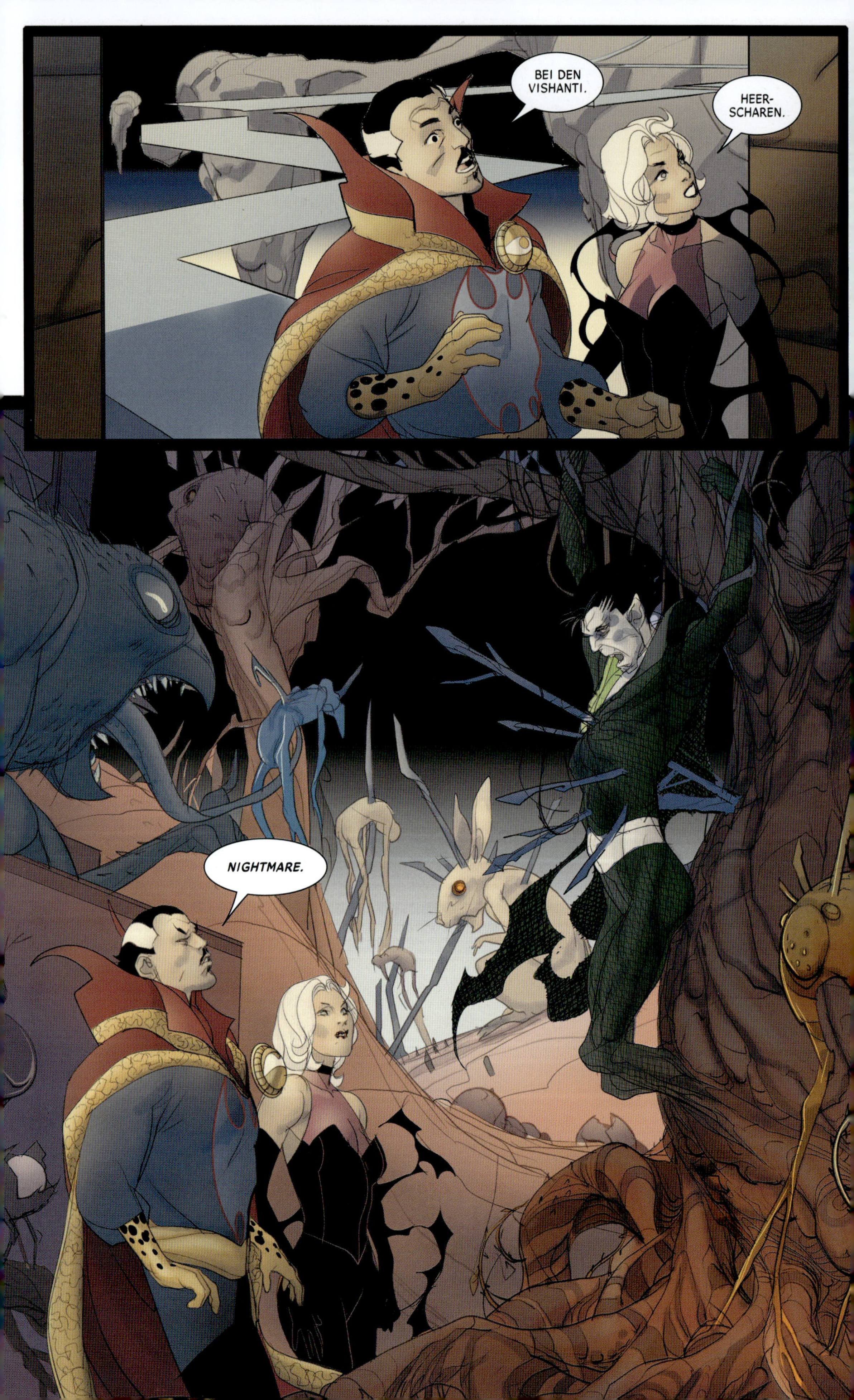
BEI DEN VISHANTI.
HEER-SCHAREN.
NIGHTMARE.

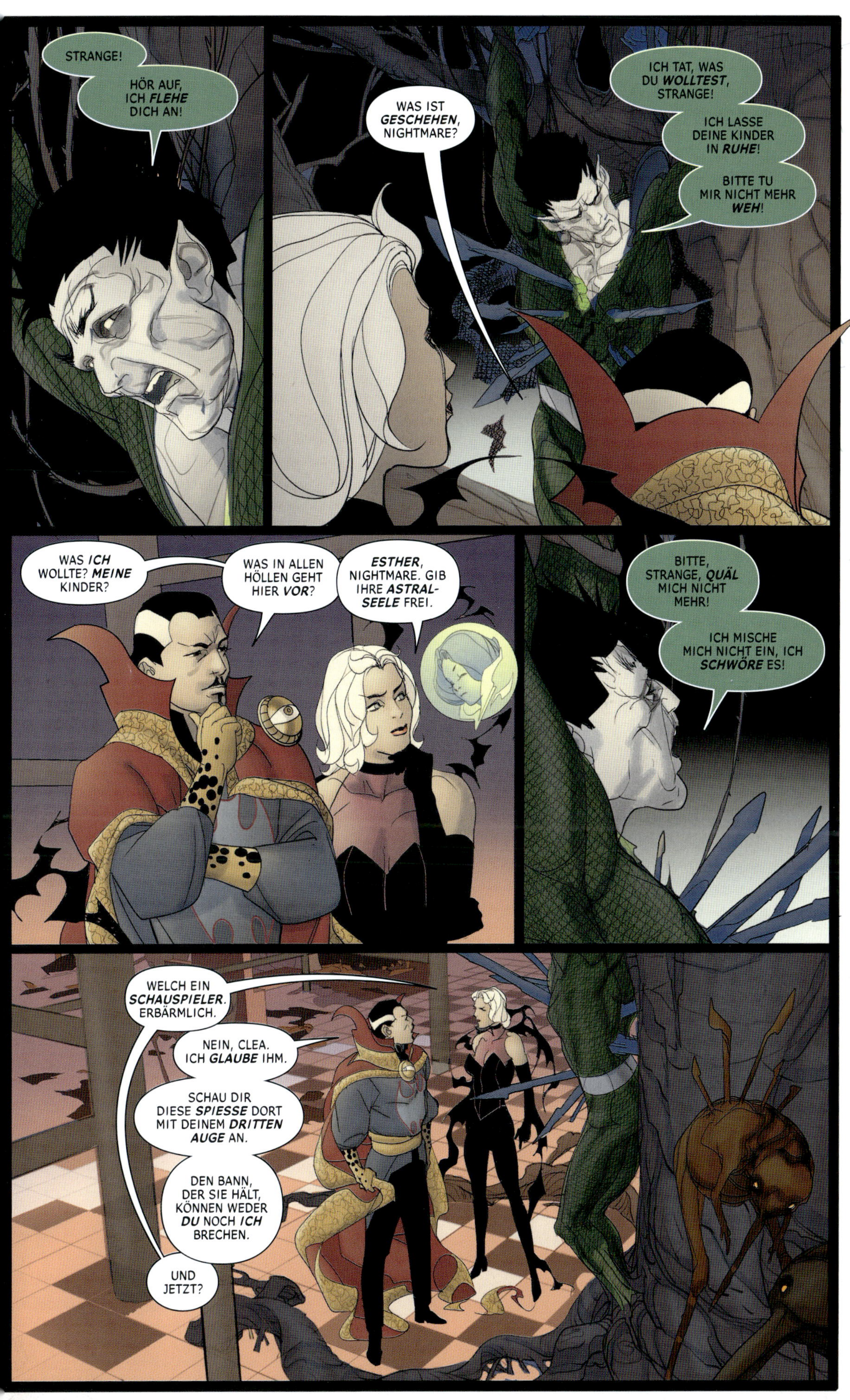
STRANGE!
HÖR AUF, ICH *FLEHE* DICH AN!
WAS IST *GESCHEHEN*, NIGHTMARE?
ICH TAT, WAS DU *WOLLTEST*, STRANGE!
ICH LASSE DEINE KINDER IN *RUHE*!
BITTE TU MIR NICHT MEHR *WEH*!
WAS *ICH* WOLLTE? *MEINE* KINDER?
WAS IN ALLEN HÖLLEN GEHT HIER *VOR*?
ESTHER, NIGHTMARE. GIB IHRE *ASTRAL-SEELE* FREI.
BITTE, STRANGE, *QUÄL* MICH NICHT MEHR!
ICH MISCHE MICH NICHT EIN, ICH *SCHWÖRE* ES!
WELCH EIN *SCHAUSPIELER*. ERBÄRMLICH.
NEIN, CLEA. ICH *GLAUBE* IHM.
SCHAU DIR DIESE *SPIESSE* DORT MIT DEINEM *DRITTEN AUGE* AN.
DEN BANN, DER SIE HÄLT, KÖNNEN WEDER *DU* NOCH *ICH* BRECHEN.
UND JETZT?

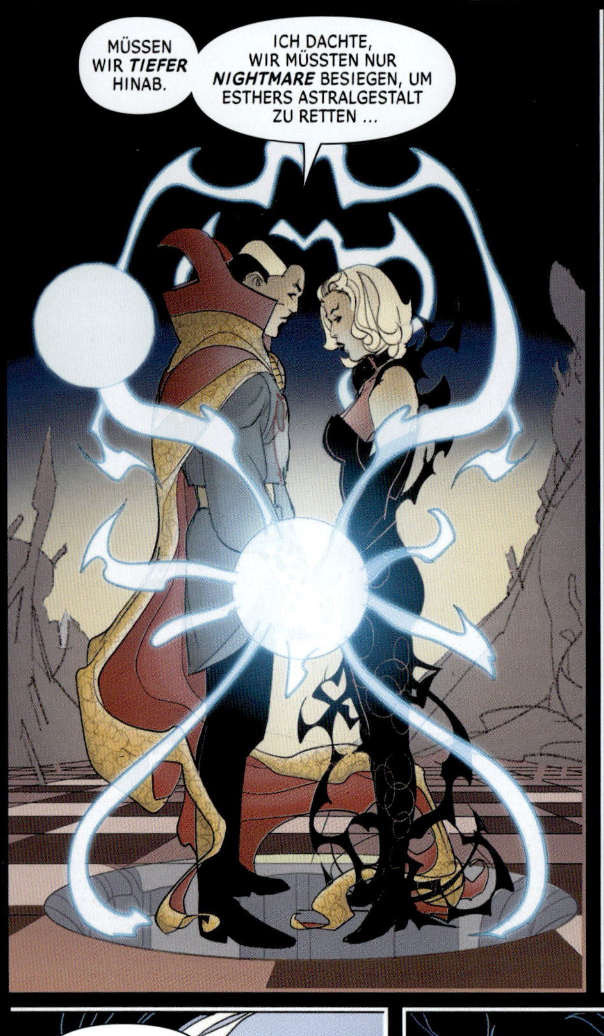
MÜSSEN WIR TIEFER HINAB.
ICH DACHTE, WIR MÜSSTEN NUR NIGHTMARE BESIEGEN, UM ESTHERS ASTRALGESTALT ZU RETTEN ...

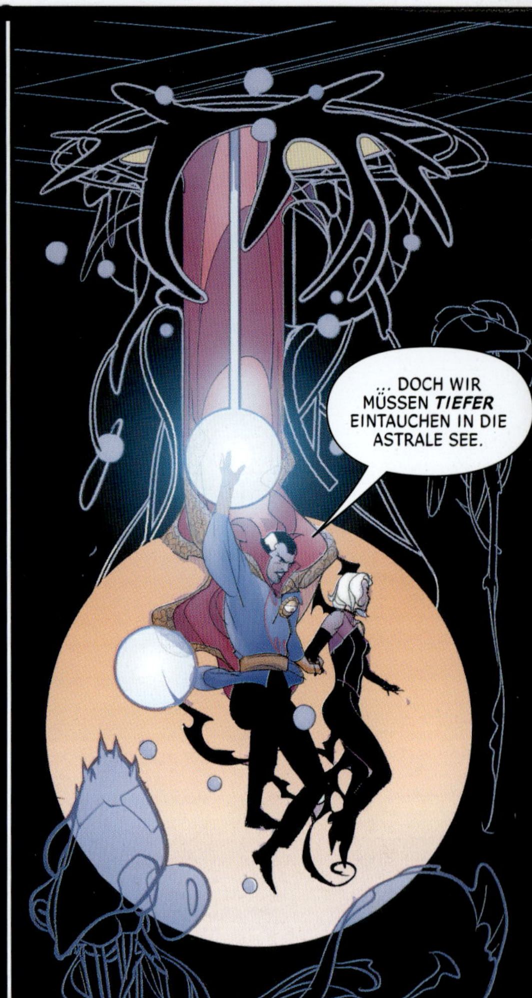
... DOCH WIR MÜSSEN TIEFER EINTAUCHEN IN DIE ASTRALE SEE.

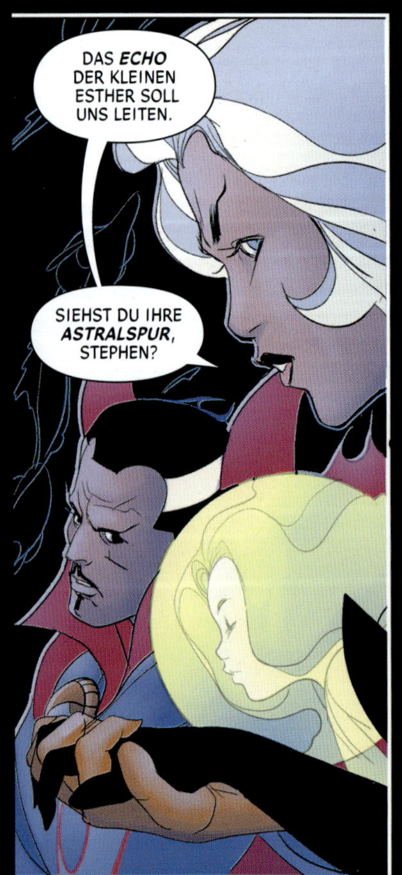
DAS ECHO DER KLEINEN ESTHER SOLL UNS LEITEN.
SIEHST DU IHRE ASTRALSPUR, STEPHEN?

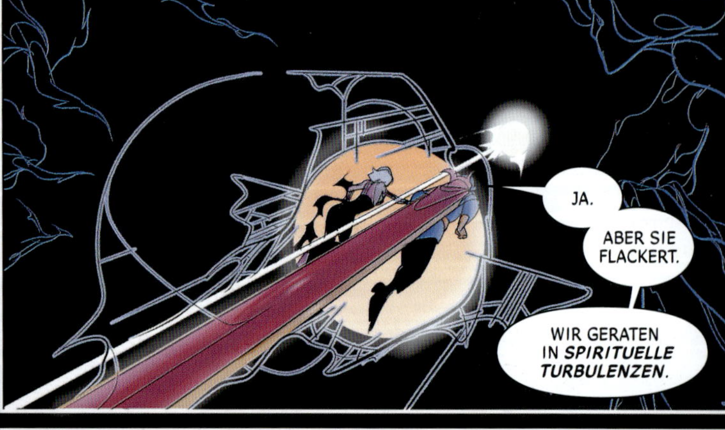
JA.
ABER SIE FLACKERT.
WIR GERATEN IN SPIRITUELLE TURBULENZEN.

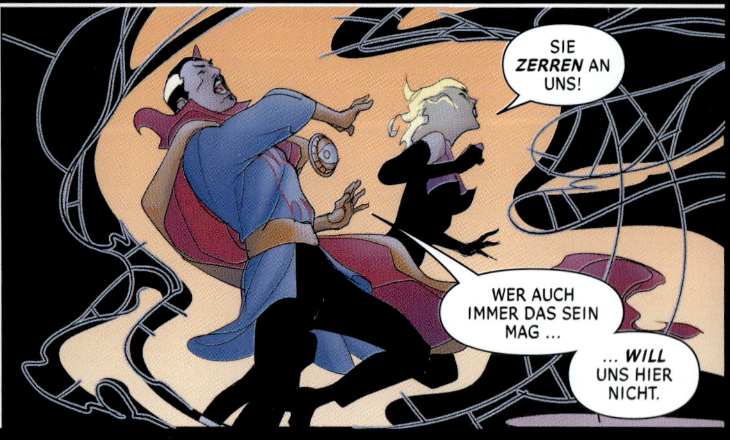
SIE ZERREN AN UNS!
WER AUCH IMMER DAS SEIN MAG ...
... WILL UNS HIER NICHT.

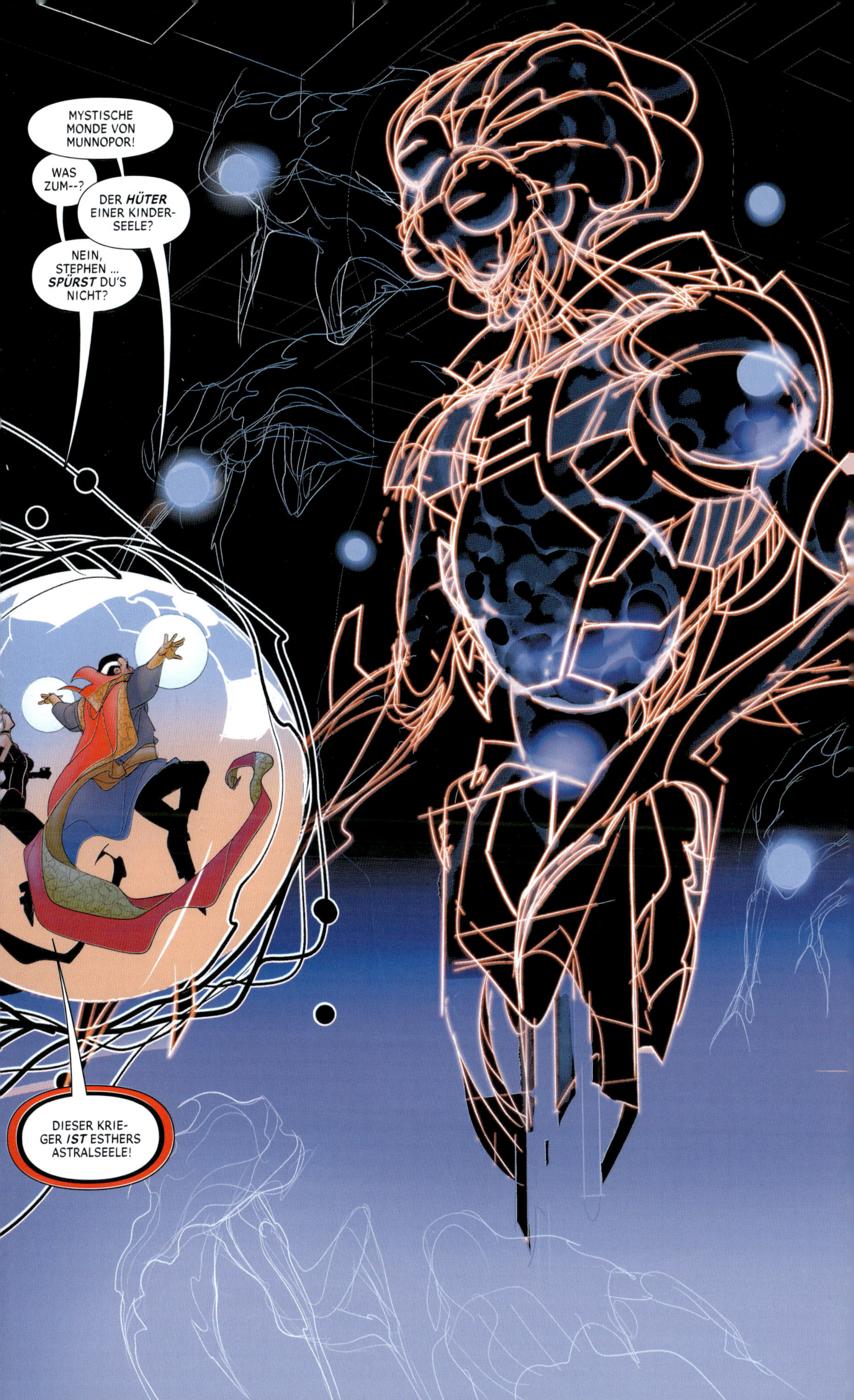
MYSTISCHE MONDE VON MUNNOPOR!
WAS ZUM--?
DER HÜTER EINER KINDERSEELE?
NEIN, STEPHEN ... SPÜRST DU'S NICHT?
DIESER KRIEGER IST ESTHERS ASTRALSEELE!

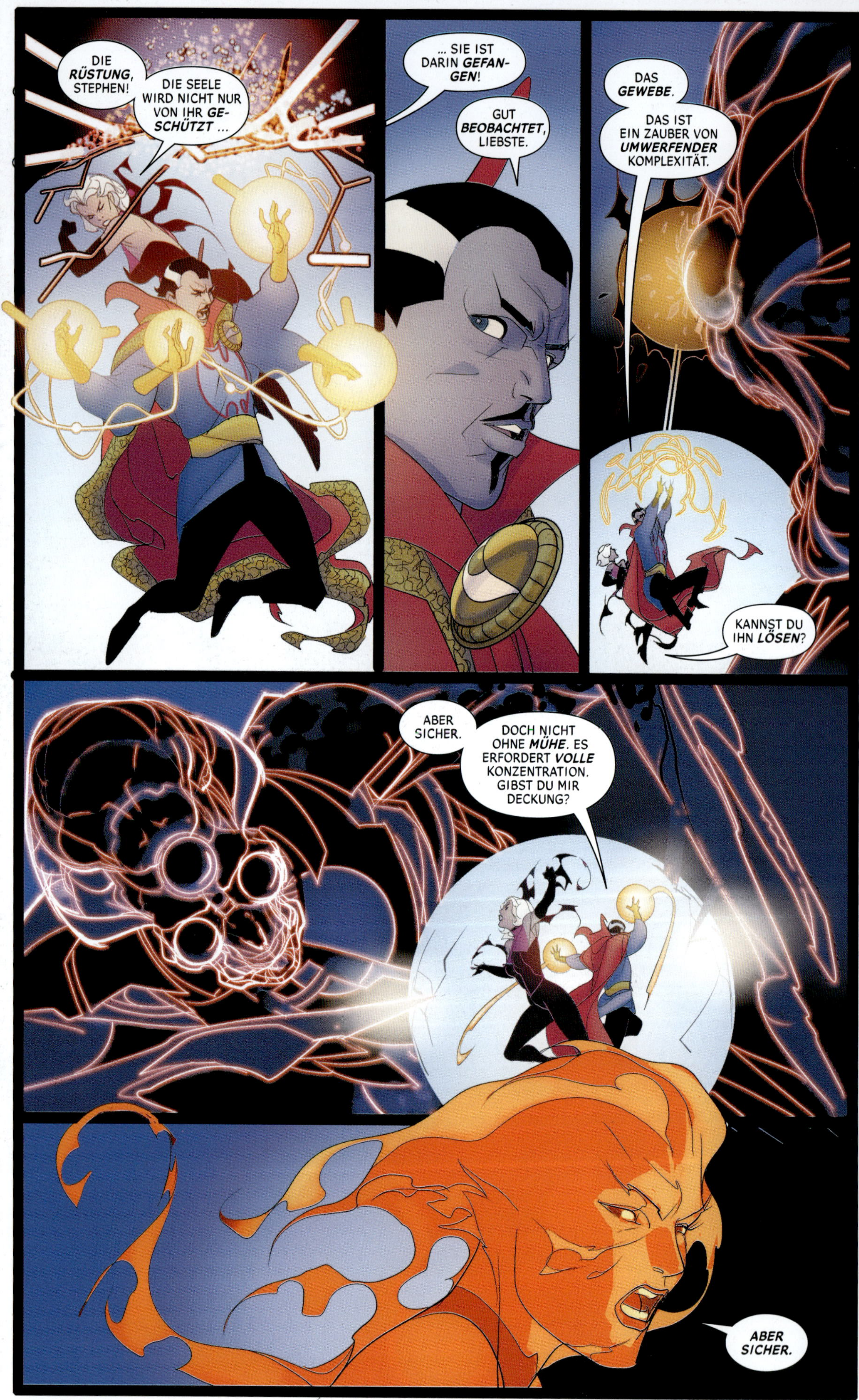

DIE RÜSTUNG, STEPHEN!
DIE SEELE WIRD NICHT NUR VON IHR GESCHÜTZT …
… SIE IST DARIN GEFANGEN!
GUT BEOBACHTET, LIEBSTE.
DAS GEWEBE.
DAS IST EIN ZAUBER VON UMWERFENDER KOMPLEXITÄT.
KANNST DU IHN LÖSEN?
ABER SICHER.
DOCH NICHT OHNE MÜHE. ES ERFORDERT VOLLE KONZENTRATION. GIBST DU MIR DECKUNG?
ABER SICHER.

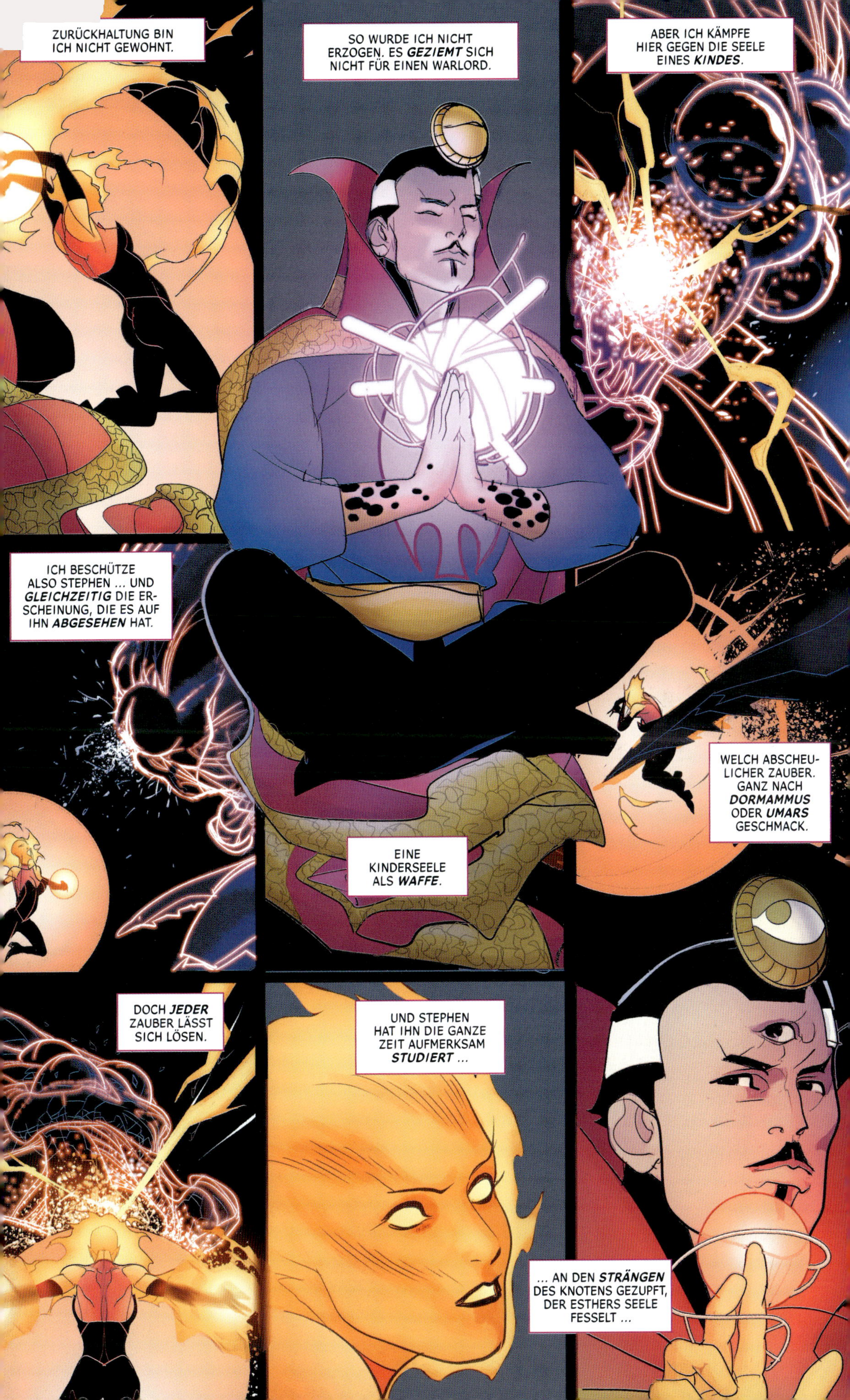
ZURÜCKHALTUNG BIN ICH NICHT GEWOHNT.
SO WURDE ICH NICHT ERZOGEN. ES *GEZIEMT* SICH NICHT FÜR EINEN WARLORD.
ABER ICH KÄMPFE HIER GEGEN DIE SEELE EINES *KINDES*.
ICH BESCHÜTZE ALSO STEPHEN ... UND *GLEICHZEITIG* DIE ERSCHEINUNG, DIE ES AUF IHN *ABGESEHEN* HAT.
WELCH ABSCHEULICHER ZAUBER. GANZ NACH *DORMAMMUS* ODER *UMARS* GESCHMACK.
EINE KINDERSEELE ALS *WAFFE*.
DOCH *JEDER* ZAUBER LÄSST SICH LÖSEN.
UND STEPHEN HAT IHN DIE GANZE ZEIT AUFMERKSAM *STUDIERT* ...
... AN DEN *STRÄNGEN* DES KNOTENS GEZUPFT, DER ESTHERS SEELE FESSELT ...

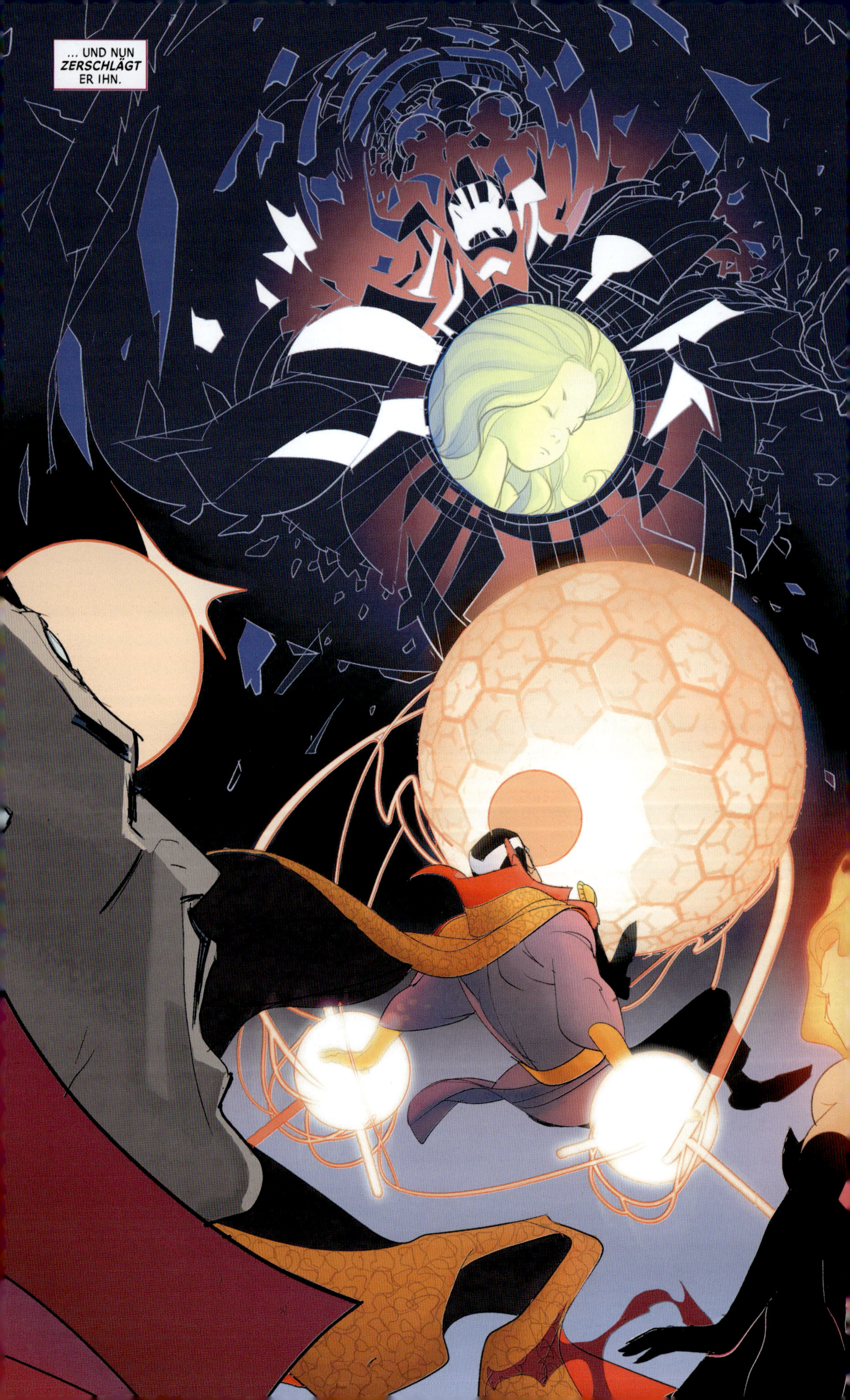
... UND NUN *ZERSCHLÄGT* ER IHN.

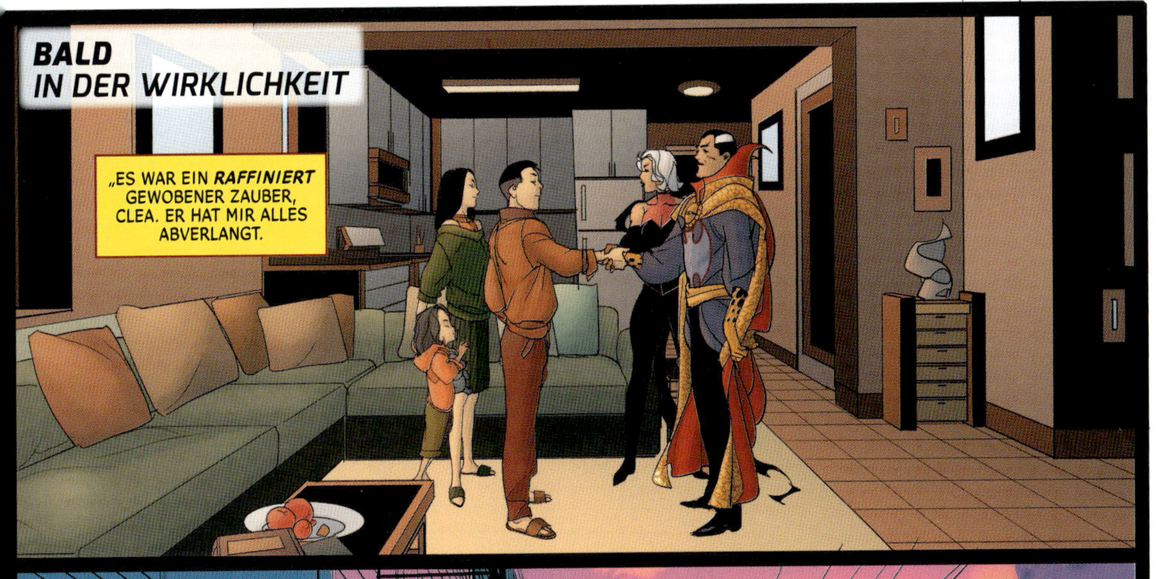
BALD
IN DER WIRKLICHKEIT
„ES WAR EIN **RAFFINIERT** GEWOBENER ZAUBER, CLEA. ER HAT MIR ALLES ABVERLANGT.

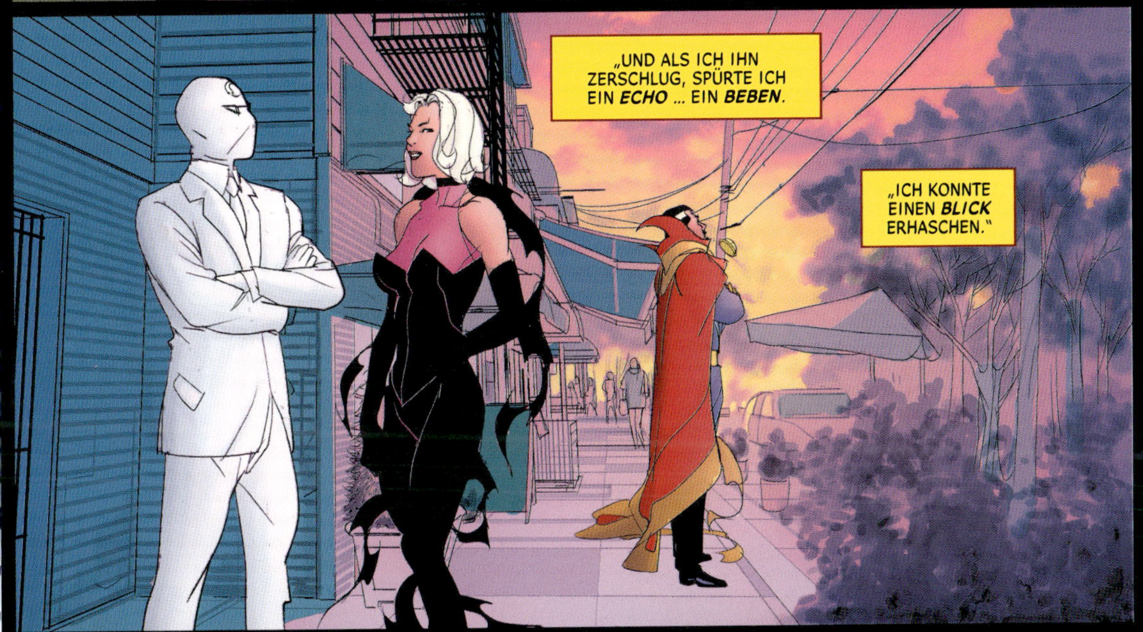
„UND ALS ICH IHN ZERSCHLUG, SPÜRTE ICH EIN **ECHO** ... EIN **BEBEN**.
„ICH KONNTE EINEN **BLICK** ERHASCHEN."

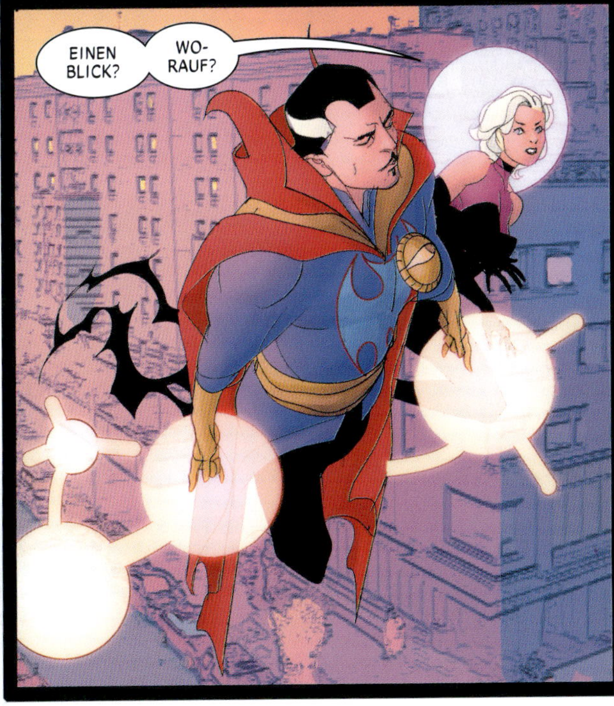
EINEN BLICK?
WO-RAUF?

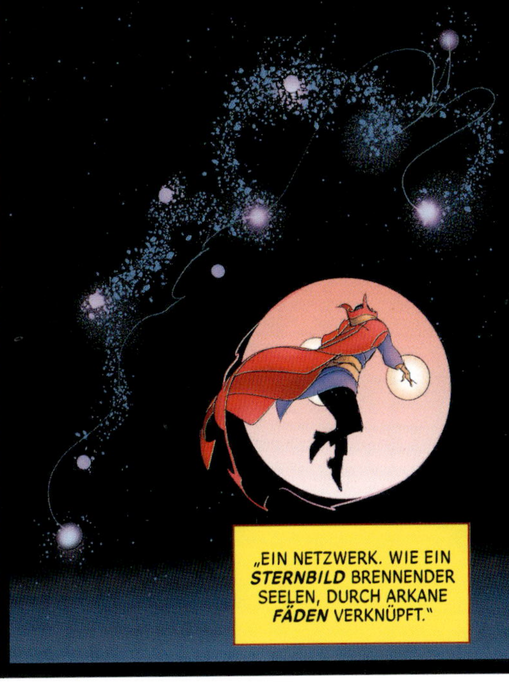
„EIN NETZWERK. WIE EIN **STERNBILD** BRENNENDER SEELEN, DURCH ARKANE **FÄDEN** VERKNÜPFT."

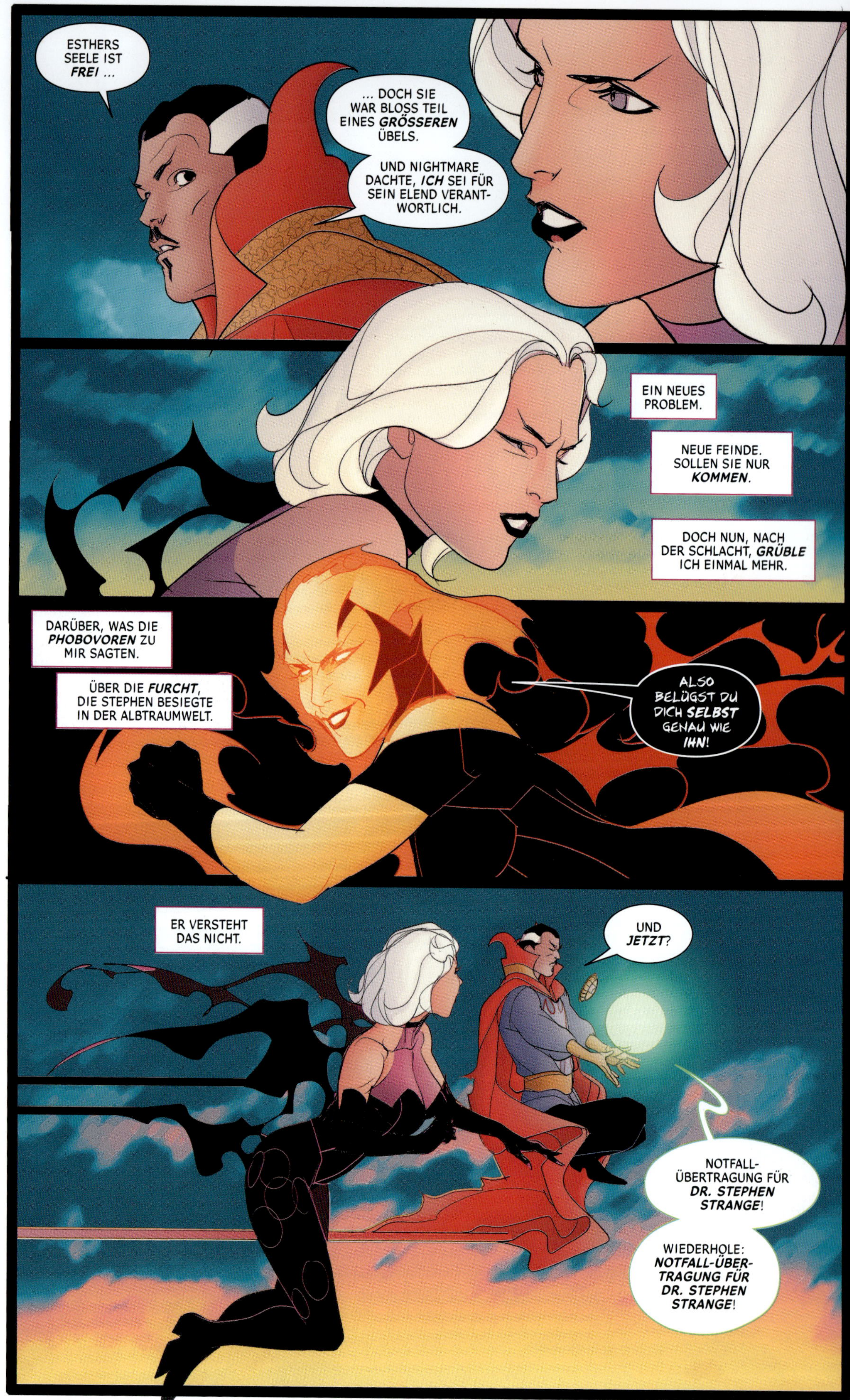
ESTHERS SEELE IST FREI ...
... DOCH SIE WAR BLOSS TEIL EINES GRÖSSEREN ÜBELS.
UND NIGHTMARE DACHTE, ICH SEI FÜR SEIN ELEND VERANT-WORTLICH.
EIN NEUES PROBLEM.
NEUE FEINDE. SOLLEN SIE NUR KOMMEN.
DOCH NUN, NACH DER SCHLACHT, GRÜBLE ICH EINMAL MEHR.
DARÜBER, WAS DIE PHOBOVOREN ZU MIR SAGTEN.
ÜBER DIE FURCHT, DIE STEPHEN BESIEGTE IN DER ALBTRAUMWELT.
ALSO BELÜGST DU DICH SELBST GENAU WIE IHN!
ER VERSTEHT DAS NICHT.
UND JETZT?
NOTFALL-ÜBERTRAGUNG FÜR DR. STEPHEN STRANGE!
WIEDERHOLE: NOTFALL-ÜBER-TRAGUNG FÜR DR. STEPHEN STRANGE!

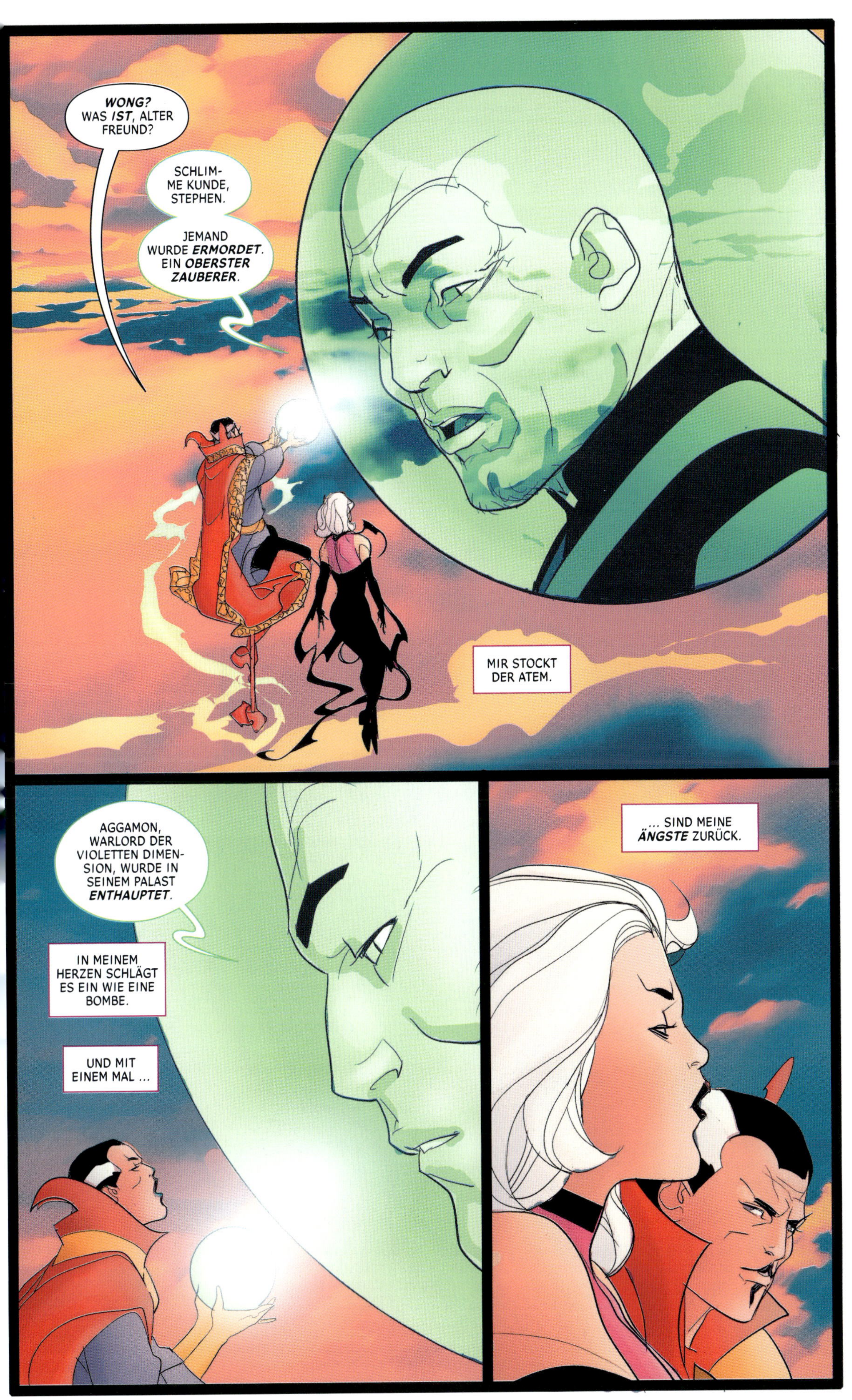
WONG? WAS IST, ALTER FREUND?
SCHLIM-ME KUNDE, STEPHEN.
JEMAND WURDE ERMORDET. EIN OBERSTER ZAUBERER.
MIR STOCKT DER ATEM.
AGGAMON, WARLORD DER VIOLETTEN DIMEN-SION, WURDE IN SEINEM PALAST ENTHAUPTET.
IN MEINEM HERZEN SCHLÄGT ES EIN WIE EINE BOMBE.
UND MIT EINEM MAL ...
... SIND MEINE ÄNGSTE ZURÜCK.

EIN TAG MIT DORMAMMU
UNHEIMLICHE BEGEGNUNGEN DER STRANGEN ART

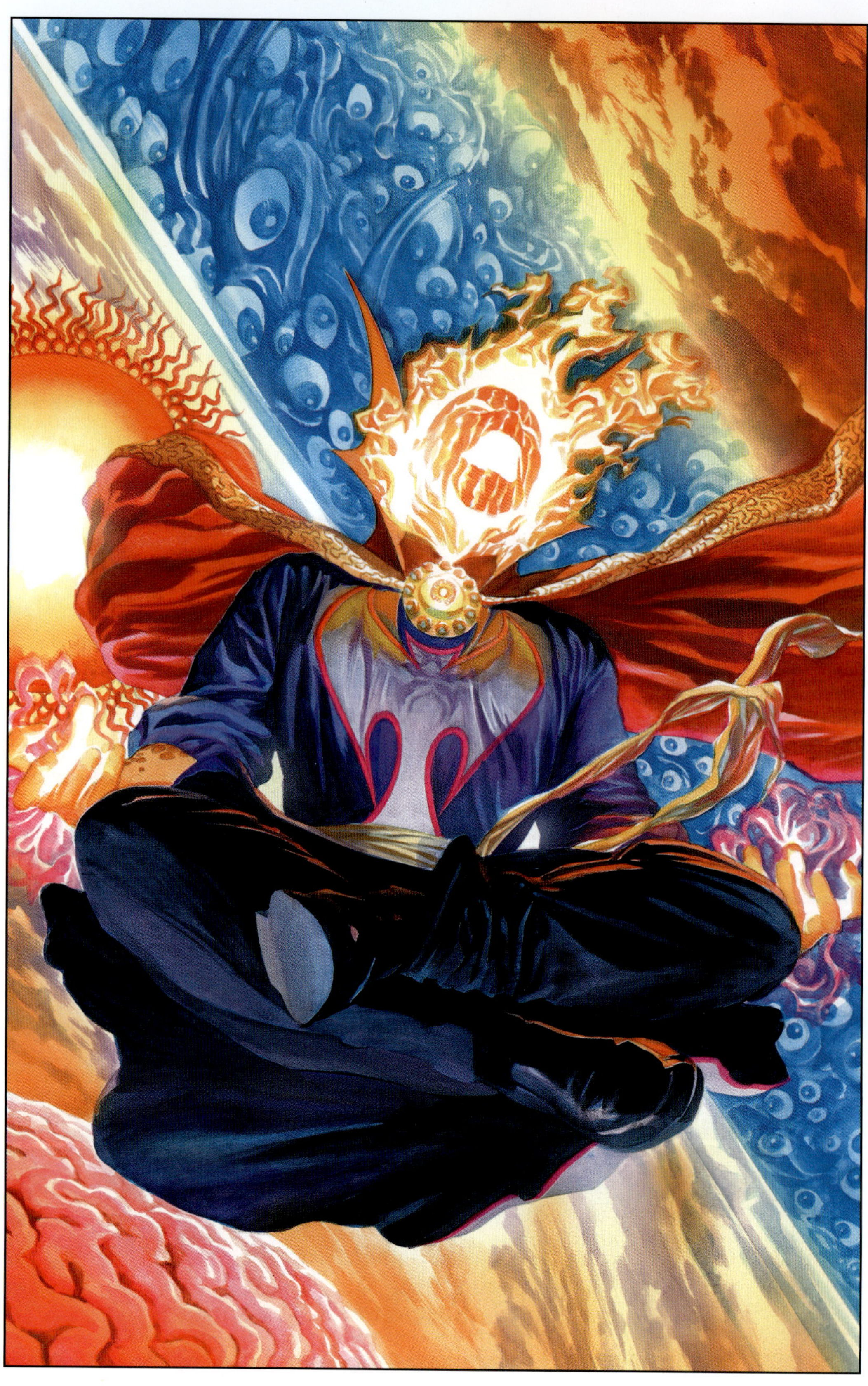

Doctor Strange (2023) 3
Cover von **ALEX ROSS**

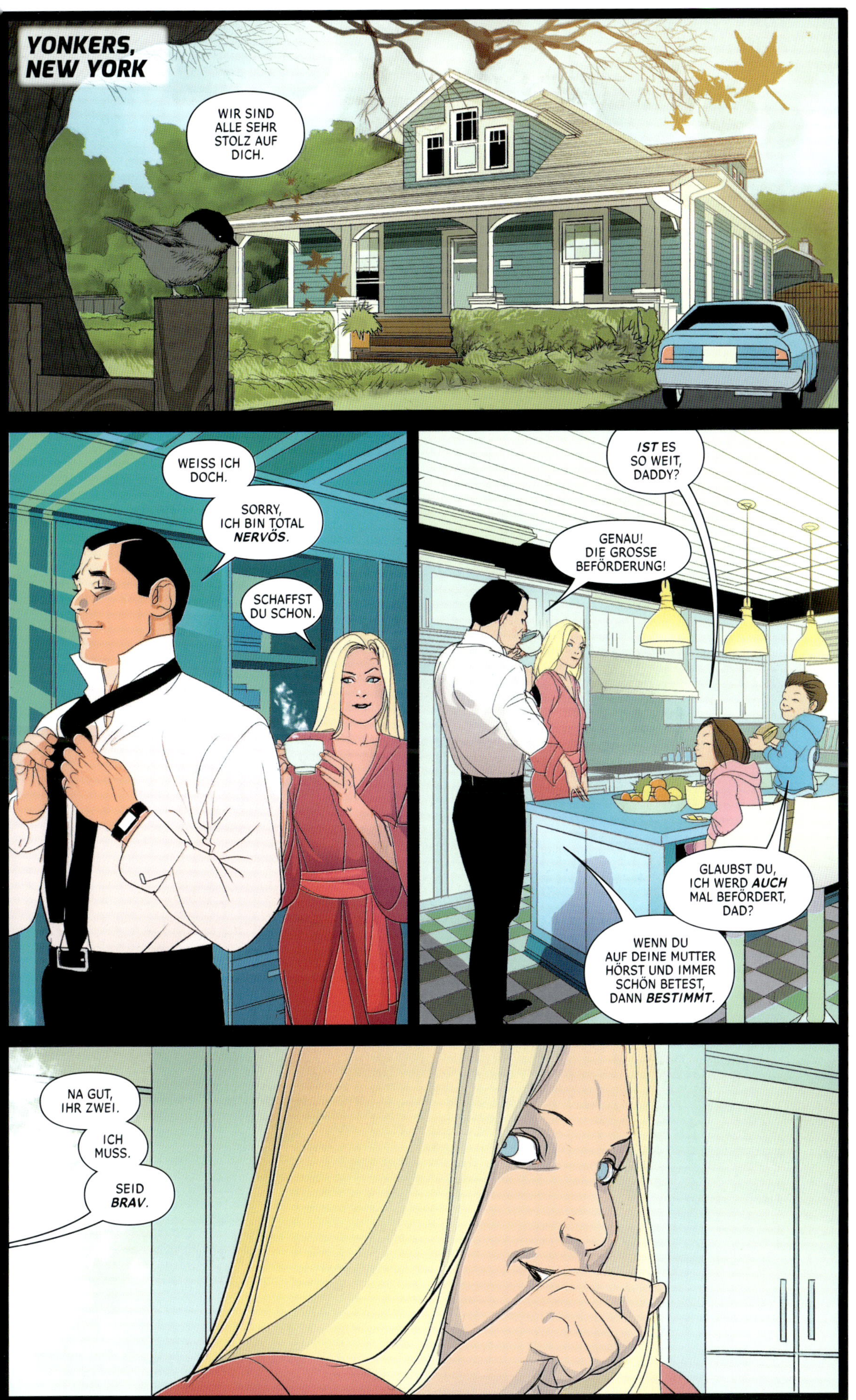
YONKERS, NEW YORK
WIR SIND ALLE SEHR STOLZ AUF DICH.
WEISS ICH DOCH.
SORRY, ICH BIN TOTAL NERVÖS.
SCHAFFST DU SCHON.
IST ES SO WEIT, DADDY?
GENAU! DIE GROSSE BEFÖRDERUNG!
GLAUBST DU, ICH WERD AUCH MAL BEFÖRDERT, DAD?
WENN DU AUF DEINE MUTTER HÖRST UND IMMER SCHÖN BETEST, DANN BESTIMMT.
NA GUT, IHR ZWEI.
ICH MUSS.
SEID BRAV.

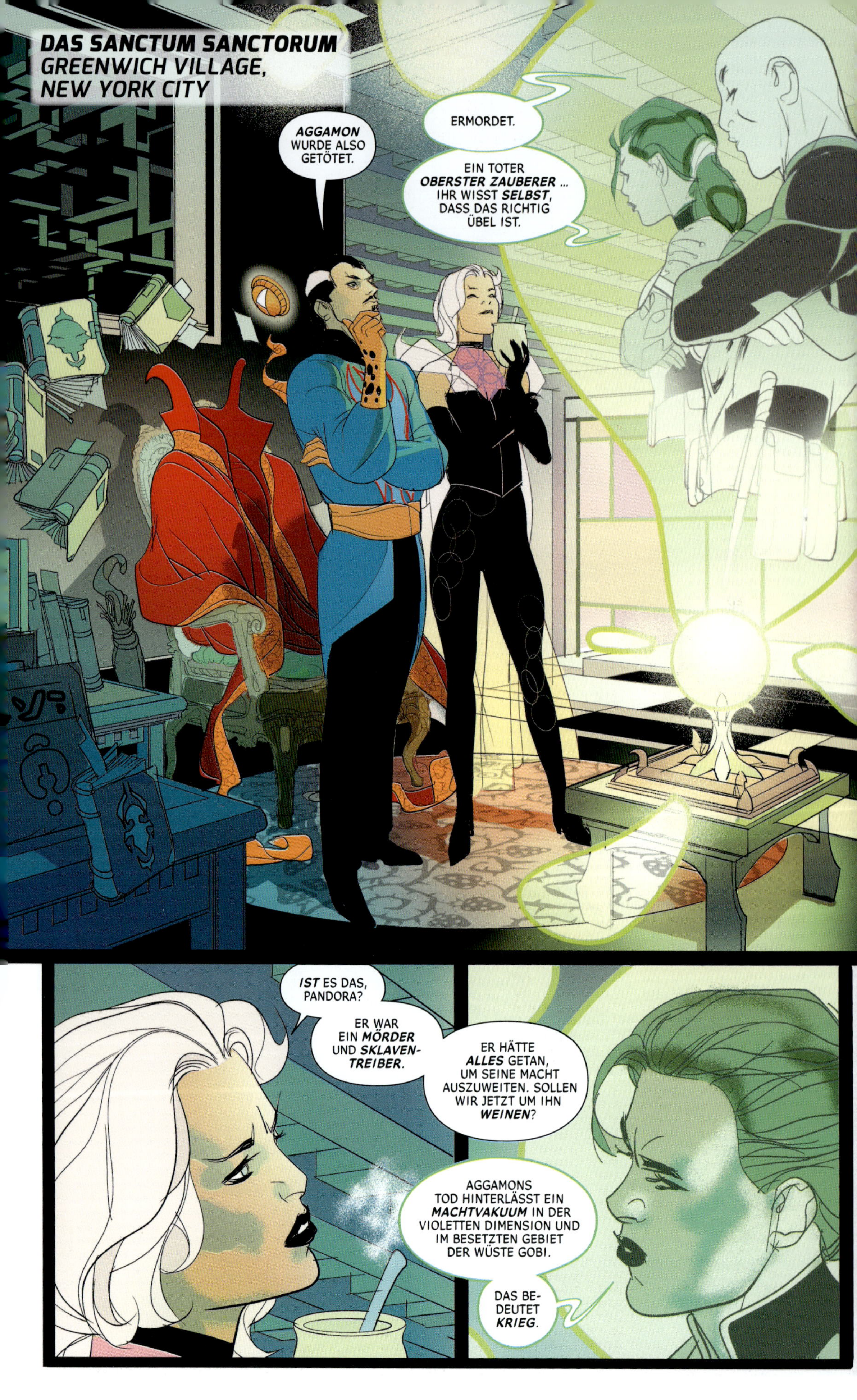
DAS SANCTUM SANCTORUM
GREENWICH VILLAGE, NEW YORK CITY
AGGAMON WURDE ALSO GETÖTET.
ERMORDET.
EIN TOTER OBERSTER ZAUBERER ... IHR WISST SELBST, DASS DAS RICHTIG ÜBEL IST.
IST ES DAS, PANDORA?
ER WAR EIN MÖRDER UND SKLAVENTREIBER.
ER HÄTTE ALLES GETAN, UM SEINE MACHT AUSZUWEITEN. SOLLEN WIR JETZT UM IHN WEINEN?
AGGAMONS TOD HINTERLÄSST EIN MACHTVAKUUM IN DER VIOLETTEN DIMENSION UND IM BESETZTEN GEBIET DER WÜSTE GOBI.
DAS BEDEUTET KRIEG.

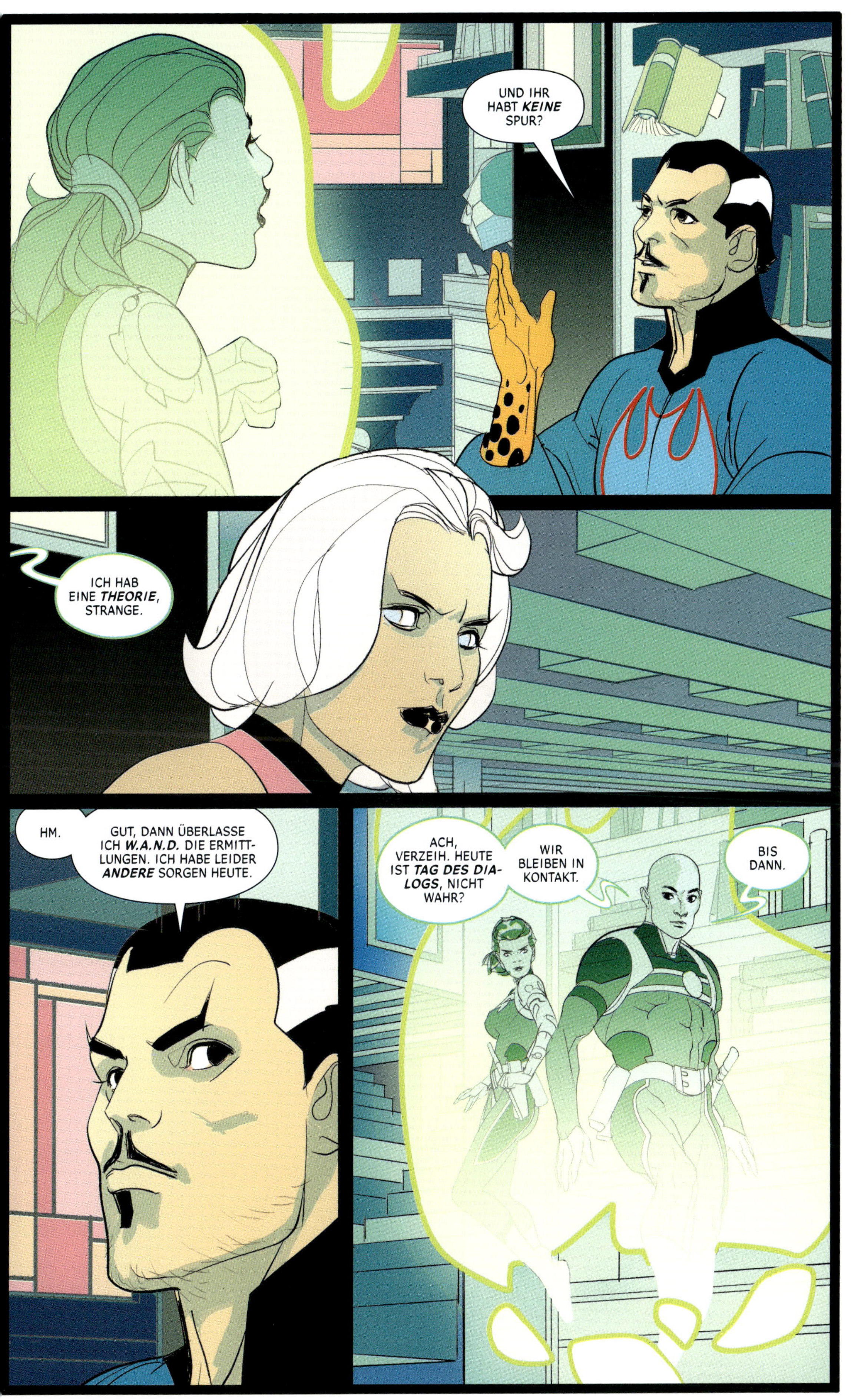
UND IHR HABT *KEINE* SPUR?
ICH HAB EINE *THEORIE*, STRANGE.
HM.
GUT, DANN ÜBERLASSE ICH *W.A.N.D.* DIE ERMITT-LUNGEN. ICH HABE LEIDER *ANDERE* SORGEN HEUTE.
ACH, VERZEIH. HEUTE IST *TAG DES DIA-LOGS*, NICHT WAHR?
WIR BLEIBEN IN KONTAKT.
BIS DANN.

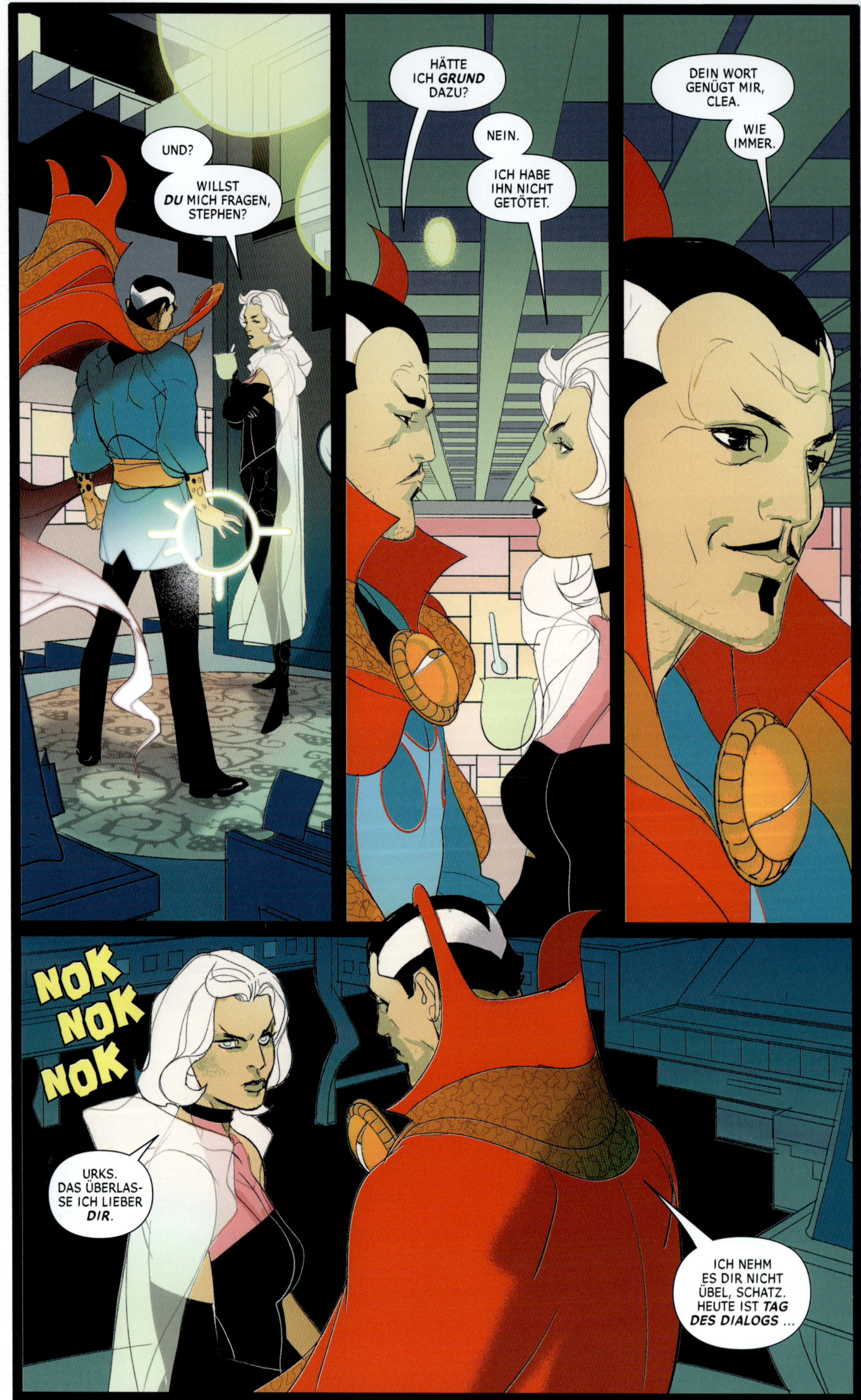
UND?
WILLST DU MICH FRAGEN, STEPHEN?
HÄTTE ICH GRUND DAZU?
NEIN.
ICH HABE IHN NICHT GETÖTET.
DEIN WORT GENÜGT MIR, CLEA.
WIE IMMER.
NOK NOK NOK
URKS. DAS ÜBERLAS-SE ICH LIEBER DIR.
ICH NEHM ES DIR NICHT ÜBEL, SCHATZ. HEUTE IST TAG DES DIALOGS ...

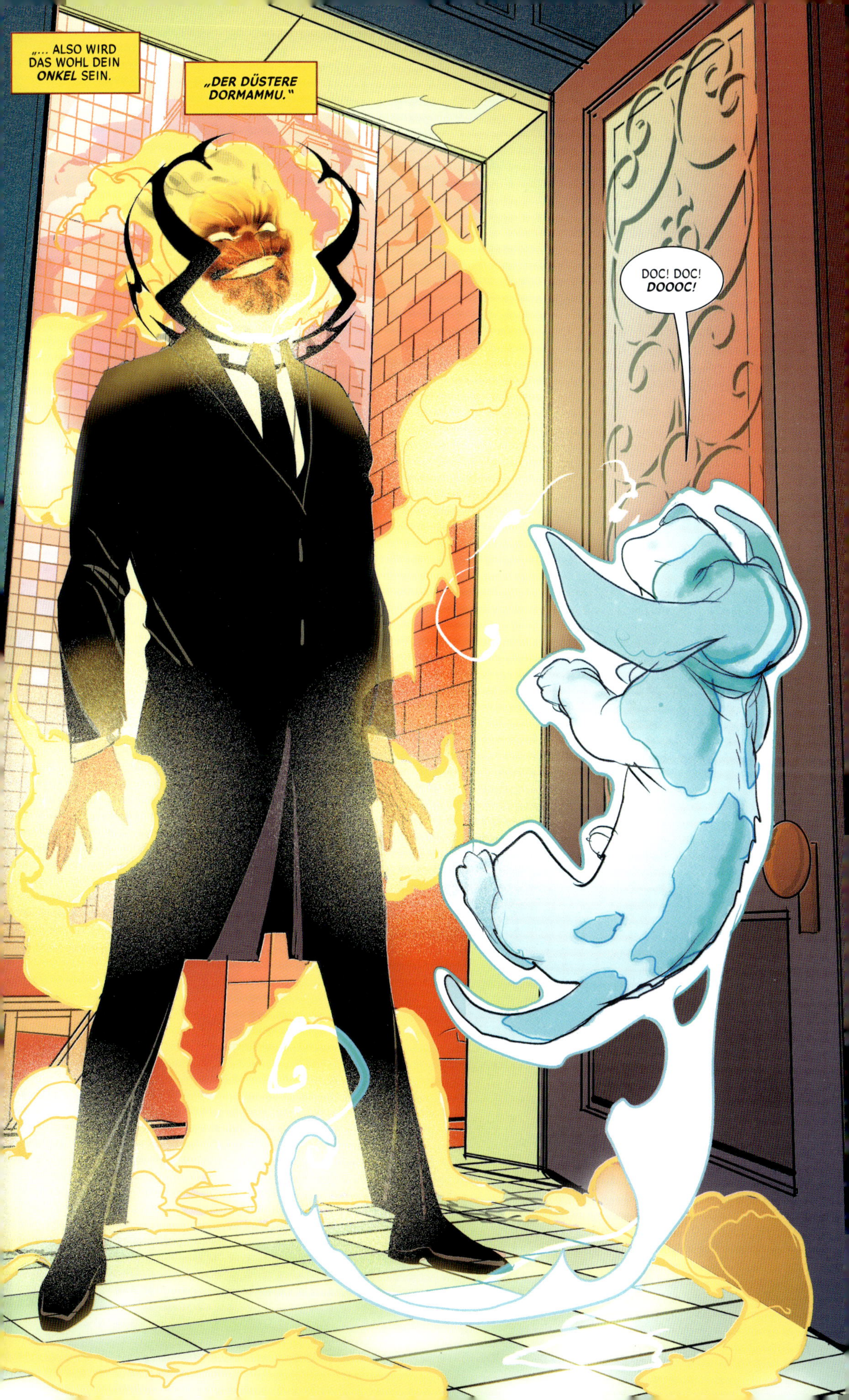
„… ALSO WIRD DAS WOHL DEIN *ONKEL* SEIN.
„DER DÜSTERE DORMAMMU."
DOC! DOC! *DOOOC!*

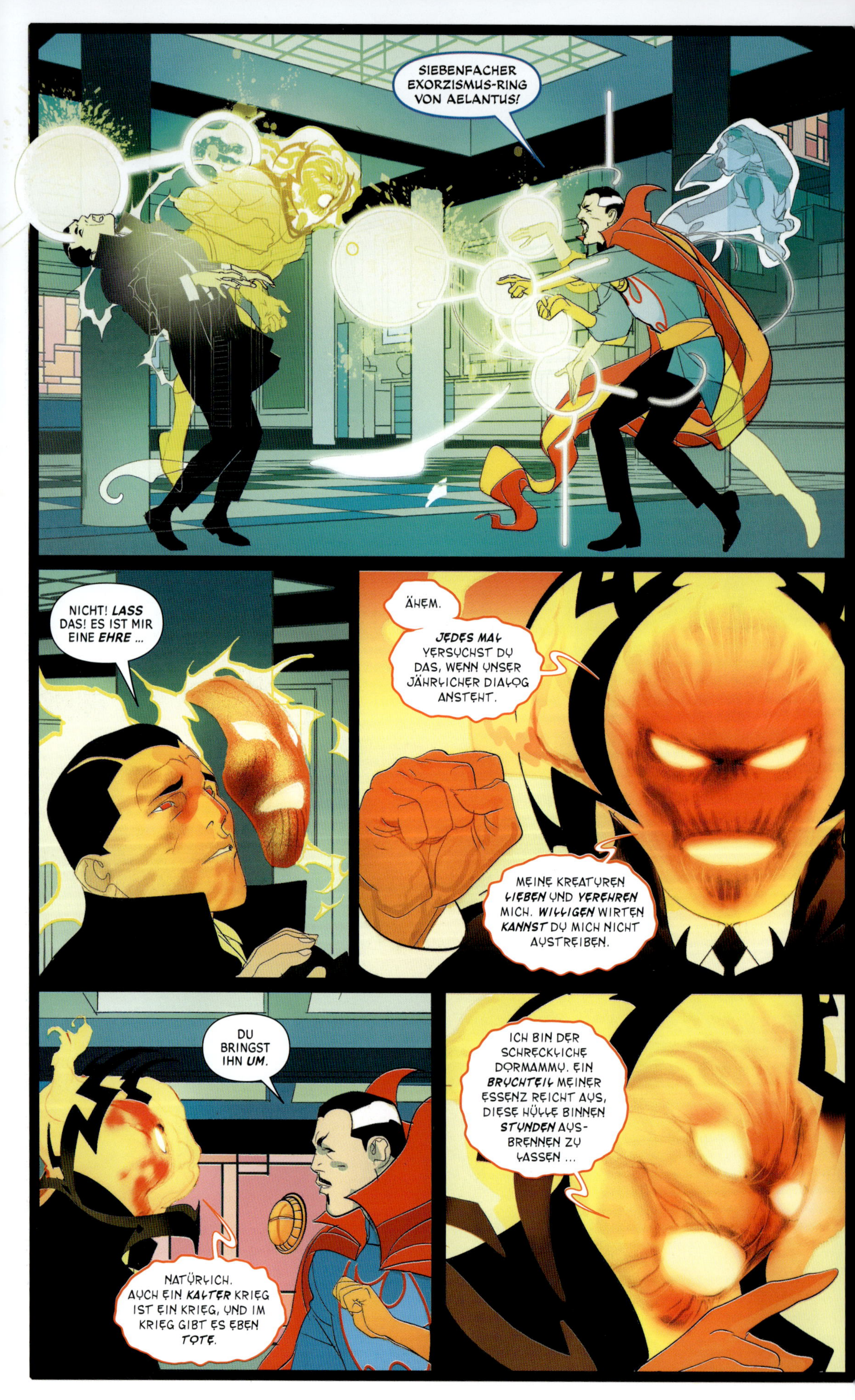
SIEBENFACHER EXORZISMUS-RING VON AELANTUS!
NICHT! LASS DAS! ES IST MIR EINE EHRE ...
ÄHEM.
JEDES MAL VERSUCHST DU DAS, WENN UNSER JÄHRLICHER DIALOG ANSTEHT.
MEINE KREATUREN LIEBEN UND VEREHREN MICH. WILLIGEN WIRTEN KANNST DU MICH NICHT AUSTREIBEN.
DU BRINGST IHN UM.
NATÜRLICH. AUCH EIN KALTER KRIEG IST EIN KRIEG, UND IM KRIEG GIBT ES EBEN TOTE.
ICH BIN DER SCHRECKLICHE DORMAMMU. EIN BRUCHTEIL MEINER ESSENZ REICHT AUS, DIESE HÜLLE BINNEN STUNDEN AUS-BRENNEN ZU LASSEN ...

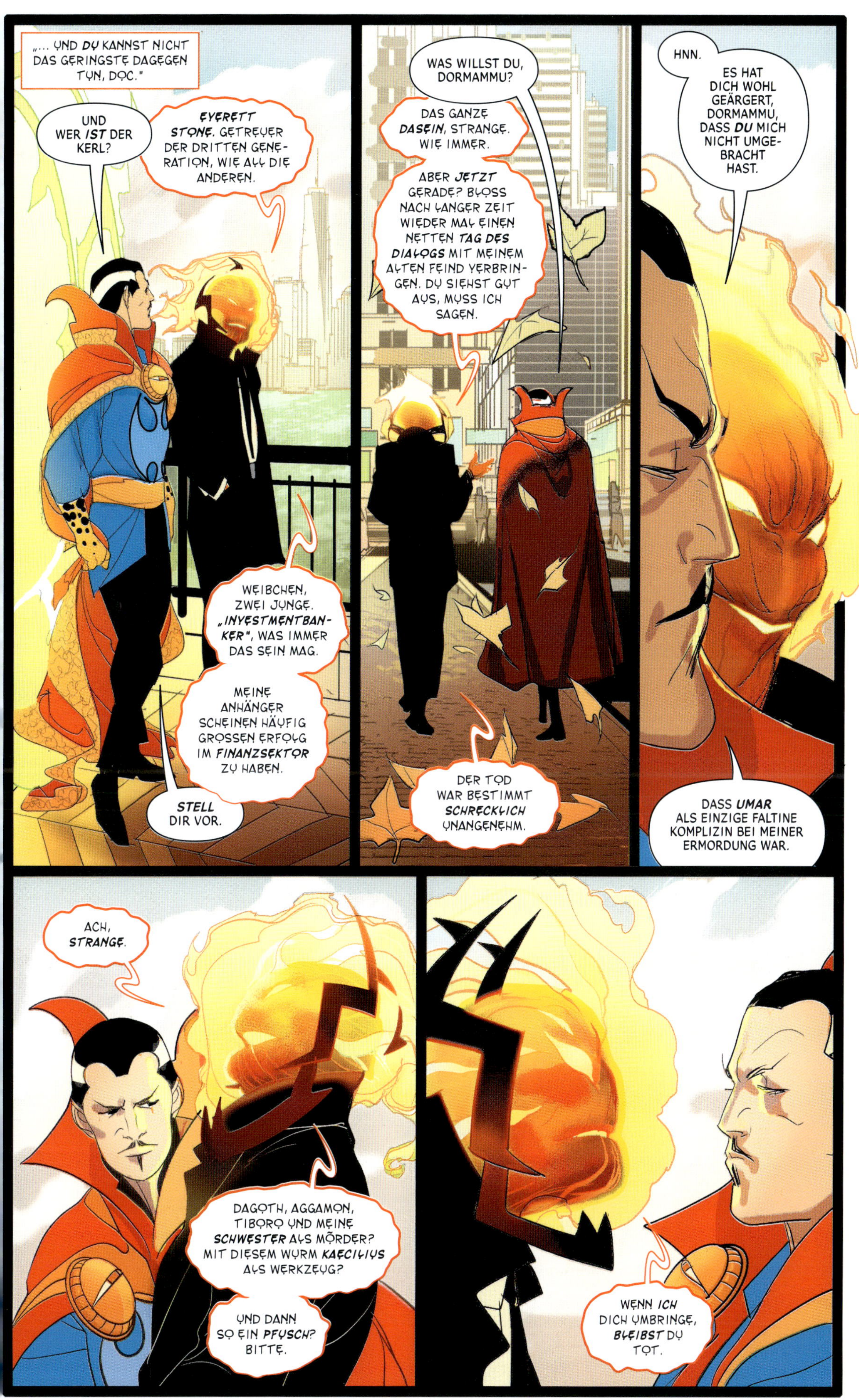
„... UND DU KANNST NICHT DAS GERINGSTE DAGEGEN TUN, DOC."
UND WER IST DER KERL?
EVERETT STONE. GETREUER DER DRITTEN GENERATION, WIE ALL DIE ANDEREN.
WEIBCHEN, ZWEI JUNGE. „INVESTMENTBANKER", WAS IMMER DAS SEIN MAG.
MEINE ANHÄNGER SCHEINEN HÄUFIG GROSSEN ERFOLG IM FINANZSEKTOR ZU HABEN.
STELL DIR VOR.
WAS WILLST DU, DORMAMMU?
DAS GANZE DASEIN, STRANGE. WIE IMMER.
ABER JETZT GERADE? BLOSS NACH LANGER ZEIT WIEDER MAL EINEN NETTEN TAG DES DIALOGS MIT MEINEM ALTEN FEIND VERBRINGEN. DU SIEHST GUT AUS, MUSS ICH SAGEN.
DER TOD WAR BESTIMMT SCHRECKLICH UNANGENEHM.
HNN.
ES HAT DICH WOHL GEÄRGERT, DORMAMMU, DASS DU MICH NICHT UMGEBRACHT HAST.
DASS UMAR ALS EINZIGE FALTINE KOMPLIZIN BEI MEINER ERMORDUNG WAR.
ACH, STRANGE.
DAGOTH, AGGAMON, TIBORO UND MEINE SCHWESTER ALS MÖRDER? MIT DIESEM WURM KAECILIUS ALS WERKZEUG?
UND DANN SO EIN PFUSCH? BITTE.
WENN ICH DICH UMBRINGE, BLEIBST DU TOT.

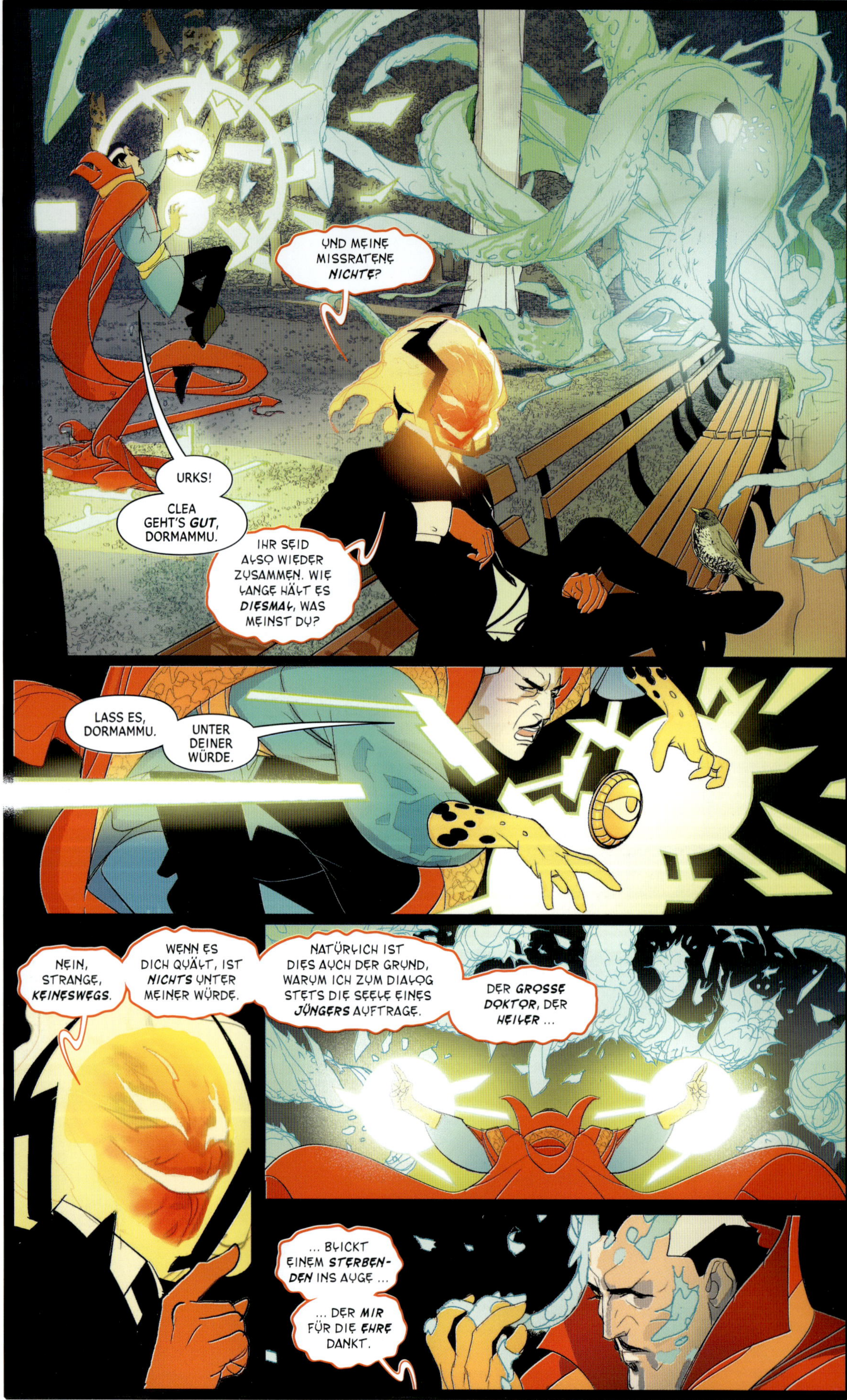
UND MEINE MISSRATENE NICHTE?
URKS!
CLEA GEHT'S GUT, DORMAMMU.
IHR SEID ALSO WIEDER ZUSAMMEN. WIE LANGE HÄLT ES DIESMAL, WAS MEINST DU?
LASS ES, DORMAMMU.
UNTER DEINER WÜRDE.
NEIN, STRANGE, KEINESWEGS.
WENN ES DICH QUÄLT, IST NICHTS UNTER MEINER WÜRDE.
NATÜRLICH IST DIES AUCH DER GRUND, WARUM ICH ZUM DIALOG STETS DIE SEELE EINES JÜNGERS AUFTRAGE.
DER GROSSE DOKTOR, DER HEILER ...
... BLICKT EINEM STERBENDEN INS AUGE ...
... DER MIR FÜR DIE EHRE DANKT.

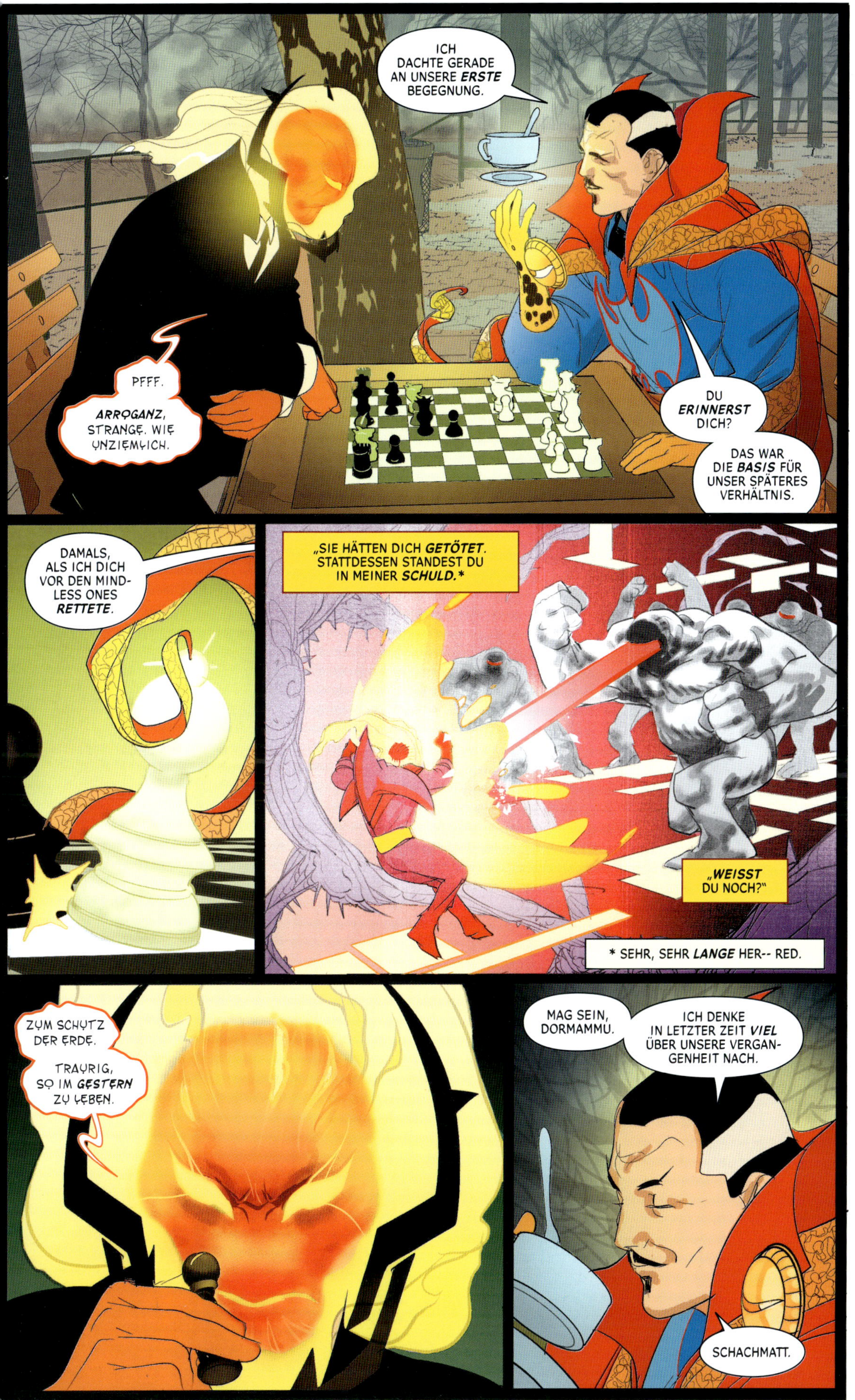
ICH DACHTE GERADE AN UNSERE ERSTE BEGEGNUNG.
PFFF.
ARROGANZ, STRANGE. WIE UNZIEMLICH.
DU ERINNERST DICH?
DAS WAR DIE BASIS FÜR UNSER SPÄTERES VERHÄLTNIS.
DAMALS, ALS ICH DICH VOR DEN MIND-LESS ONES RETTETE.
„SIE HÄTTEN DICH GETÖTET. STATTDESSEN STANDEST DU IN MEINER SCHULD.*
„WEISST DU NOCH?"
* SEHR, SEHR LANGE HER-- RED.
ZUM SCHUTZ DER ERDE.
TRAURIG, SO IM GESTERN ZU LEBEN.
MAG SEIN, DORMAMMU.
ICH DENKE IN LETZTER ZEIT VIEL ÜBER UNSERE VERGAN-GENHEIT NACH.
SCHACHMATT.

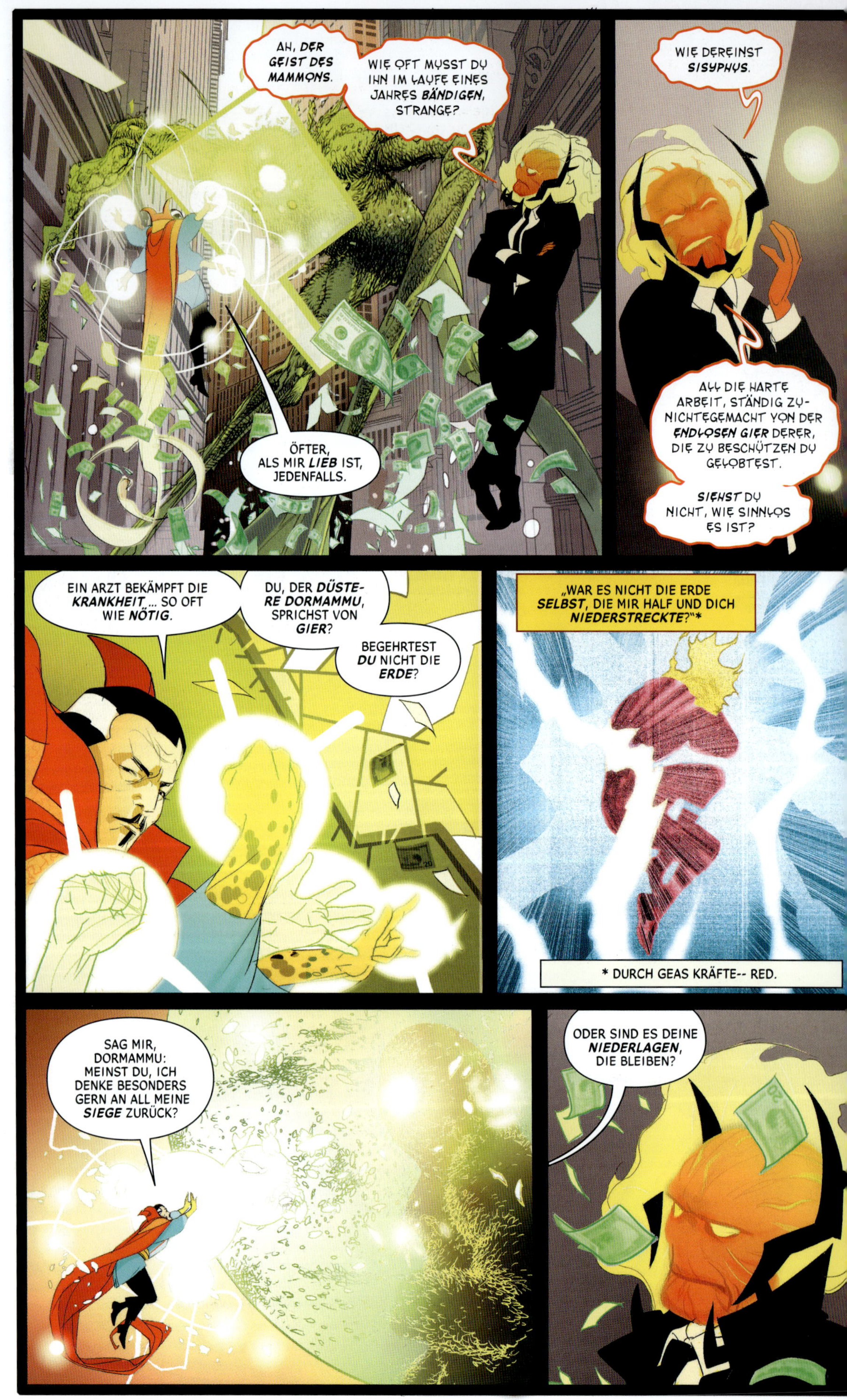
AH, DER GEIST DES MAMMONS.
WIE OFT MUSST DU IHN IM LAUFE EINES JAHRES BÄNDIGEN, STRANGE?
ÖFTER, ALS MIR LIEB IST, JEDENFALLS.
WIE DEREINST SISYPHUS.
ALL DIE HARTE ARBEIT, STÄNDIG ZUNICHTEGEMACHT VON DER ENDLOSEN GIER DERER, DIE ZU BESCHÜTZEN DU GELOBTEST.
SIEHST DU NICHT, WIE SINNLOS ES IST?
EIN ARZT BEKÄMPFT DIE KRANKHEIT... SO OFT WIE NÖTIG.
DU, DER DÜSTERE DORMAMMU, SPRICHST VON GIER?
BEGEHRTEST DU NICHT DIE ERDE?
„WAR ES NICHT DIE ERDE SELBST, DIE MIR HALF UND DICH NIEDERSTRECKTE?"*
* DURCH GEAS KRÄFTE-- RED.
SAG MIR, DORMAMMU: MEINST DU, ICH DENKE BESONDERS GERN AN ALL MEINE SIEGE ZURÜCK?
ODER SIND ES DEINE NIEDERLAGEN, DIE BLEIBEN?

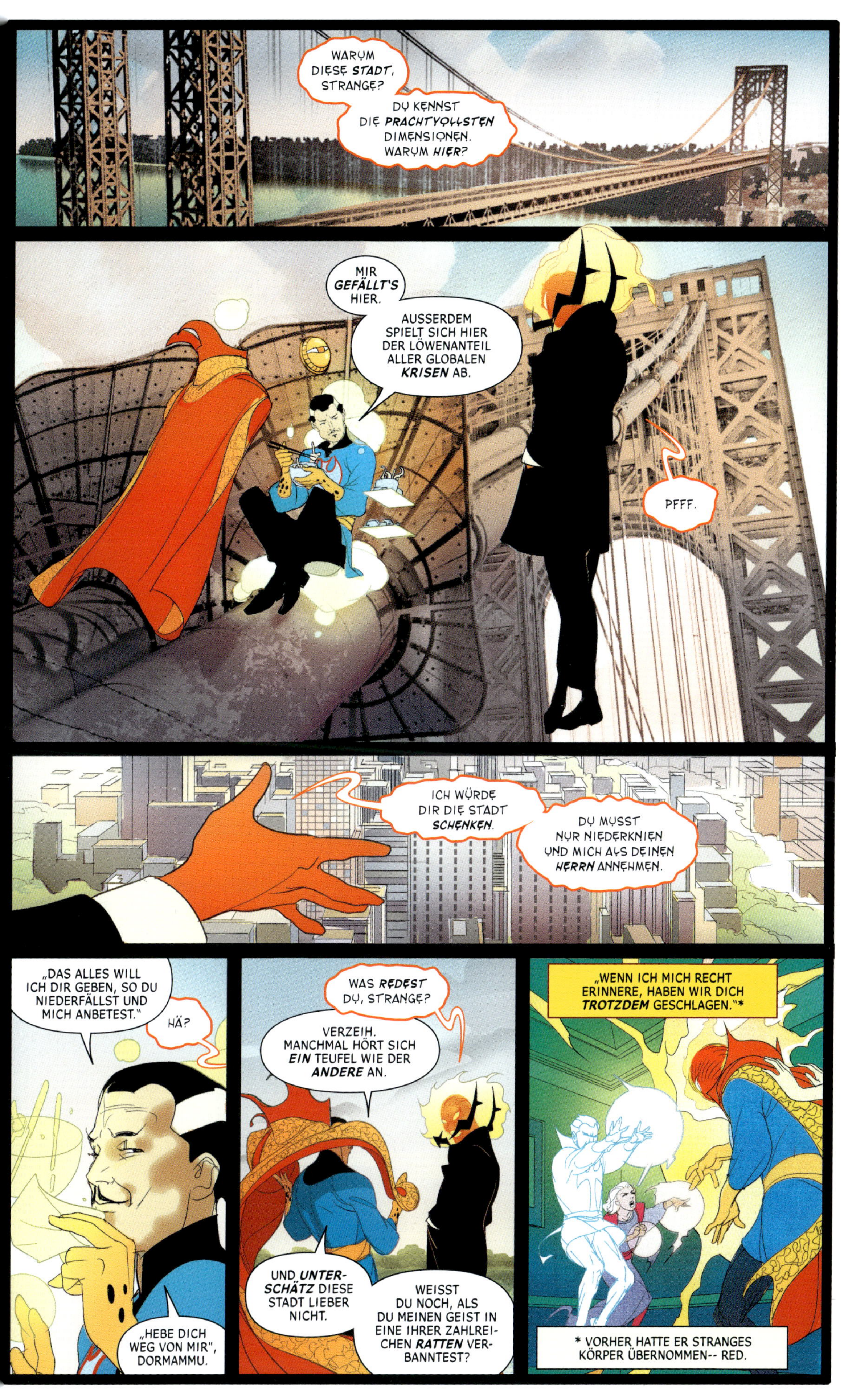
WARUM DIESE STADT, STRANGE?
DU KENNST DIE PRACHTVOLLSTEN DIMENSIONEN. WARUM HIER?
MIR GEFÄLLT'S HIER.
AUSSERDEM SPIELT SICH HIER DER LÖWENANTEIL ALLER GLOBALEN KRISEN AB.
PFFF.
ICH WÜRDE DIR DIE STADT SCHENKEN.
DU MUSST NUR NIEDERKNIEN UND MICH ALS DEINEN HERRN ANNEHMEN.
„DAS ALLES WILL ICH DIR GEBEN, SO DU NIEDERFÄLLST UND MICH ANBETEST."
HÄ?
„HEBE DICH WEG VON MIR", DORMAMMU.
WAS REDEST DU, STRANGE?
VERZEIH. MANCHMAL HÖRT SICH EIN TEUFEL WIE DER ANDERE AN.
UND UNTERSCHÄTZ DIESE STADT LIEBER NICHT.
WEISST DU NOCH, ALS DU MEINEN GEIST IN EINE IHRER ZAHLREICHEN RATTEN VERBANNTEST?
„WENN ICH MICH RECHT ERINNERE, HABEN WIR DICH TROTZDEM GESCHLAGEN."*
* VORHER HATTE ER STRANGES KÖRPER ÜBERNOMMEN-- RED.

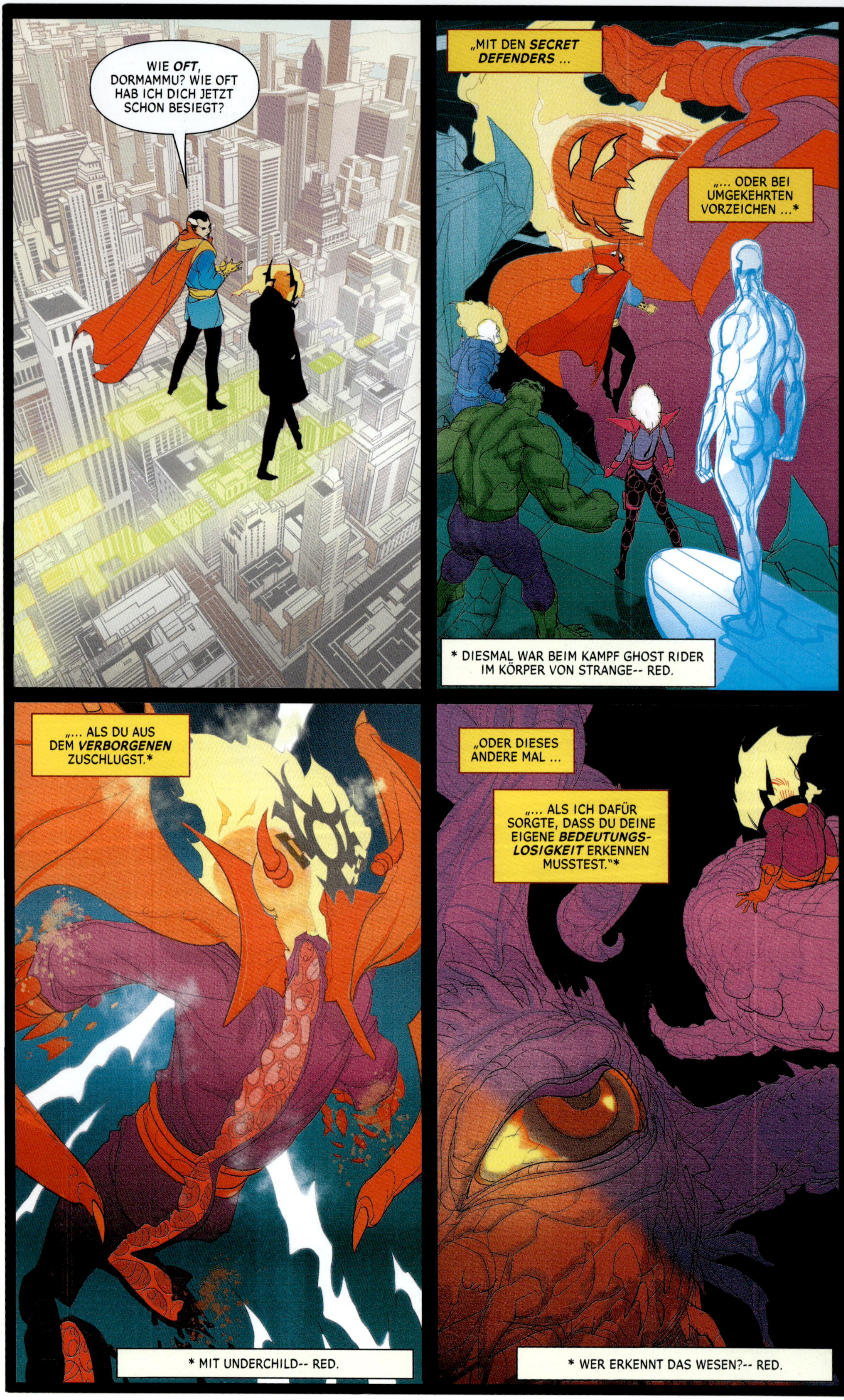

WIE **OFT**, DORMAMMU? WIE OFT HAB ICH DICH JETZT SCHON BESIEGT?

„MIT DEN ***SECRET DEFENDERS*** ...

„... ODER BEI UMGEKEHRTEN VORZEICHEN ...*

* DIESMAL WAR BEIM KAMPF GHOST RIDER IM KÖRPER VON STRANGE-- RED.

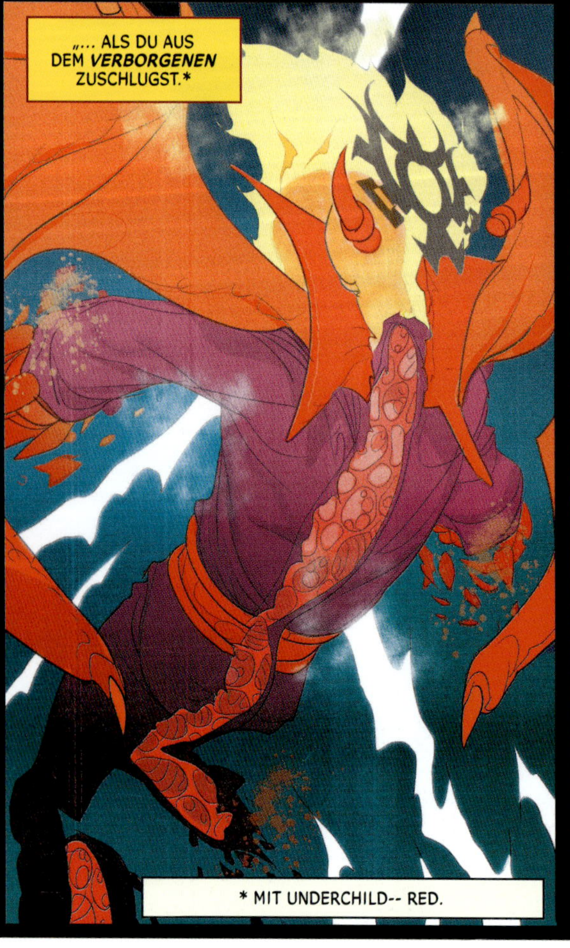

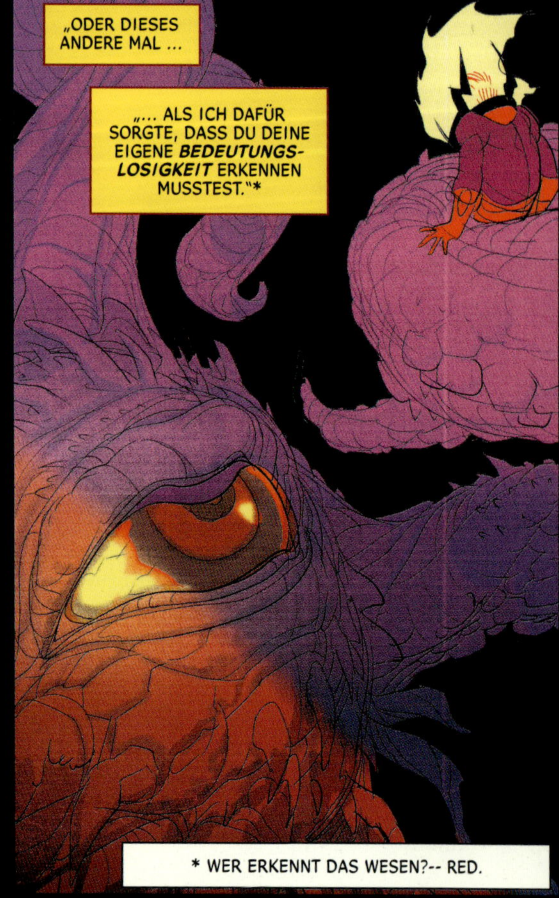

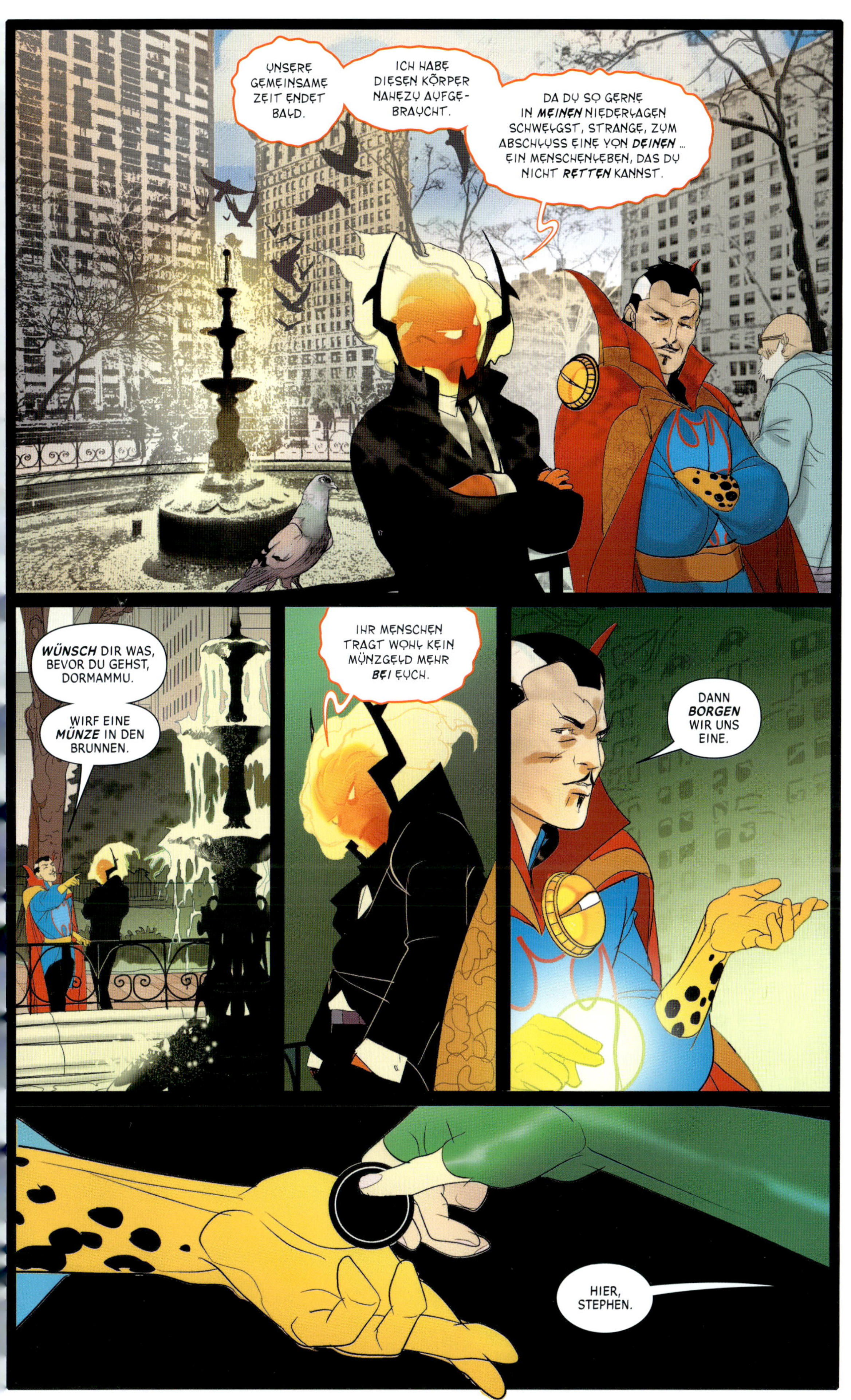
UNSERE GEMEINSAME ZEIT ENDET BALD.
ICH HABE DIESEN KÖRPER NAHEZU AUFGE-BRAUCHT.
DA DU SO GERNE IN MEINEN NIEDERLAGEN SCHWELGST, STRANGE, ZUM ABSCHLUSS EINE VON DEINEN ... EIN MENSCHENLEBEN, DAS DU NICHT RETTEN KANNST.
WÜNSCH DIR WAS, BEVOR DU GEHST, DORMAMMU.
WIRF EINE MÜNZE IN DEN BRUNNEN.
IHR MENSCHEN TRAGT WOHL KEIN MÜNZGELD MEHR BEI EUCH.
DANN BORGEN WIR UNS EINE.
HIER, STEPHEN.

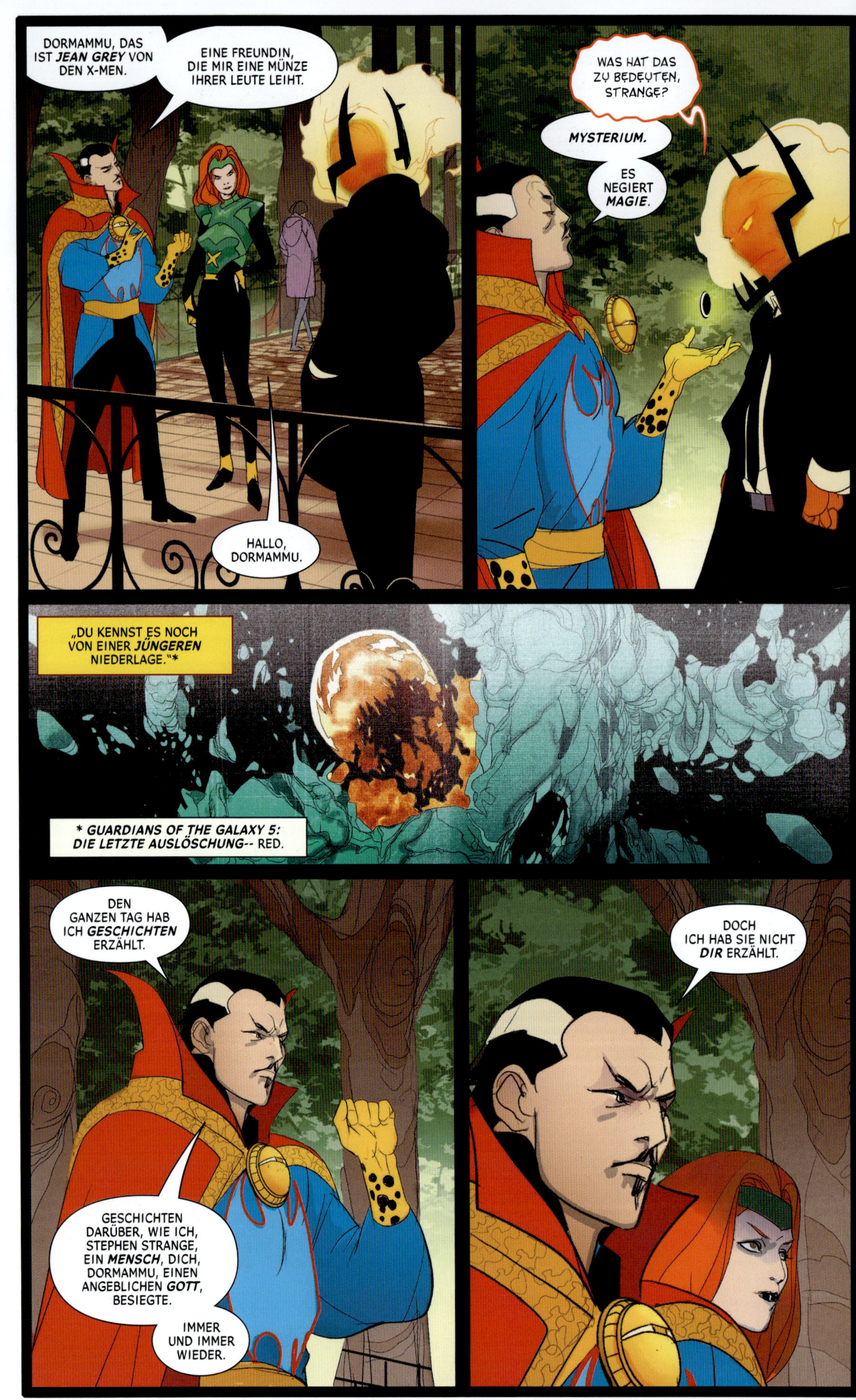
DORMAMMU, DAS IST JEAN GREY VON DEN X-MEN.
EINE FREUNDIN, DIE MIR EINE MÜNZE IHRER LEUTE LEIHT.
HALLO, DORMAMMU.
WAS HAT DAS ZU BEDEUTEN, STRANGE?
MYSTERIUM.
ES NEGIERT MAGIE.
„DU KENNST ES NOCH VON EINER JÜNGEREN NIEDERLAGE."*
* GUARDIANS OF THE GALAXY 5: DIE LETZTE AUSLÖSCHUNG-- RED.
DEN GANZEN TAG HAB ICH GESCHICHTEN ERZÄHLT.
GESCHICHTEN DARÜBER, WIE ICH, STEPHEN STRANGE, EIN MENSCH, DICH, DORMAMMU, EINEN ANGEBLICHEN GOTT, BESIEGTE.
IMMER UND IMMER WIEDER.
DOCH ICH HAB SIE NICHT DIR ERZÄHLT.

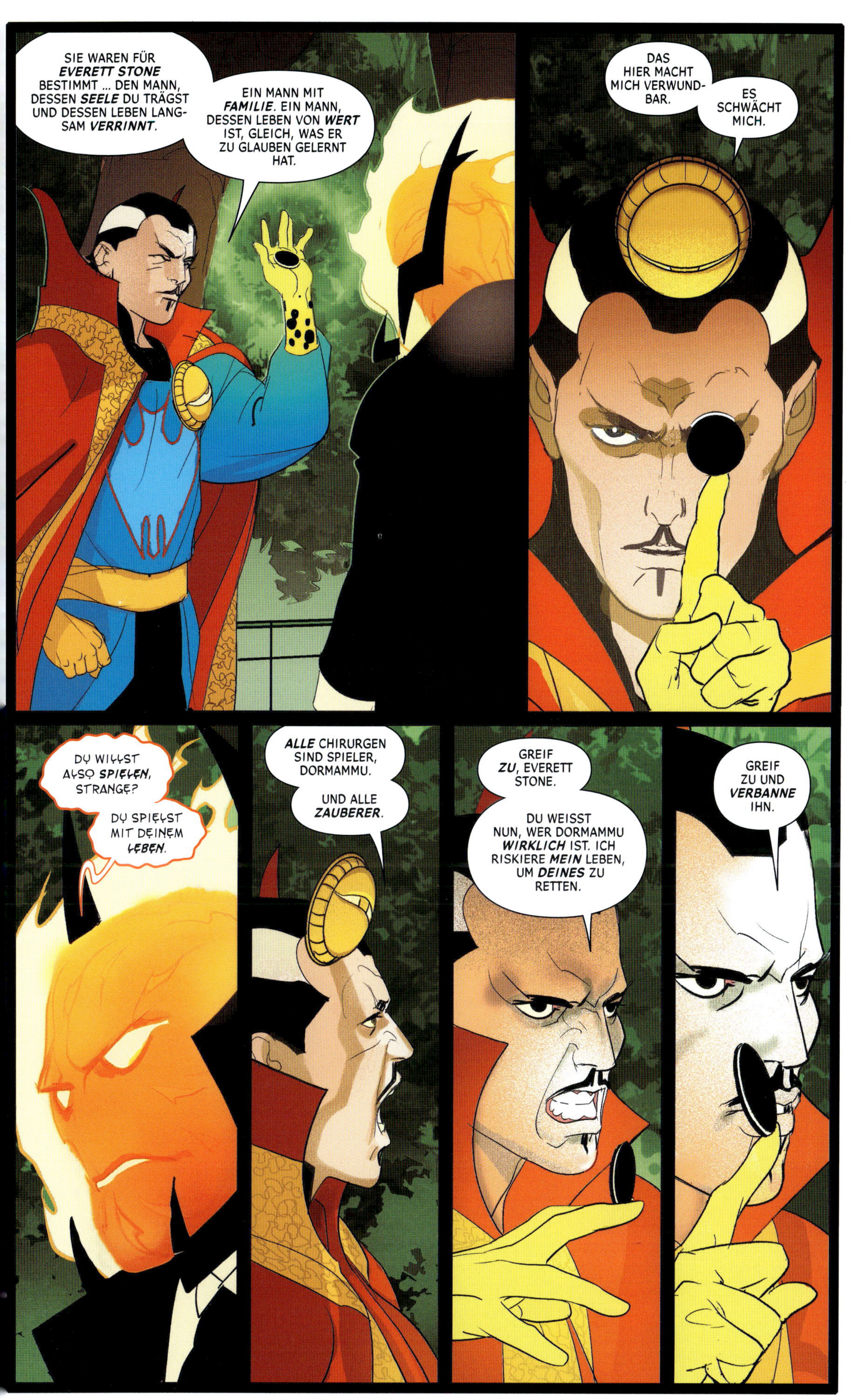
SIE WAREN FÜR **EVERETT STONE** BESTIMMT ... DEN MANN, DESSEN **SEELE** DU TRÄGST UND DESSEN LEBEN LANGSAM **VERRINNT**.
EIN MANN MIT **FAMILIE**. EIN MANN, DESSEN LEBEN VON **WERT** IST, GLEICH, WAS ER ZU GLAUBEN GELERNT HAT.
DAS HIER MACHT MICH VERWUNDBAR.
ES SCHWÄCHT MICH.
DU WILLST ALSO **SPIELEN**, STRANGE?
DU SPIELST MIT DEINEM **LEBEN**.
ALLE CHIRURGEN SIND SPIELER, DORMAMMU.
UND ALLE **ZAUBERER**.
GREIF **ZU**, EVERETT STONE.
DU WEISST NUN, WER DORMAMMU **WIRKLICH** IST. ICH RISKIERE **MEIN** LEBEN, UM **DEINES** ZU RETTEN.
GREIF ZU UND **VERBANNE** IHN.

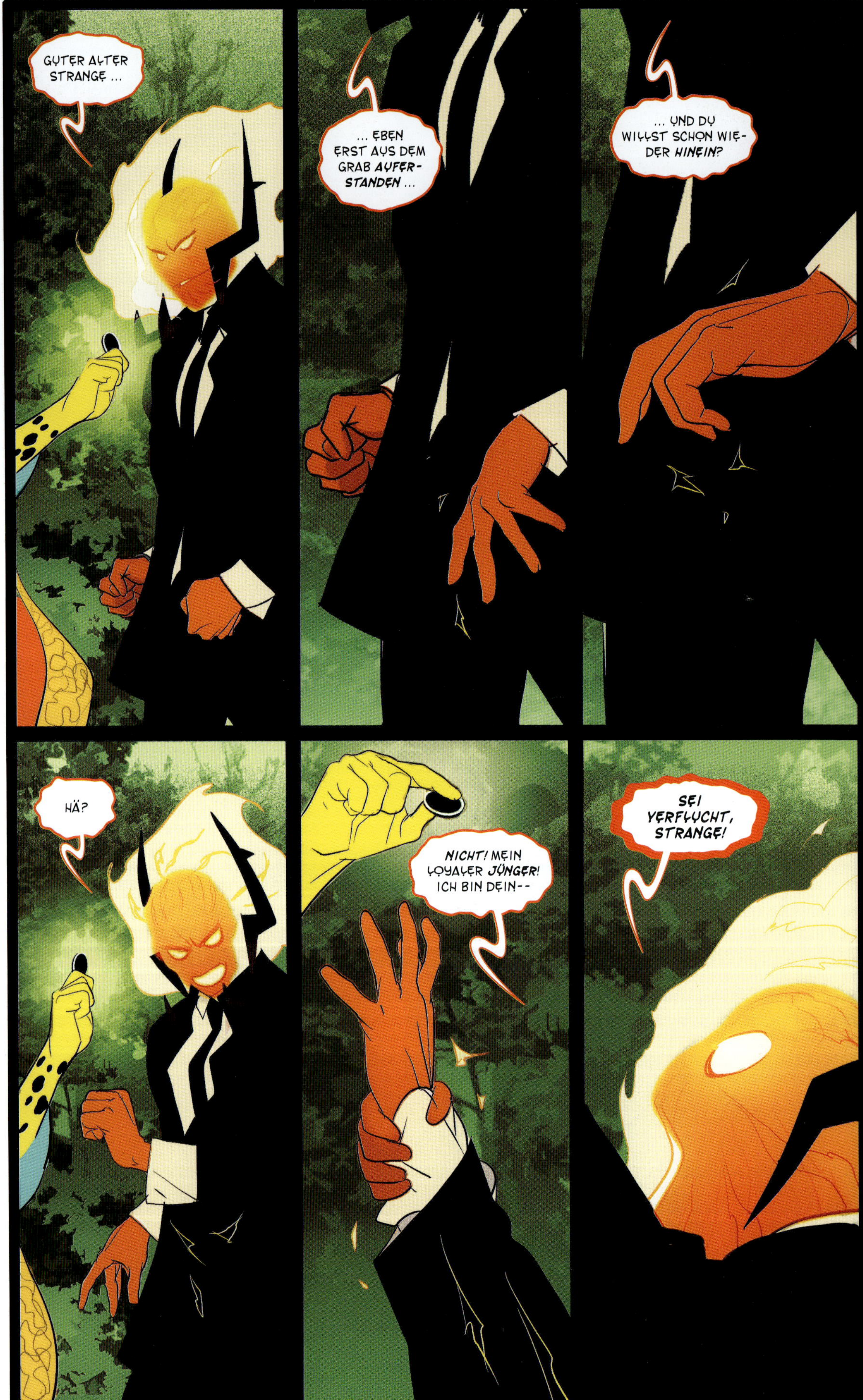
GUTER ALTER STRANGE ...
... EBEN ERST AUS DEM GRAB AUFERSTANDEN ...
... UND DU WILLST SCHON WIEDER HINEIN?
HÄ?
NICHT! MEIN LOYALER JÜNGER! ICH BIN DEIN--
SEI VERFLUCHT, STRANGE!

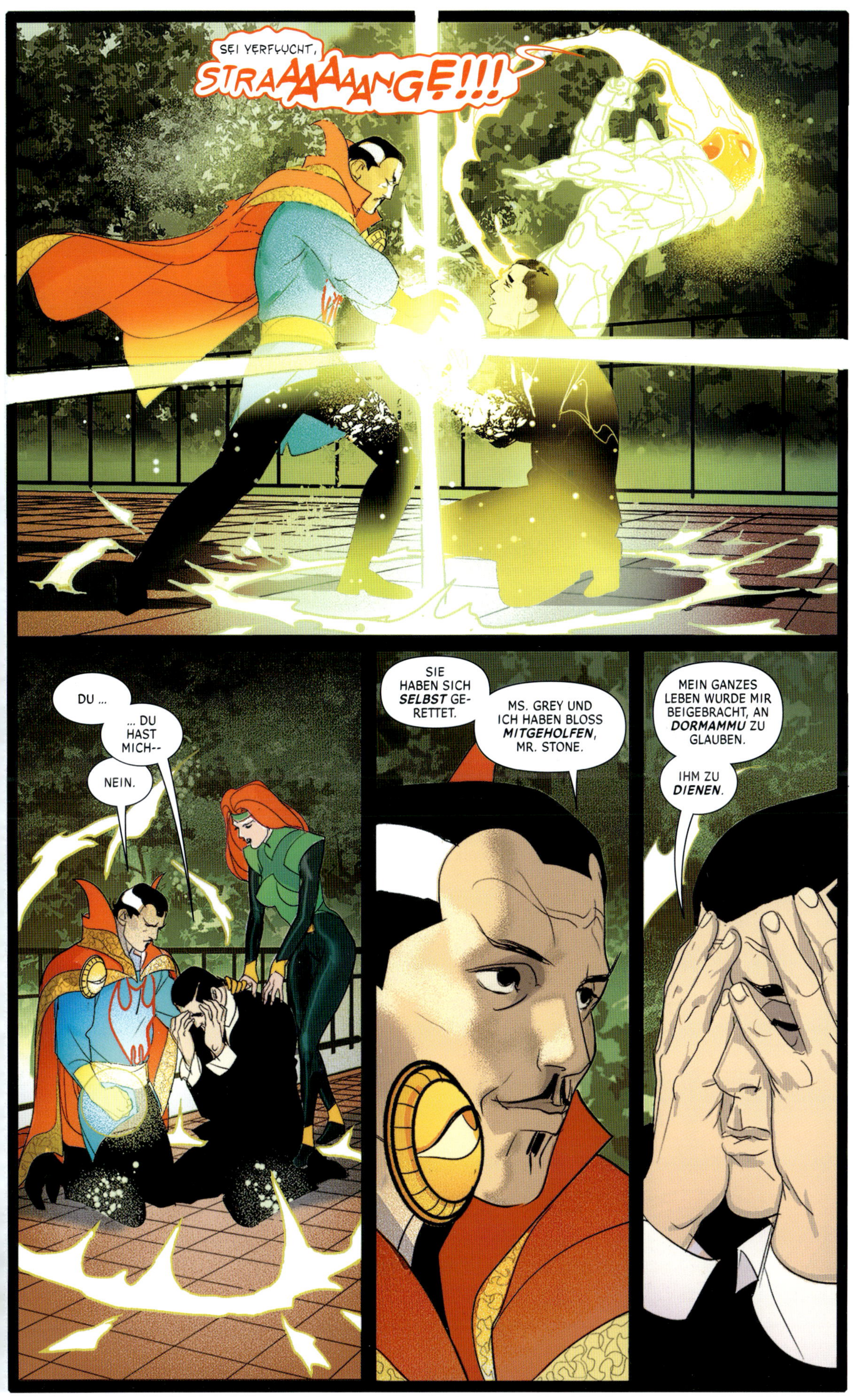
SEI VERFLUCHT,
STRAAAAAAANGE!!!
DU ...
... DU HAST MICH--
NEIN.
SIE HABEN SICH SELBST GERETTET.
MS. GREY UND ICH HABEN BLOSS MITGEHOLFEN, MR. STONE.
MEIN GANZES LEBEN WURDE MIR BEIGEBRACHT, AN DORMAMMU ZU GLAUBEN.
IHM ZU DIENEN.

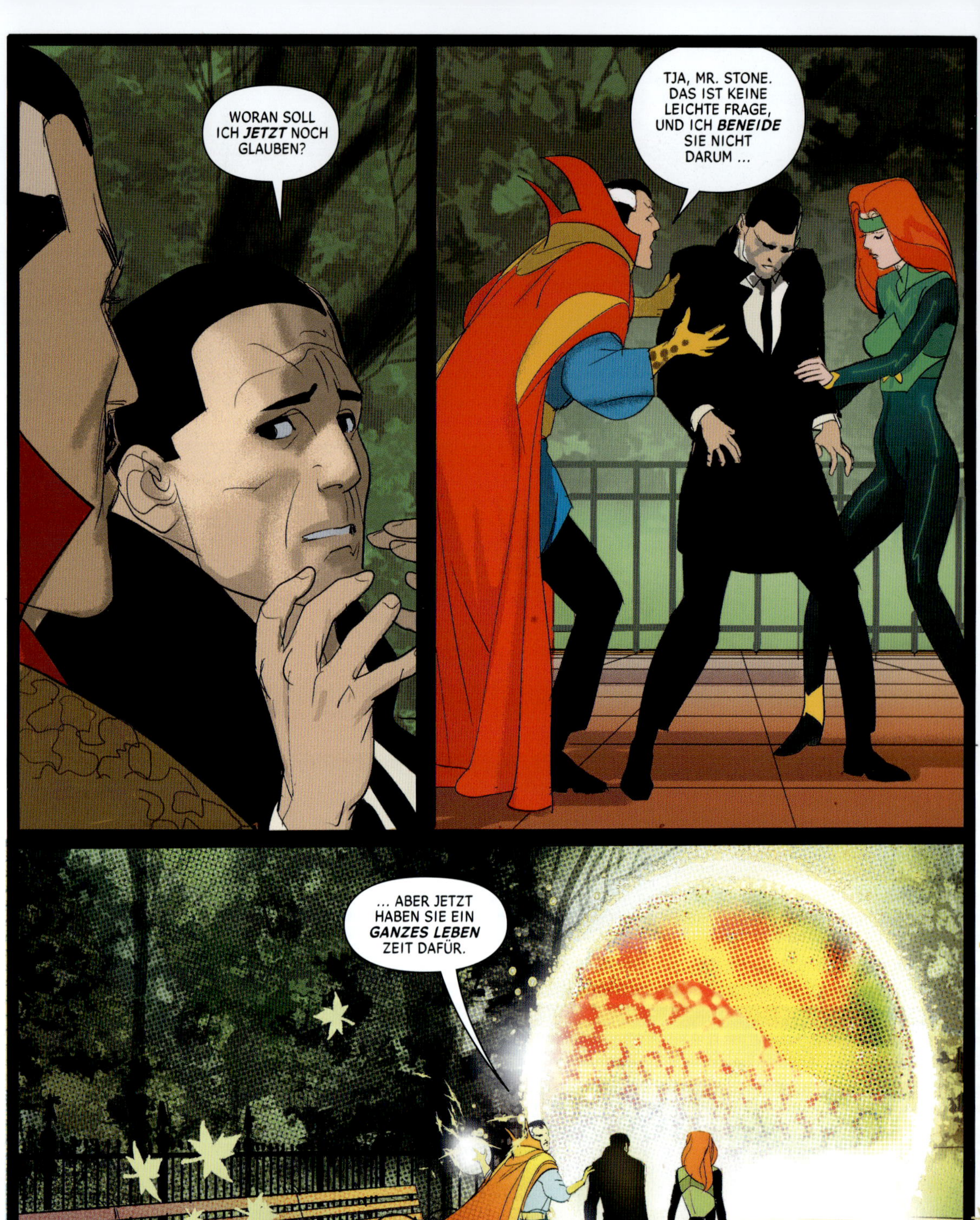
WORAN SOLL ICH *JETZT* NOCH GLAUBEN?
TJA, MR. STONE. DAS IST KEINE LEICHTE FRAGE, UND ICH *BENEIDE* SIE NICHT DARUM ...

... ABER JETZT HABEN SIE EIN *GANZES LEBEN* ZEIT DAFÜR.

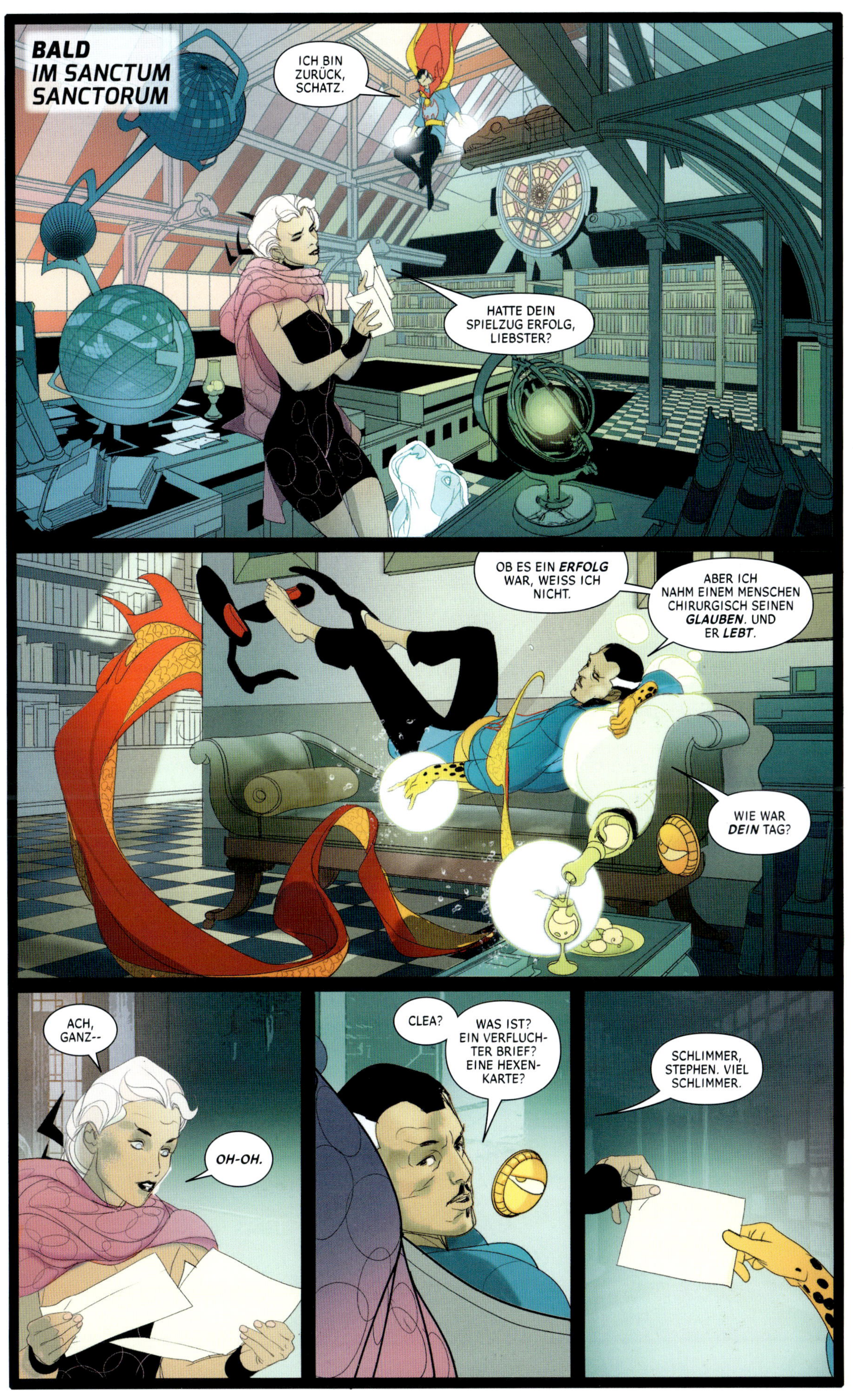

BALD IM SANCTUM SANCTORUM
ICH BIN ZURÜCK, SCHATZ.
HATTE DEIN SPIELZUG ERFOLG, LIEBSTER?
OB ES EIN *ERFOLG* WAR, WEISS ICH NICHT.
ABER ICH NAHM EINEM MENSCHEN CHIRURGISCH SEINEN *GLAUBEN*. UND ER *LEBT*.
WIE WAR *DEIN* TAG?
ACH, GANZ--
OH-OH.
CLEA?
WAS IST? EIN VERFLUCH-TER BRIEF? EINE HEXEN-KARTE?
SCHLIMMER, STEPHEN. VIEL SCHLIMMER.

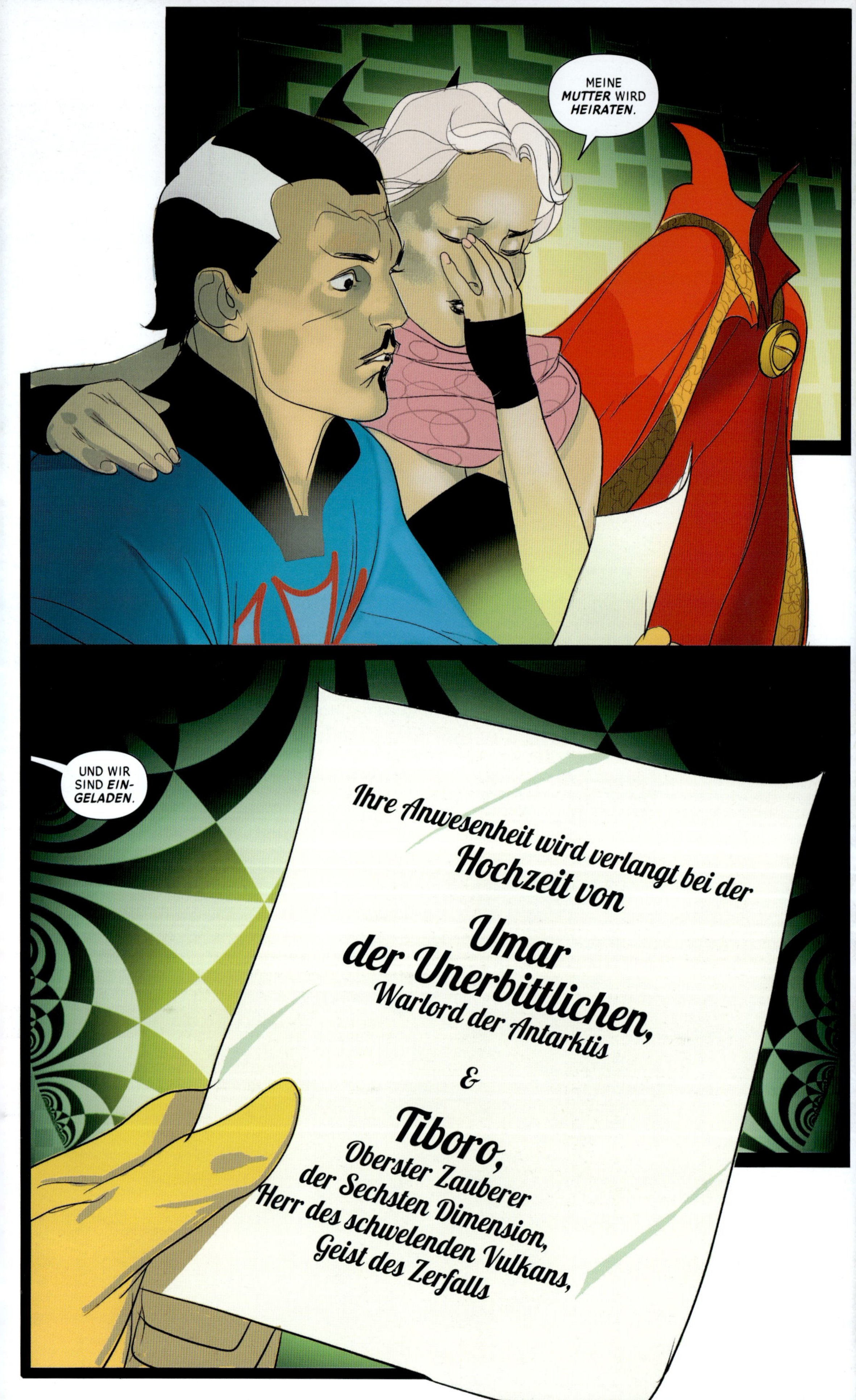
MEINE MUTTER WIRD HEIRATEN.
UND WIR SIND EINGELADEN.
Ihre Anwesenheit wird verlangt bei der
Hochzeit von
Umar
der Unerbittlichen,
Warlord der Antarktis
&
Tiboro,
Oberster Zauberer
der Sechsten Dimension,
Herr des schwelenden Vulkans,
Geist des Zerfalls

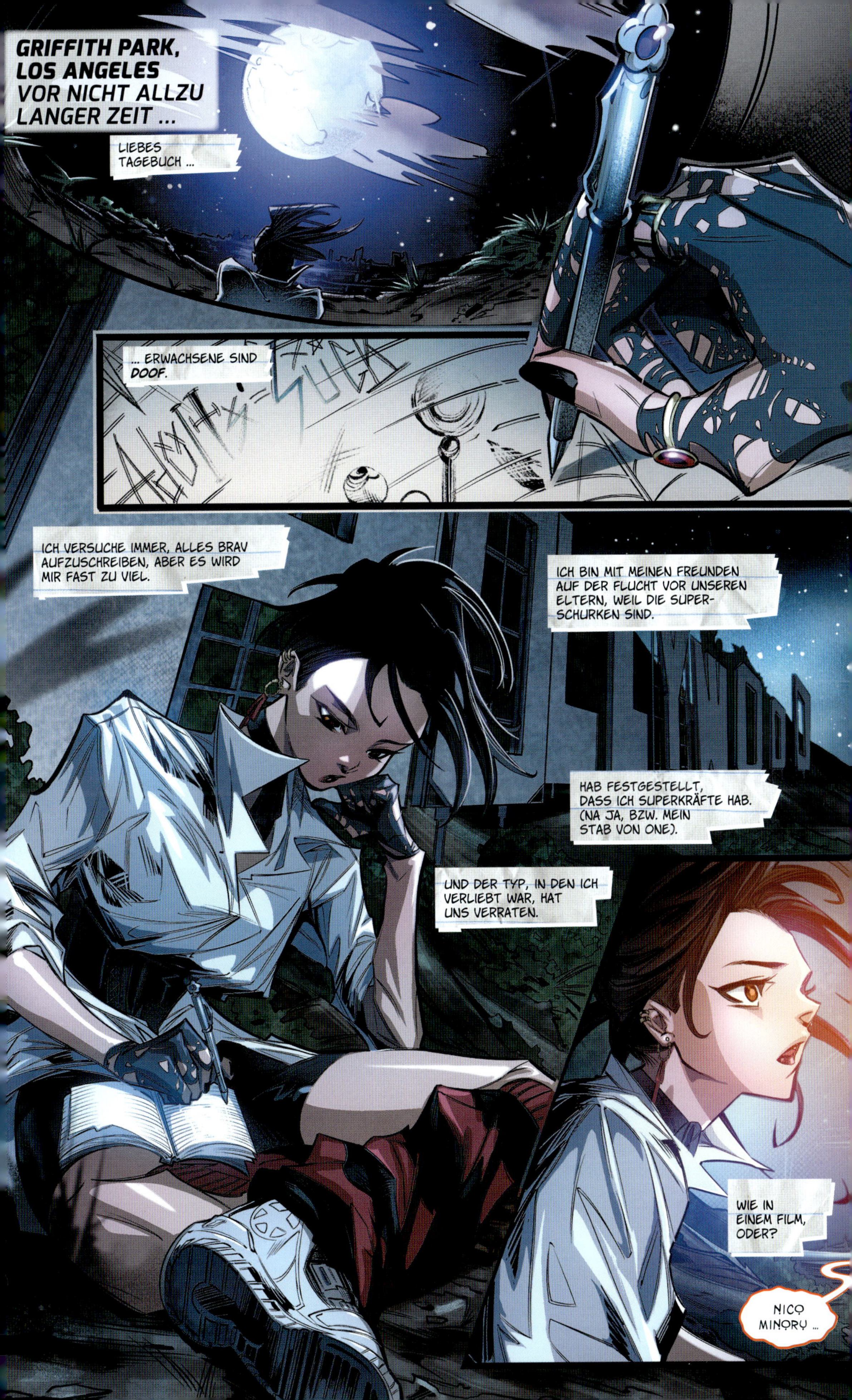

GRIFFITH PARK, LOS ANGELES
VOR NICHT ALLZU LANGER ZEIT ...
LIEBES TAGEBUCH ...
... ERWACHSENE SIND DOOF.
ICH VERSUCHE IMMER, ALLES BRAV AUFZUSCHREIBEN, ABER ES WIRD MIR FAST ZU VIEL.
ICH BIN MIT MEINEN FREUNDEN AUF DER FLUCHT VOR UNSEREN ELTERN, WEIL DIE SUPER-SCHURKEN SIND.
HAB FESTGESTELLT, DASS ICH SUPERKRÄFTE HAB. (NA JA, BZW. MEIN STAB VON ONE).
UND DER TYP, IN DEN ICH VERLIEBT WAR, HAT UNS VERRATEN.
WIE IN EINEM FILM, ODER?
NICO MINORU ...

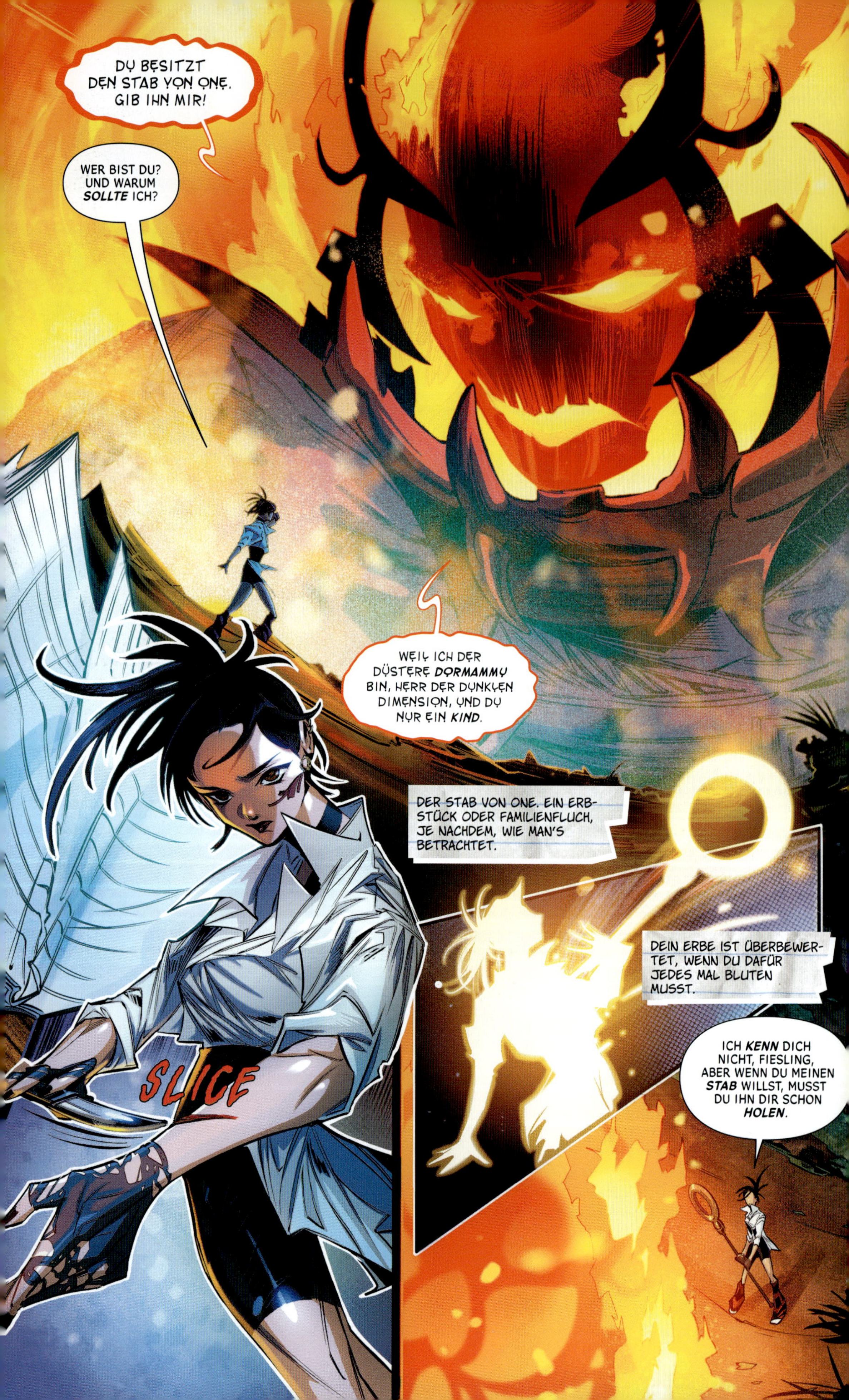
DU BESITZT DEN STAB VON ONE. GIB IHN MIR!
WER BIST DU? UND WARUM *SOLLTE* ICH?
WEIL ICH DER DÜSTERE *DORMAMMU* BIN, HERR DER DUNKLEN DIMENSION, UND DU NUR EIN *KIND*.
SLICE
DER STAB VON ONE. EIN ERBSTÜCK ODER FAMILIENFLUCH, JE NACHDEM, WIE MAN'S BETRACHTET.
DEIN ERBE IST ÜBERBEWERTET, WENN DU DAFÜR JEDES MAL BLUTEN MUSST.
ICH *KENN* DICH NICHT, FIESLING, ABER WENN DU MEINEN *STAB* WILLST, MUSST DU IHN DIR SCHON *HOLEN*.

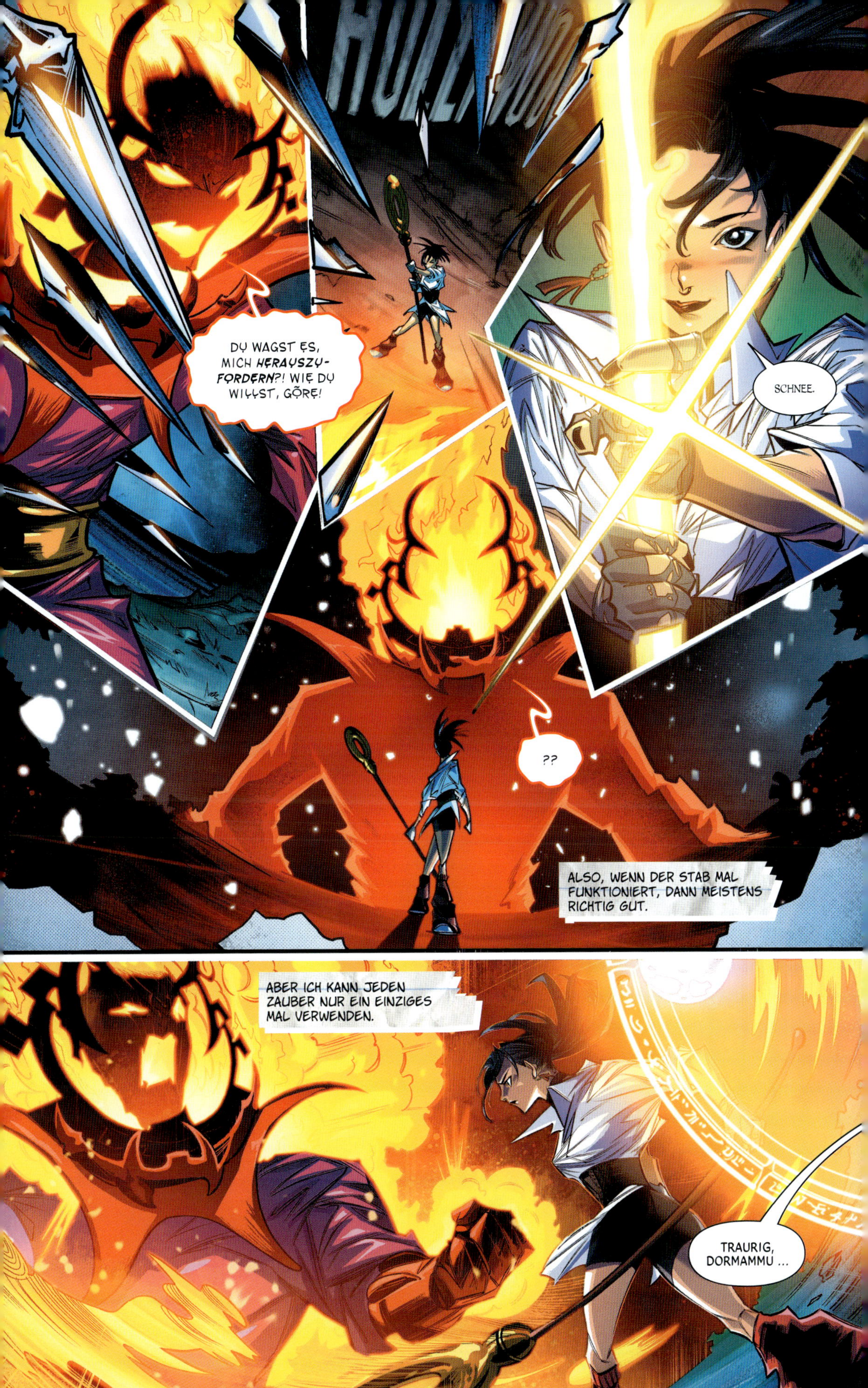
DU WAGST ES, MICH **HERAUSZUFORDERN**?! WIE DU WILLST, GÖRE!
SCHNEE.
??
ALSO, WENN DER STAB MAL FUNKTIONIERT, DANN MEISTENS RICHTIG GUT.
ABER ICH KANN JEDEN ZAUBER NUR EIN EINZIGES MAL VERWENDEN.
TRAURIG, DORMAMMU ...

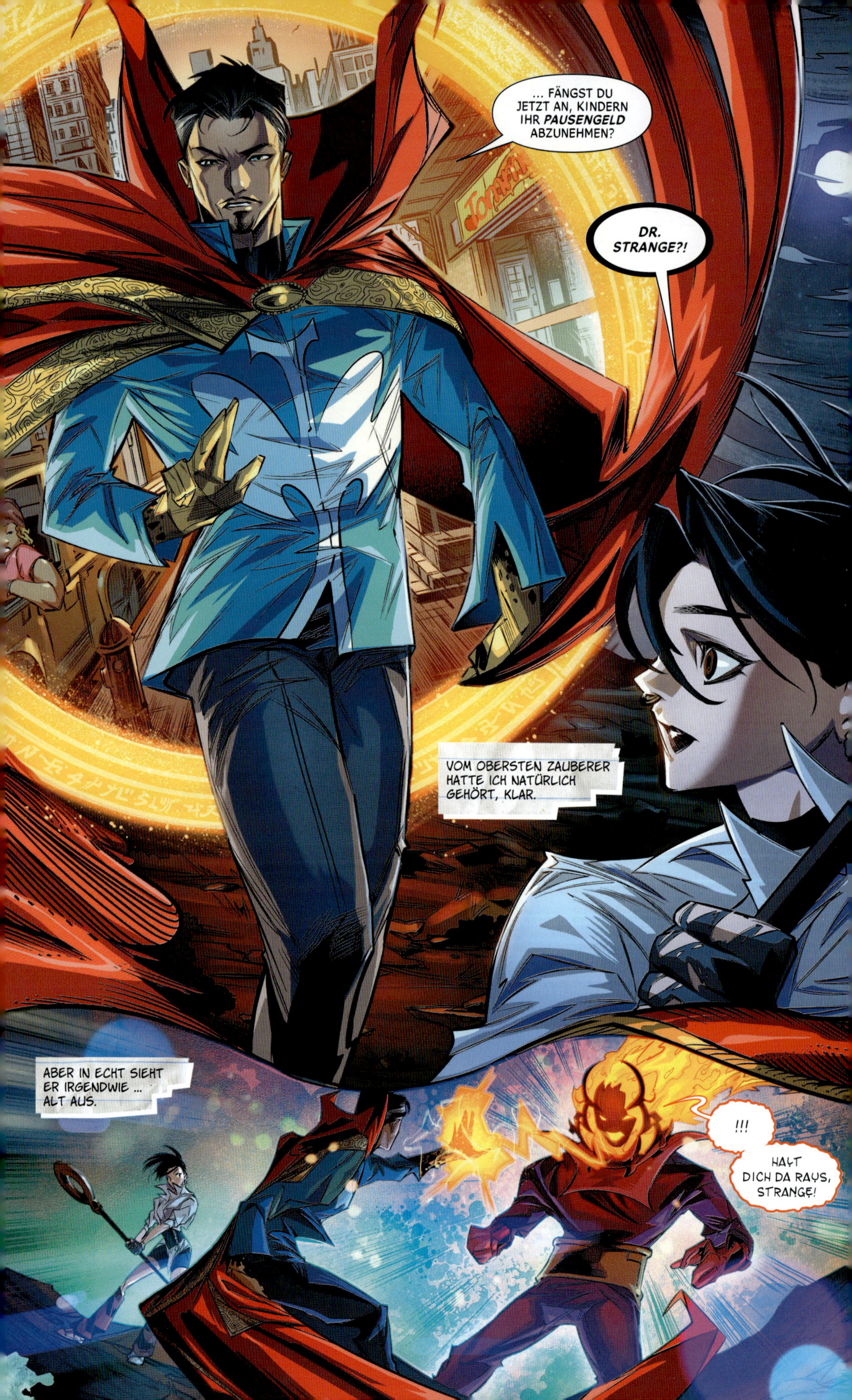
... FÄNGST DU JETZT AN, KINDERN IHR *PAUSENGELD* ABZUNEHMEN?
DR. STRANGE?!
VOM OBERSTEN ZAUBERER HATTE ICH NATÜRLICH GEHÖRT, KLAR.
ABER IN ECHT SIEHT ER IRGENDWIE ... ALT AUS.
!!!
HALT DICH DA RAUS, STRANGE!

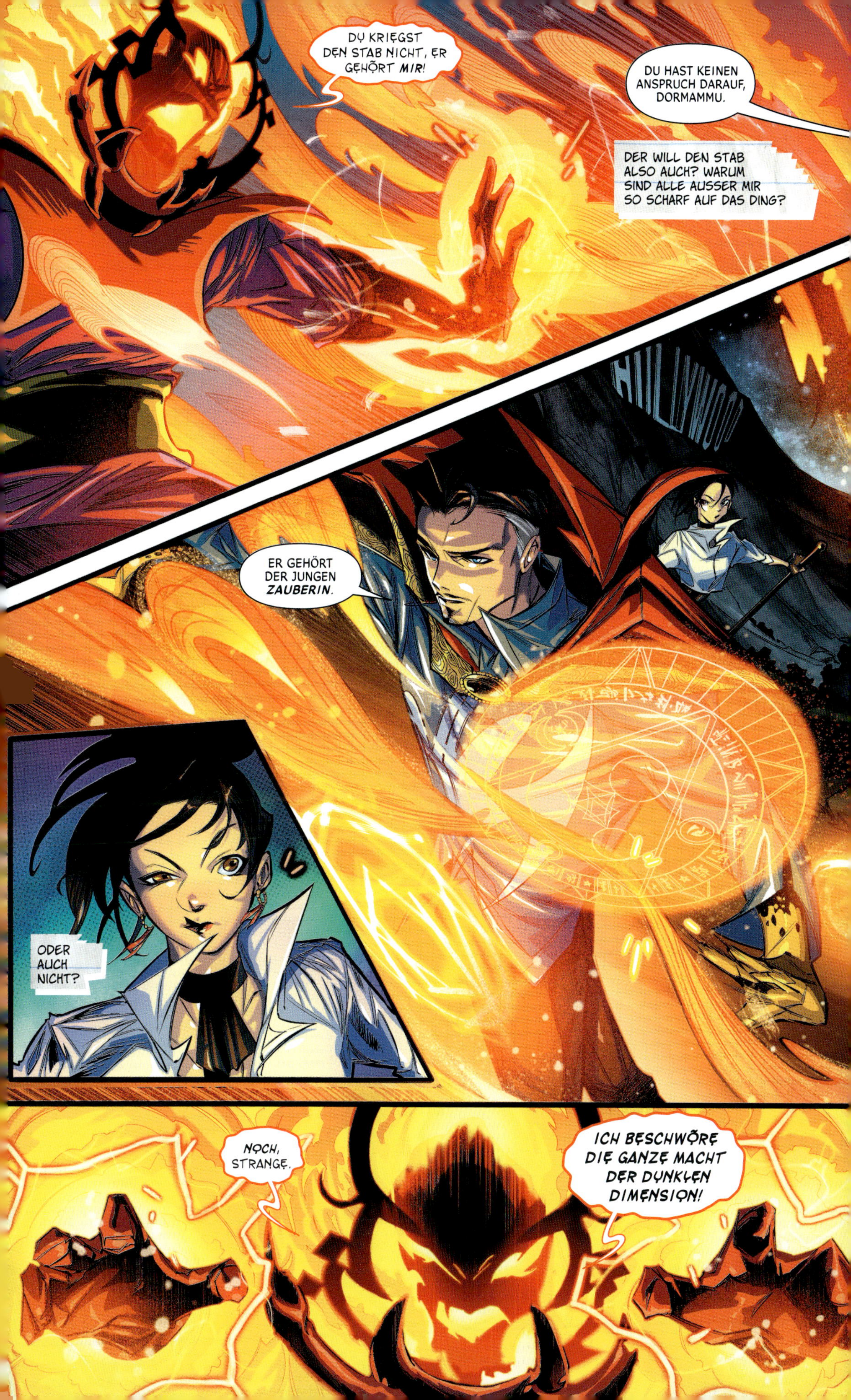
DU KRIEGST DEN STAB NICHT, ER GEHÖRT MIR!
DU HAST KEINEN ANSPRUCH DARAUF, DORMAMMU.
DER WILL DEN STAB ALSO AUCH? WARUM SIND ALLE AUSSER MIR SO SCHARF AUF DAS DING?
HOLLYWOOD
ER GEHÖRT DER JUNGEN ZAUBERIN.
ODER AUCH NICHT?
NOCH, STRANGE.
ICH BESCHWÖRE DIE GANZE MACHT DER DUNKLEN DIMENSION!

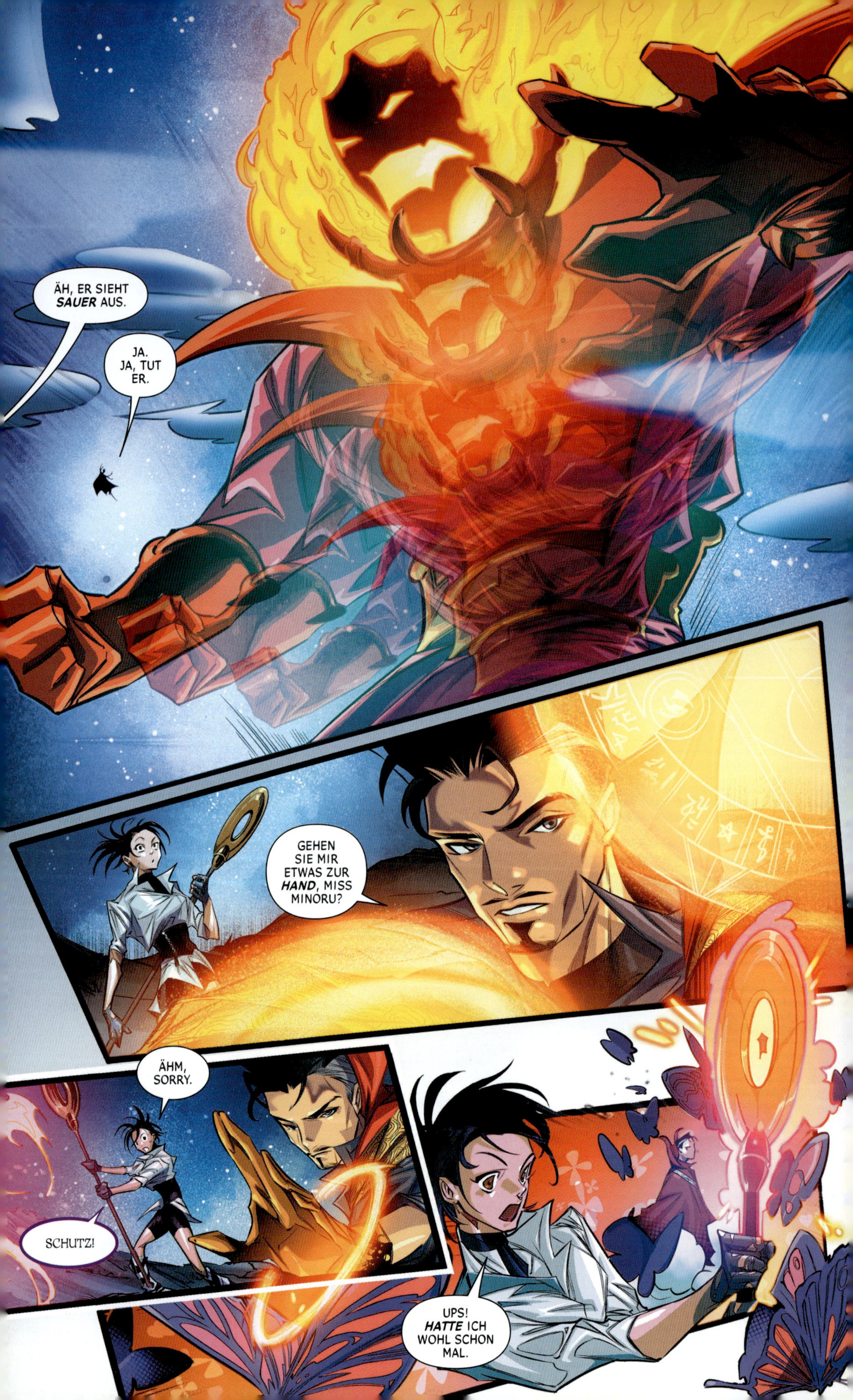
ÄH, ER SIEHT SAUER AUS.
JA. JA, TUT ER.
GEHEN SIE MIR ETWAS ZUR HAND, MISS MINORU?
ÄHM, SORRY.
SCHUTZ!
UPS! HATTE ICH WOHL SCHON MAL.

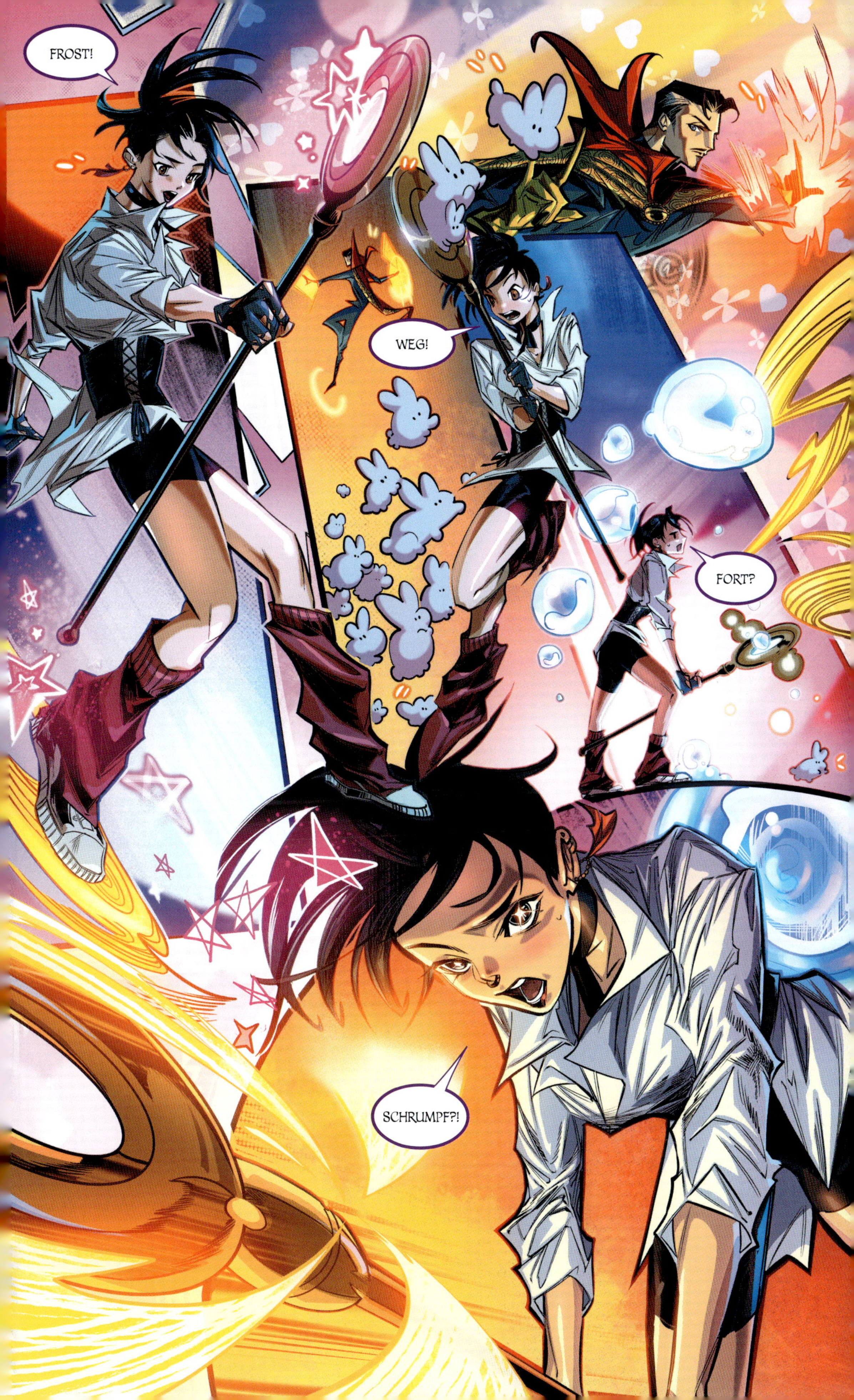
FROST!
WEG!
FORT?
SCHRUMPF?!

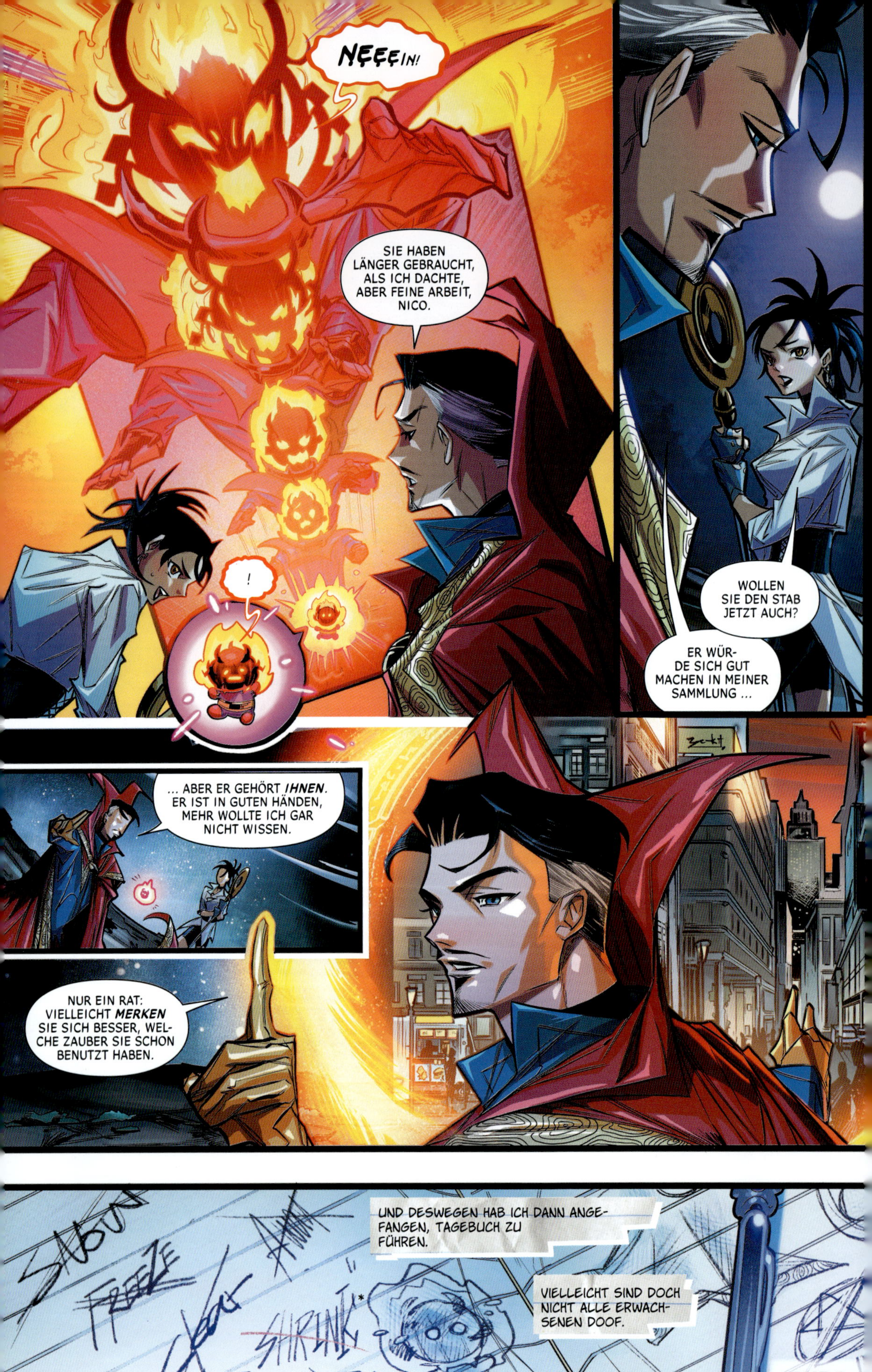

* SCHNEE - FROST - WEG - FORT - SCHRUMPF

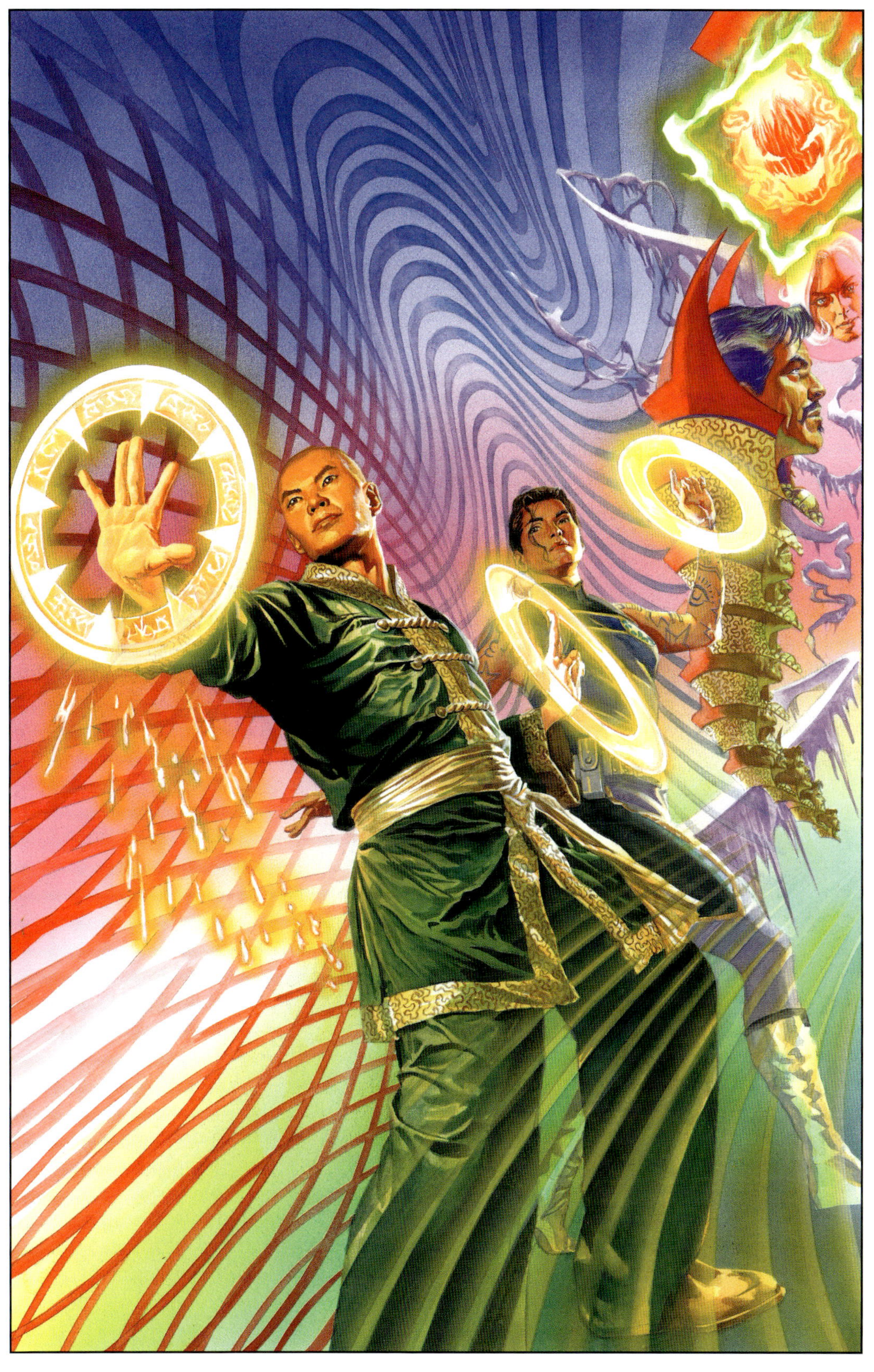

Doctor Strange (2023) 4
Cover von **ALEX ROSS**

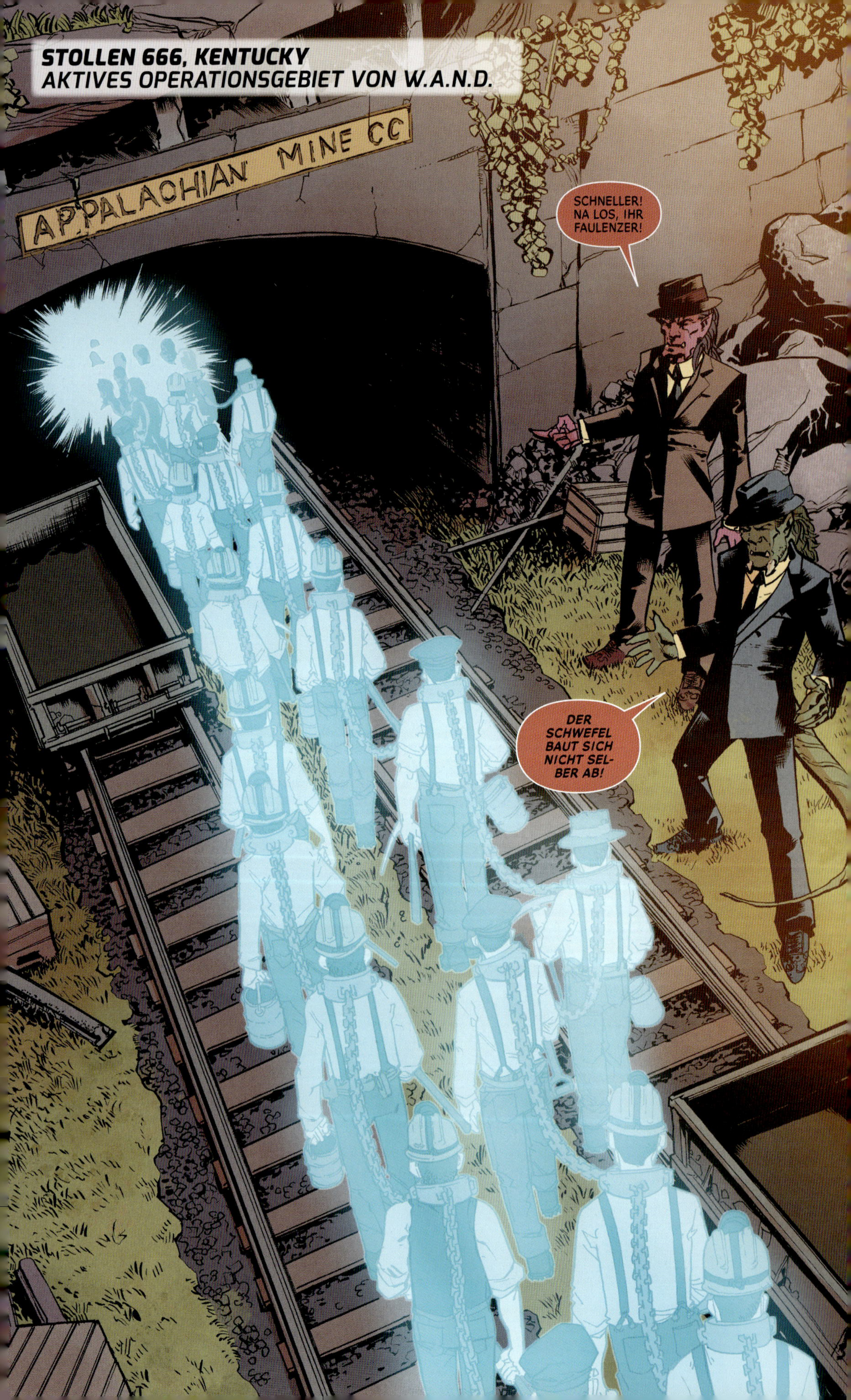
STOLLEN 666, KENTUCKY
AKTIVES OPERATIONSGEBIET VON W.A.N.D.
APPALACHIAN MINE CO
SCHNELLER! NA LOS, IHR FAULENZER!
DER SCHWEFEL BAUT SICH NICHT SELBER AB!

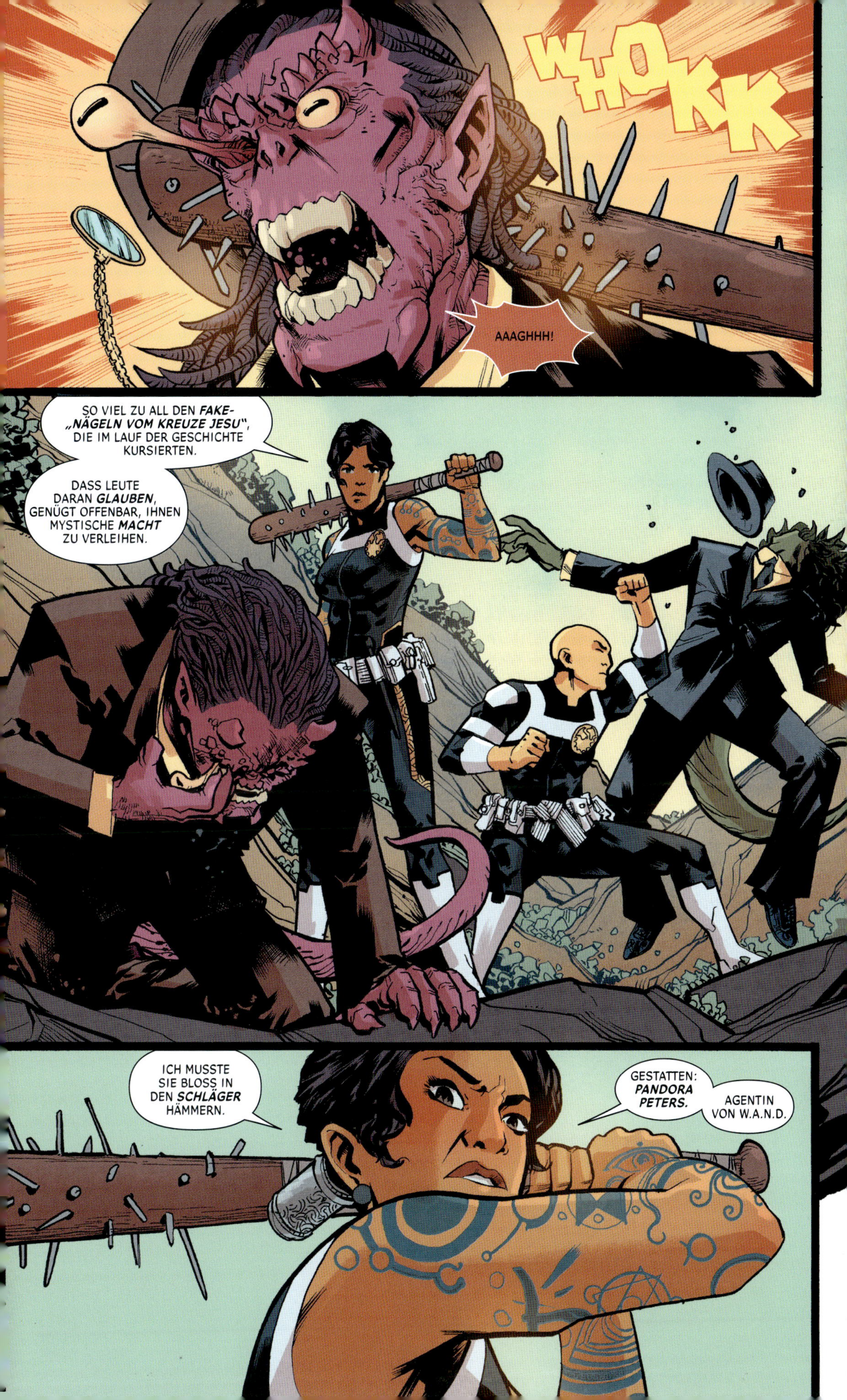
WHOKK
AAAGHHH!
SO VIEL ZU ALL DEN FAKE-„NÄGELN VOM KREUZE JESU", DIE IM LAUF DER GESCHICHTE KURSIERTEN.
DASS LEUTE DARAN GLAUBEN, GENÜGT OFFENBAR, IHNEN MYSTISCHE MACHT ZU VERLEIHEN.
ICH MUSSTE SIE BLOSS IN DEN SCHLÄGER HÄMMERN.
GESTATTEN: PANDORA PETERS.
AGENTIN VON W.A.N.D.

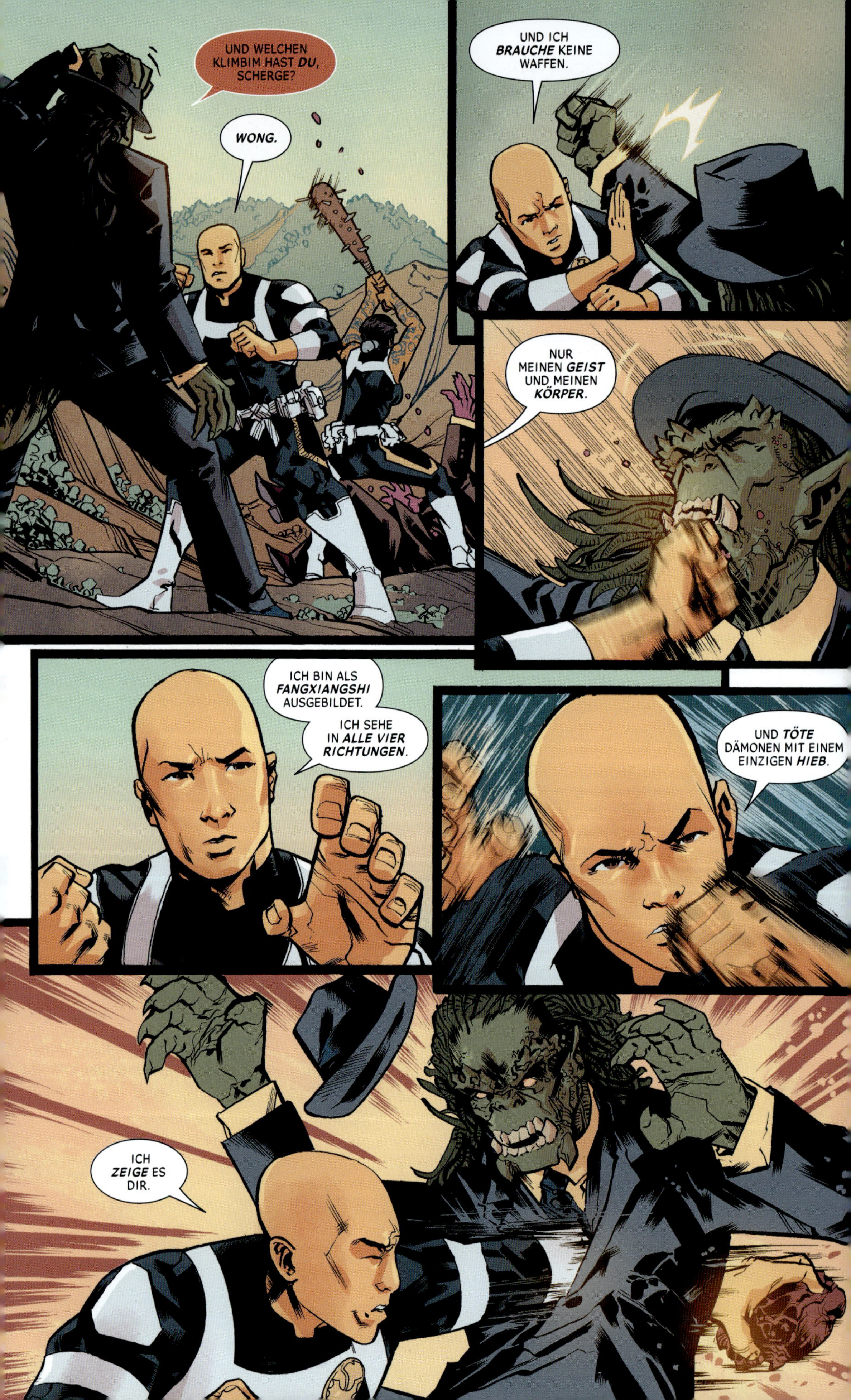
UND WELCHEN KLIMBIM HAST *DU*, SCHERGE?
WONG.
UND ICH *BRAUCHE* KEINE WAFFEN.
NUR MEINEN *GEIST* UND MEINEN *KÖRPER*.
ICH BIN ALS *FANGXIANGSHI* AUSGEBILDET.
ICH SEHE IN *ALLE VIER RICHTUNGEN*.
UND *TÖTE* DÄMONEN MIT EINEM EINZIGEN *HIEB*.
ICH *ZEIGE* ES DIR.

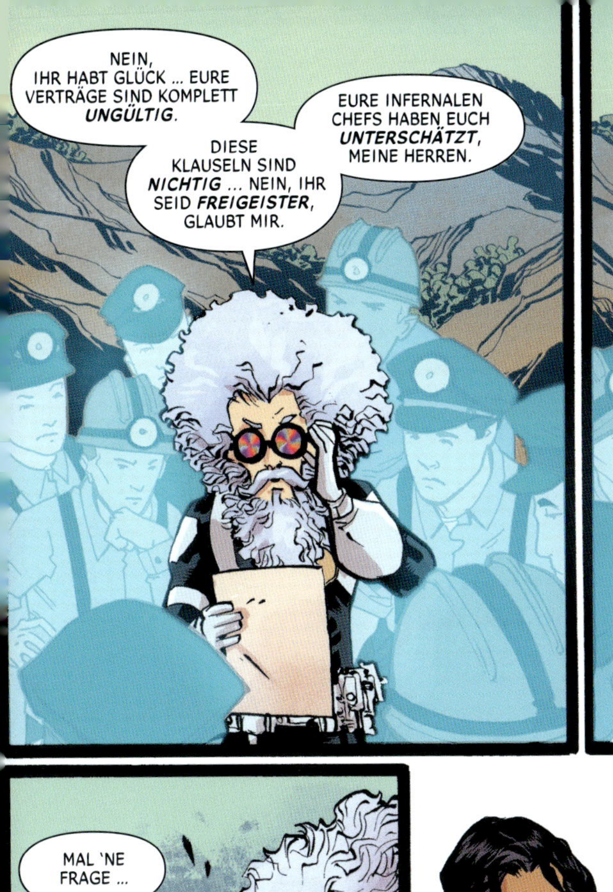
NEIN, IHR HABT GLÜCK ... EURE VERTRÄGE SIND KOMPLETT UNGÜLTIG.
DIESE KLAUSELN SIND NICHTIG ... NEIN, IHR SEID FREIGEISTER, GLAUBT MIR.
EURE INFERNALEN CHEFS HABEN EUCH UNTERSCHÄTZT, MEINE HERREN.

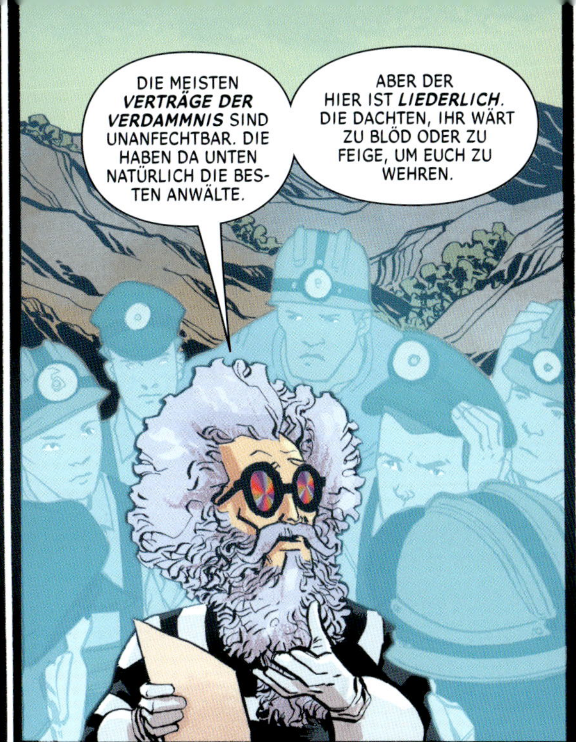
DIE MEISTEN VERTRÄGE DER VERDAMMNIS SIND UNANFECHTBAR. DIE HABEN DA UNTEN NATÜRLICH DIE BESTEN ANWÄLTE.
ABER DER HIER IST LIEDERLICH. DIE DACHTEN, IHR WÄRT ZU BLÖD ODER ZU FEIGE, UM EUCH ZU WEHREN.

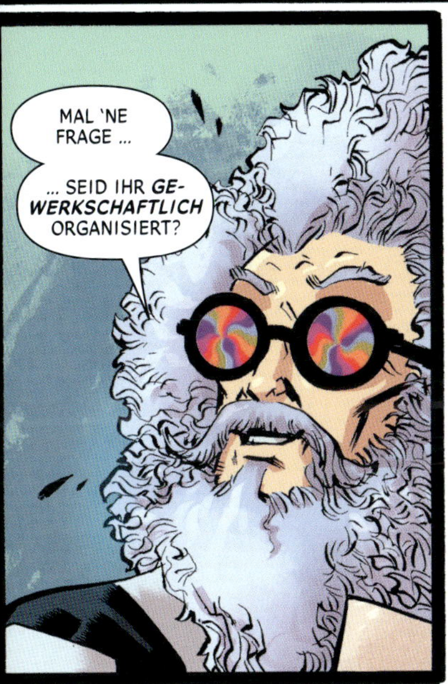
MAL 'NE FRAGE ...
... SEID IHR GEWERKSCHAFTLICH ORGANISIERT?

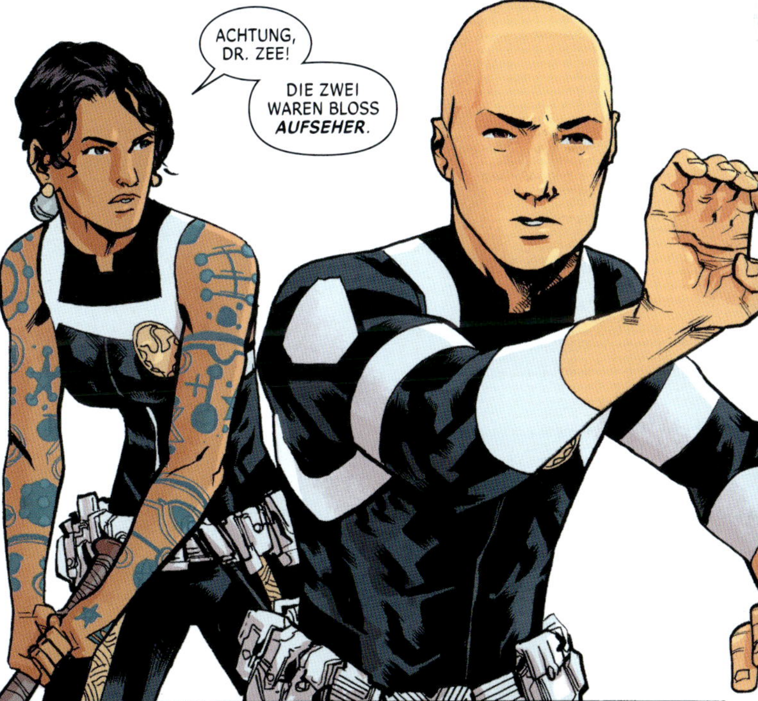
ACHTUNG, DR. ZEE!
DIE ZWEI WAREN BLOSS AUFSEHER.

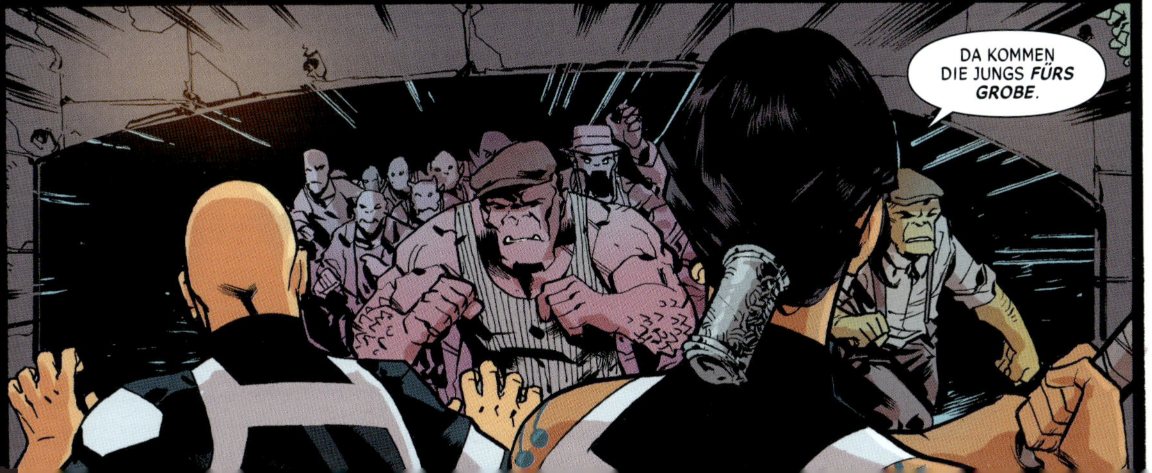
DA KOMMEN DIE JUNGS FÜRS GROBE.

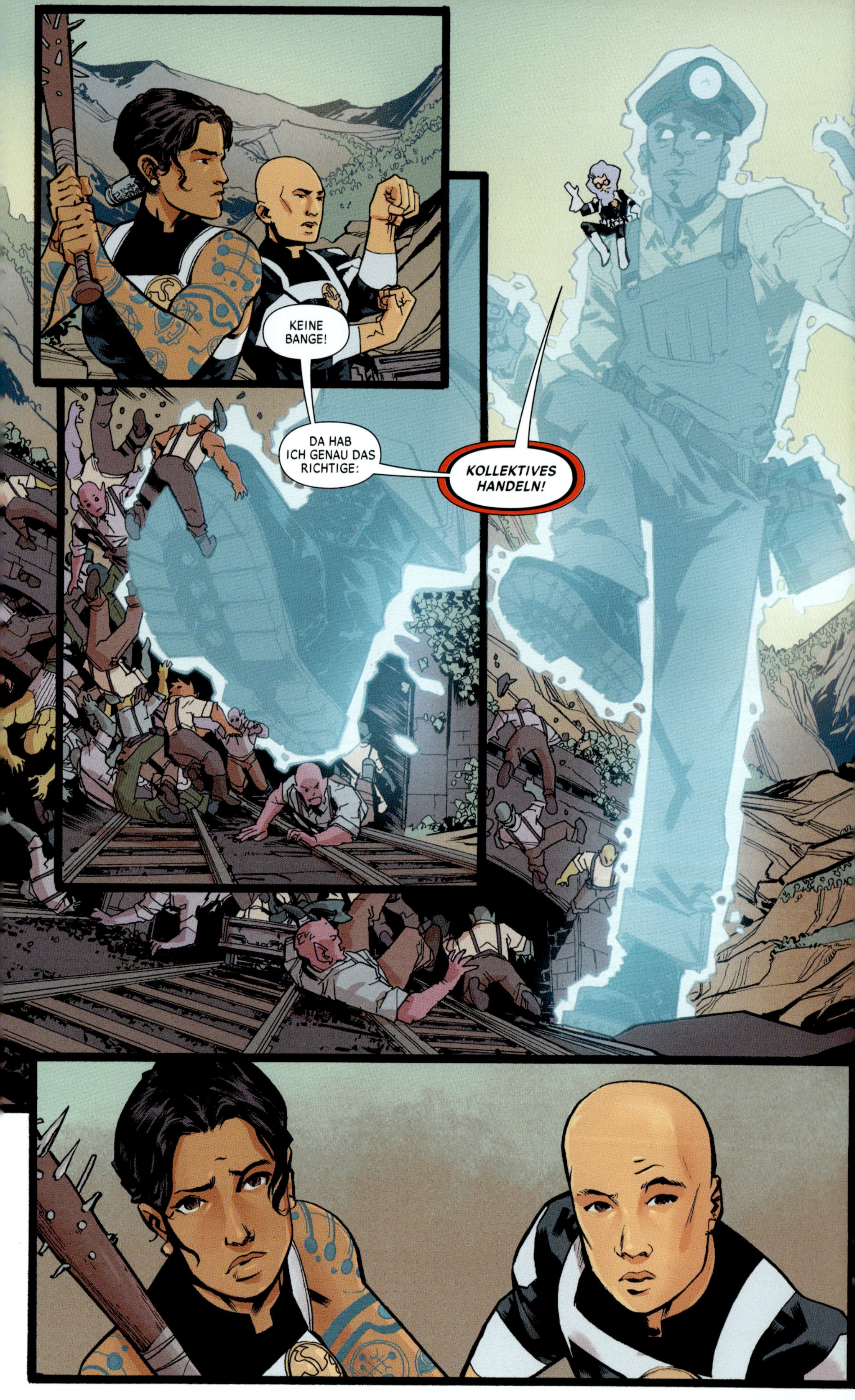
KEINE BANGE!
DA HAB ICH GENAU DAS RICHTIGE:
KOLLEKTIVES HANDELN!

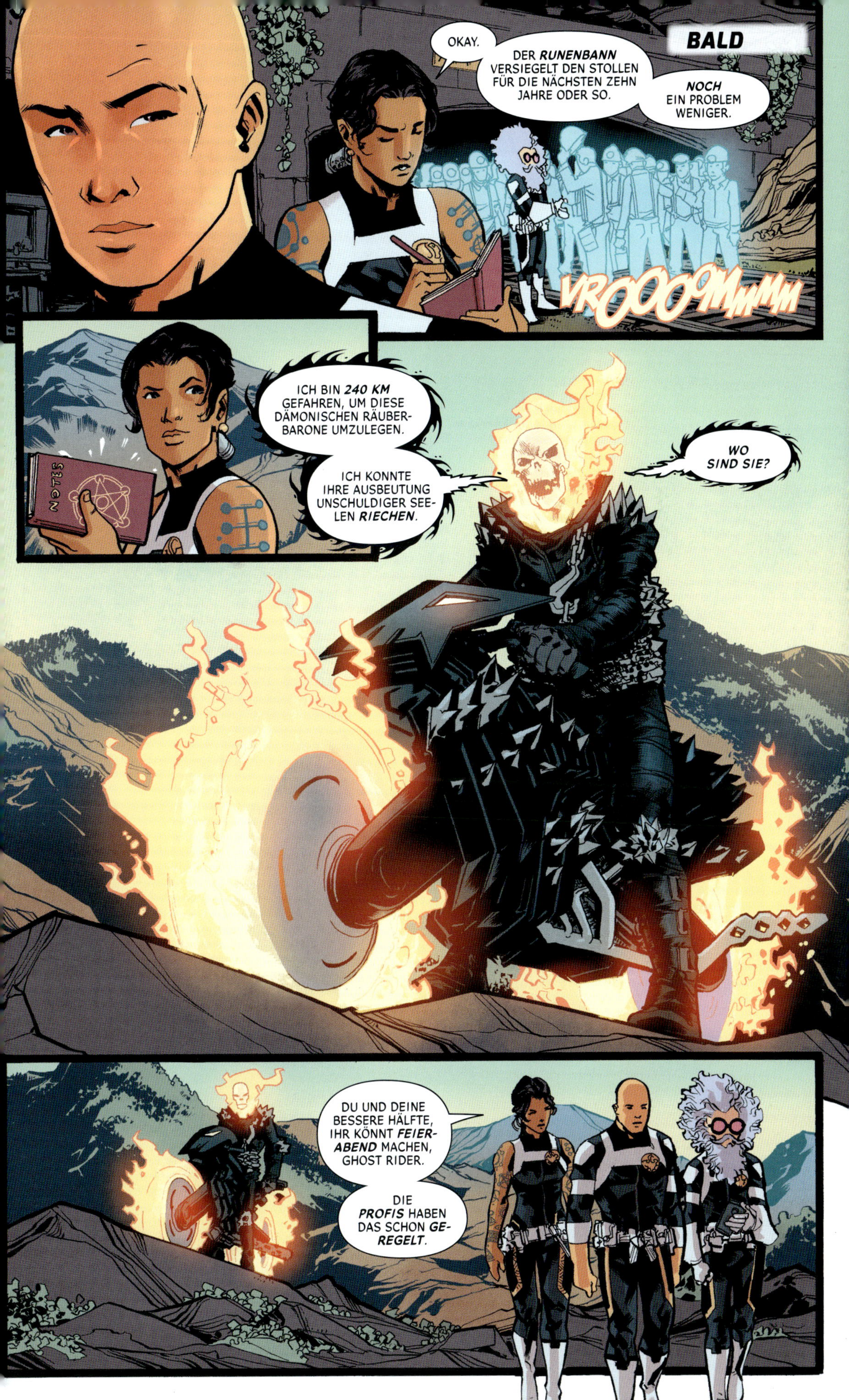

BALD
OKAY.
DER RUNENBANN VERSIEGELT DEN STOLLEN FÜR DIE NÄCHSTEN ZEHN JAHRE ODER SO.
NOCH EIN PROBLEM WENIGER.
VROOOOMMMM
NOTES
ICH BIN 240 KM GEFAHREN, UM DIESE DÄMONISCHEN RÄUBERBARONE UMZULEGEN.
ICH KONNTE IHRE AUSBEUTUNG UNSCHULDIGER SEELEN RIECHEN.
WO SIND SIE?
DU UND DEINE BESSERE HÄLFTE, IHR KÖNNT FEIERABEND MACHEN, GHOST RIDER.
DIE PROFIS HABEN DAS SCHON GEREGELT.

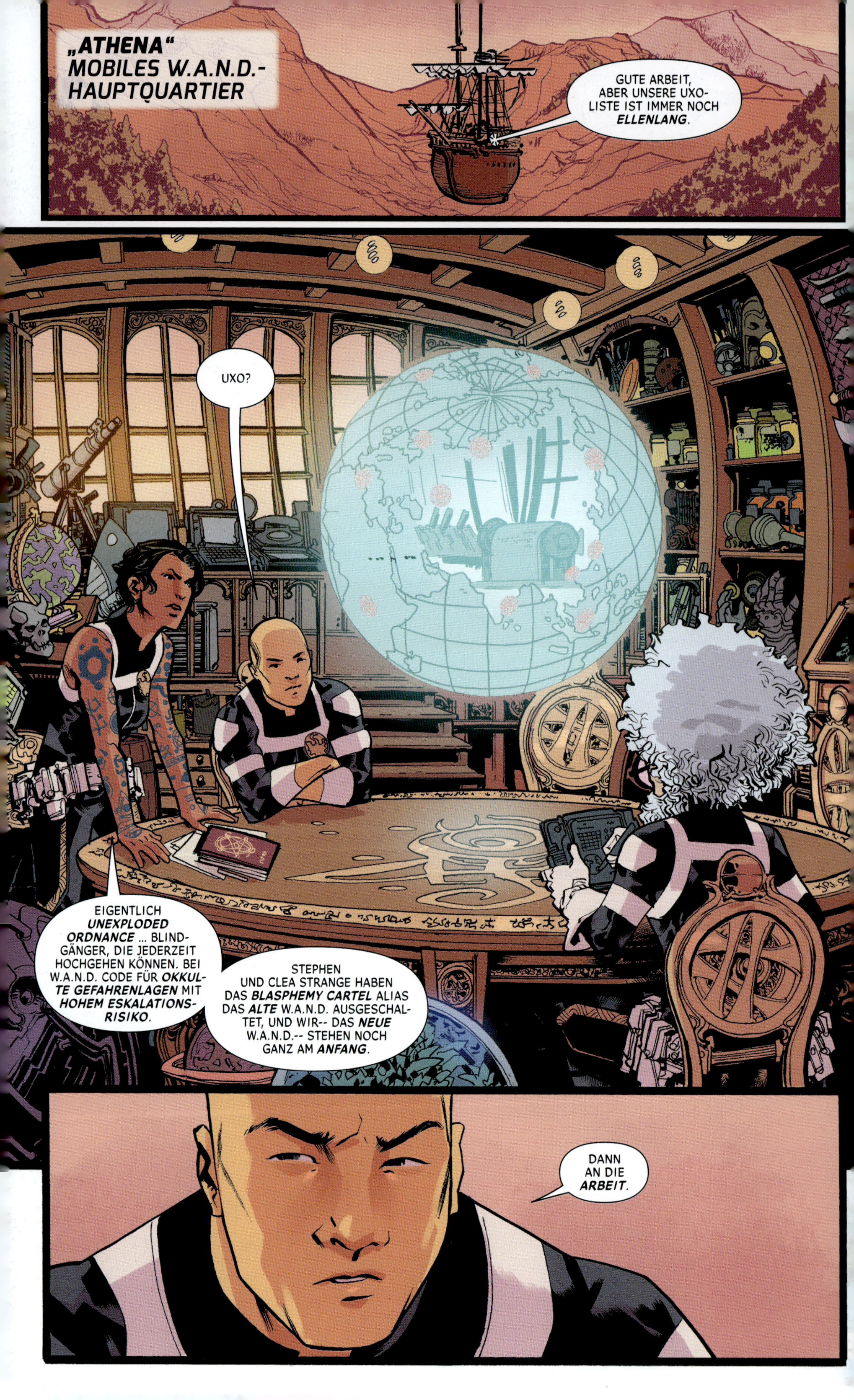

„ATHENA“
MOBILES W.A.N.D.-HAUPTQUARTIER

GUTE ARBEIT, ABER UNSERE UXO-LISTE IST IMMER NOCH *ELLENLANG*.

UXO?

EIGENTLICH *UNEXPLODED ORDNANCE* ... BLINDGÄNGER, DIE JEDERZEIT HOCHGEHEN KÖNNEN. BEI W.A.N.D. CODE FÜR *OKKULTE GEFAHRENLAGEN* MIT *HOHEM ESKALATIONSRISIKO*.

STEPHEN UND CLEA STRANGE HABEN DAS *BLASPHEMY CARTEL* ALIAS DAS *ALTE* W.A.N.D. AUSGESCHALTET, UND WIR-- DAS *NEUE* W.A.N.D.-- STEHEN NOCH GANZ AM *ANFANG*.

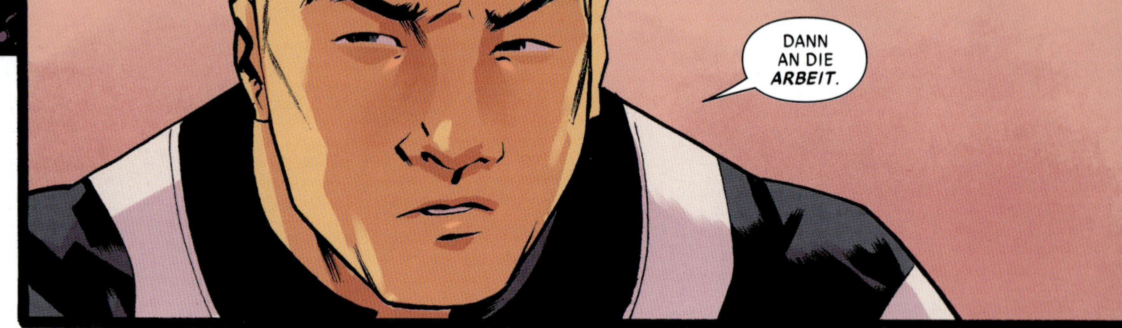

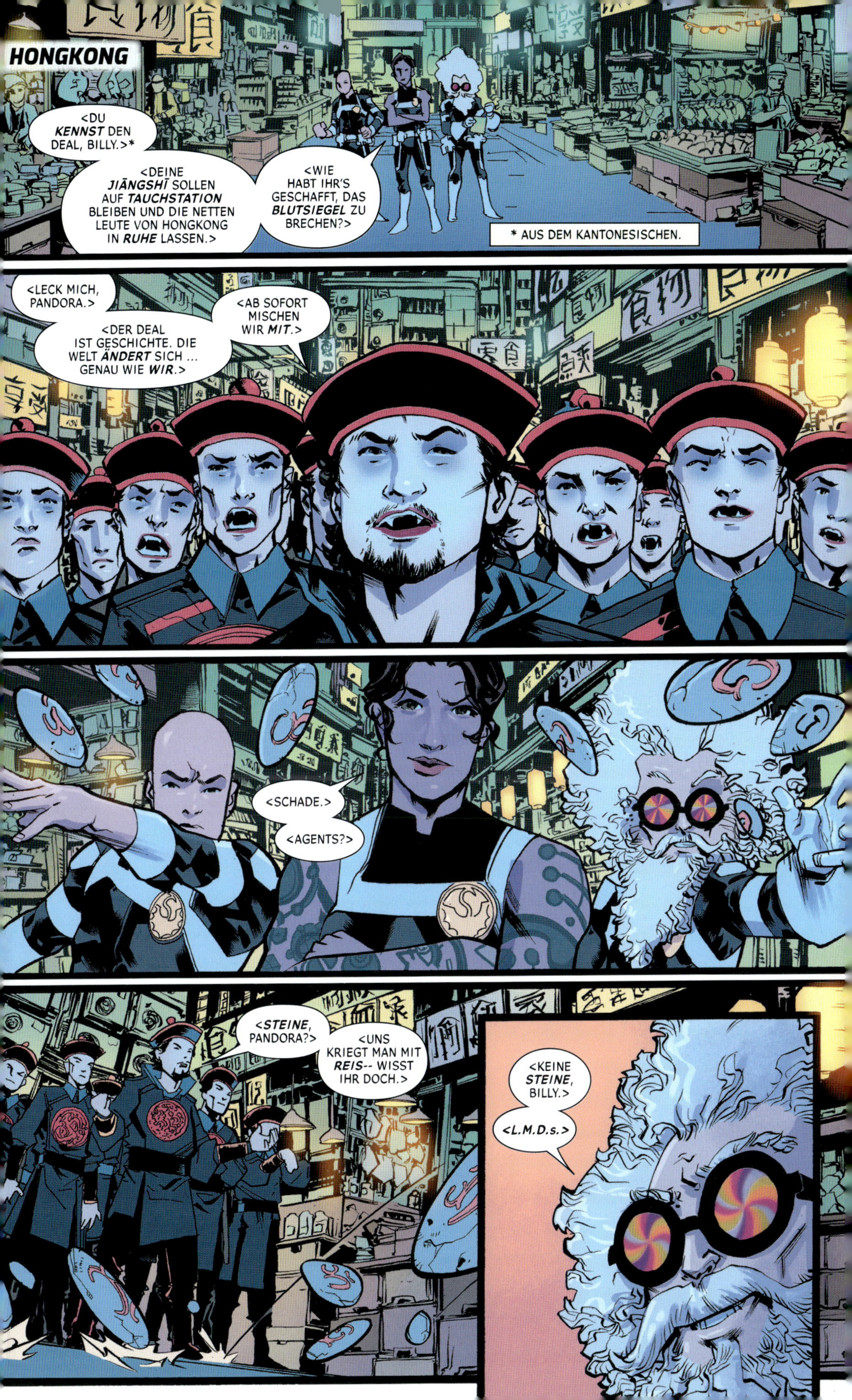

HONGKONG

<DU KENNST DEN DEAL, BILLY.>*

<DEINE JIĀNGSHĪ SOLLEN AUF TAUCHSTATION BLEIBEN UND DIE NETTEN LEUTE VON HONGKONG IN RUHE LASSEN.>

<WIE HABT IHR'S GESCHAFFT, DAS BLUTSIEGEL ZU BRECHEN?>

* AUS DEM KANTONESISCHEN.

<LECK MICH, PANDORA.>

<DER DEAL IST GESCHICHTE. DIE WELT ÄNDERT SICH ... GENAU WIE WIR.>

<AB SOFORT MISCHEN WIR MIT.>

<SCHADE.>

<AGENTS?>

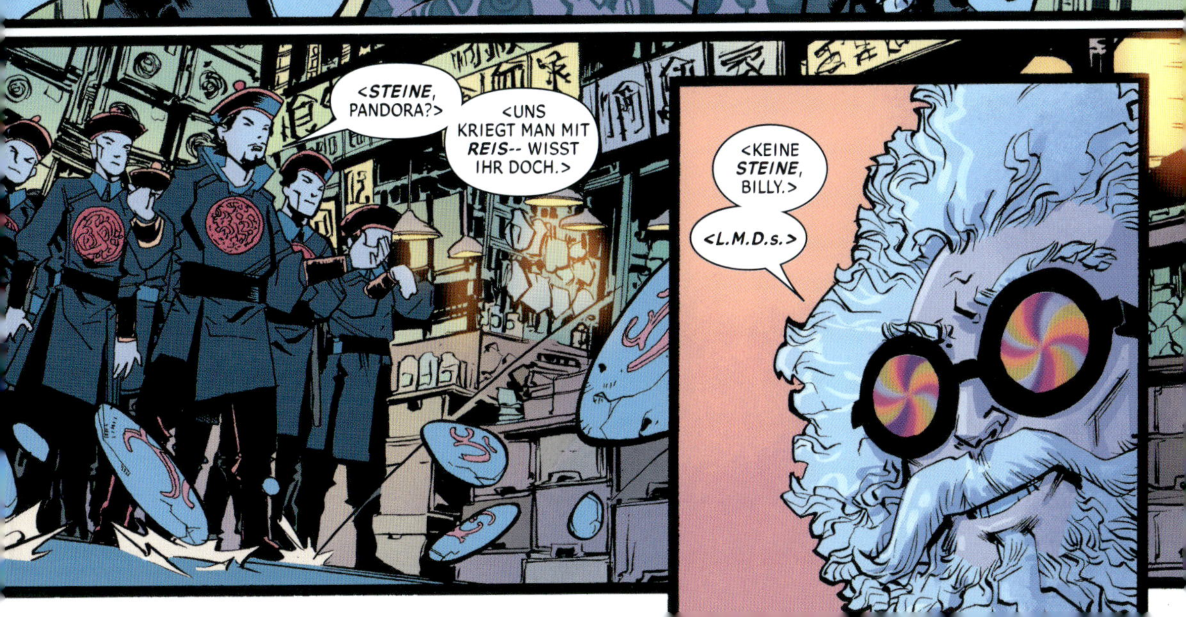

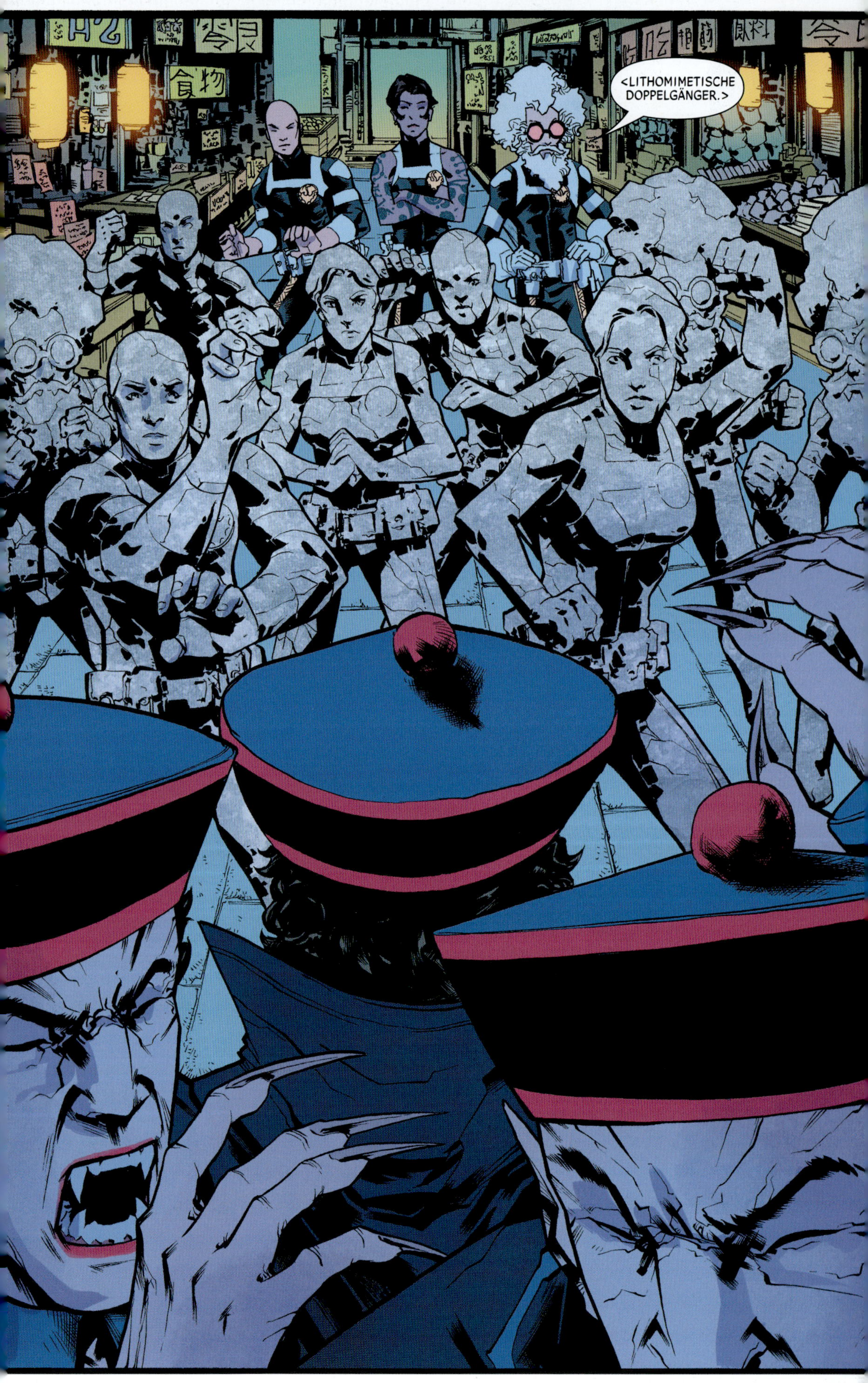
<LITHOMIMETISCHE DOPPELGÄNGER.>

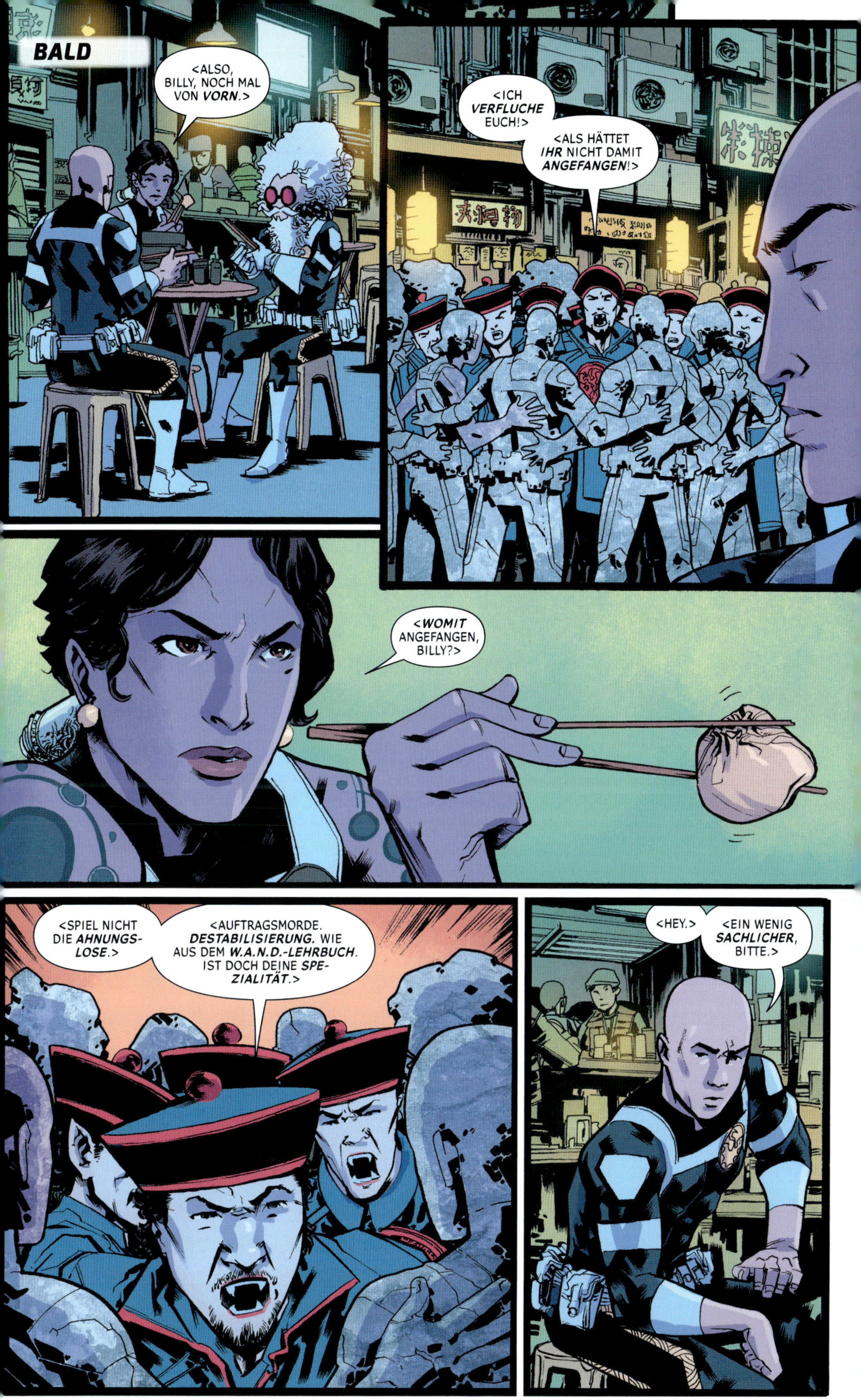

BALD

<ALSO, BILLY, NOCH MAL VON *VORN*.>

<ICH *VERFLUCHE* EUCH!>

<ALS HÄTTET *IHR* NICHT DAMIT *ANGEFANGEN*!>

<*WOMIT* ANGEFANGEN, BILLY?>

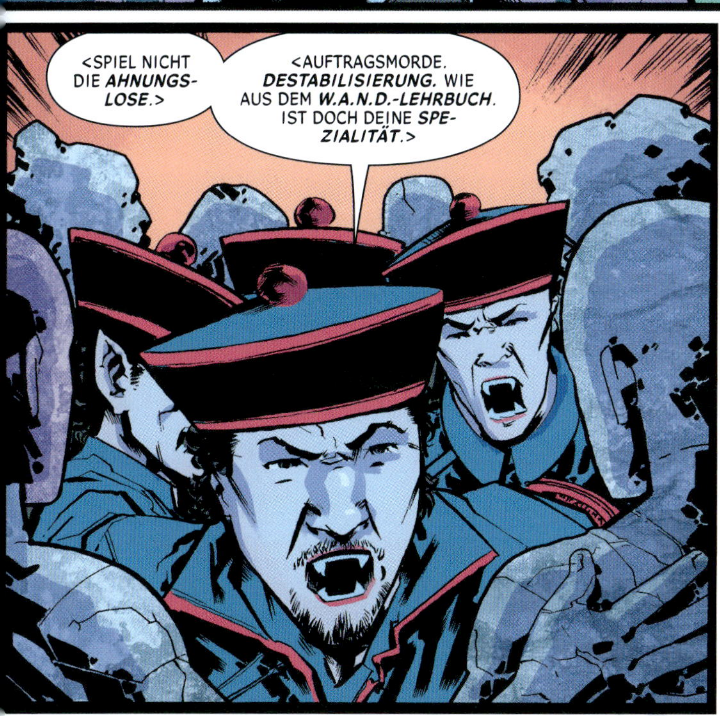

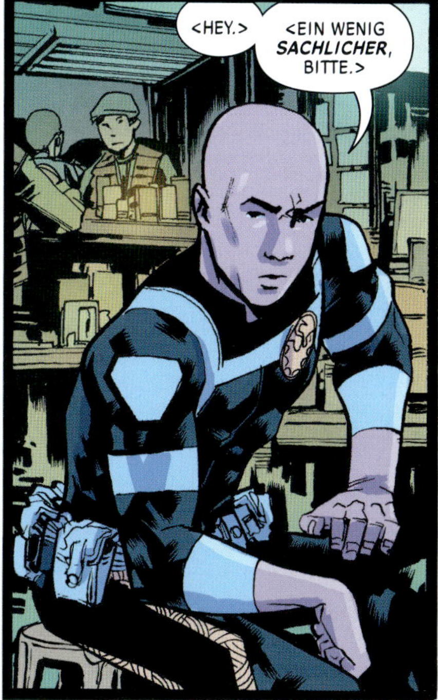

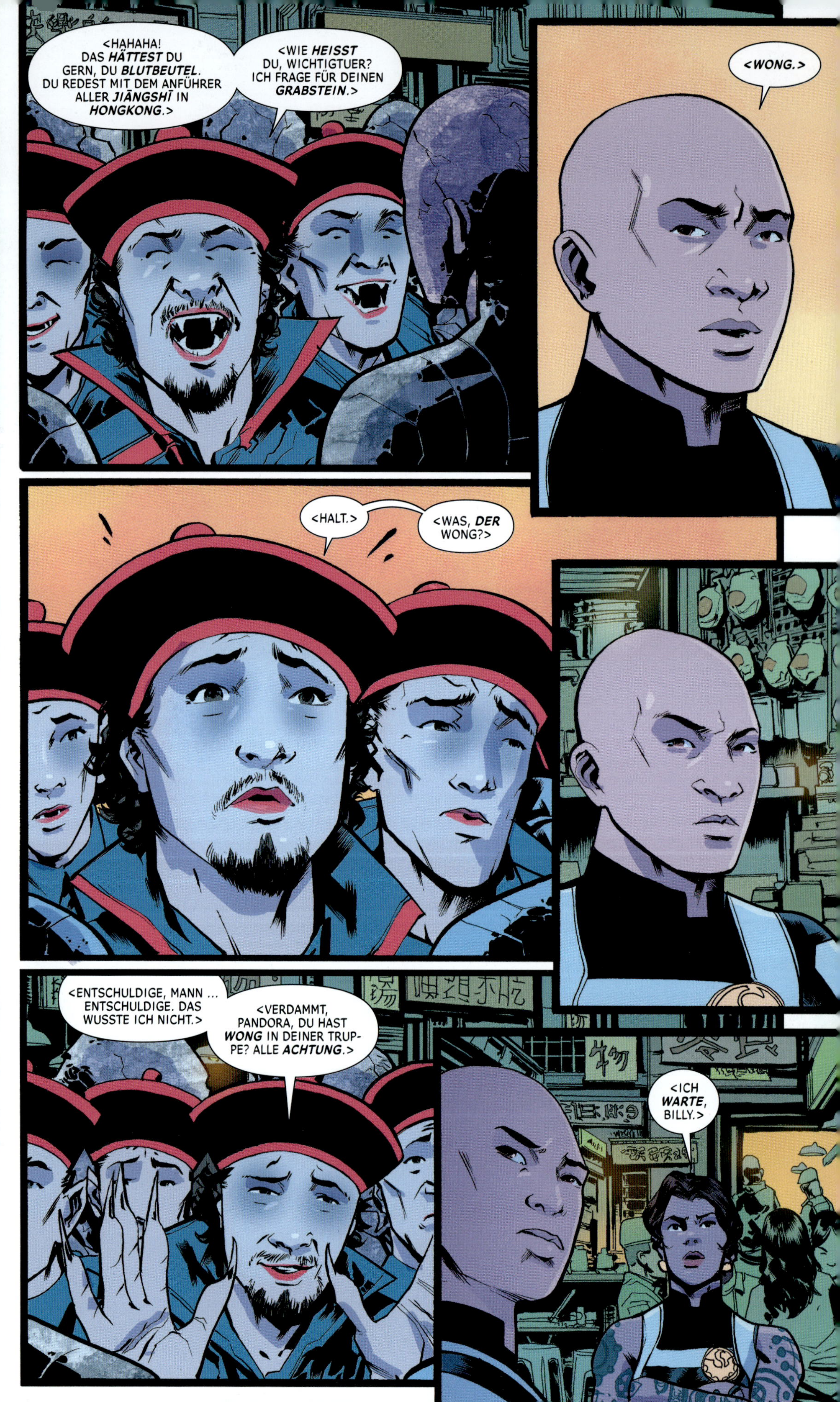
<HAHAHA! DAS HÄTTEST DU GERN, DU BLUTBEUTEL. DU REDEST MIT DEM ANFÜHRER ALLER JIĀNGSHĪ IN HONGKONG.>
<WIE HEISST DU, WICHTIGTUER? ICH FRAGE FÜR DEINEN GRABSTEIN.>
<WONG.>
<HALT.>
<WAS, DER WONG?>
<ENTSCHULDIGE, MANN … ENTSCHULDIGE. DAS WUSSTE ICH NICHT.>
<VERDAMMT, PANDORA, DU HAST WONG IN DEINER TRUPPE? ALLE ACHTUNG.>
<ICH WARTE, BILLY.>

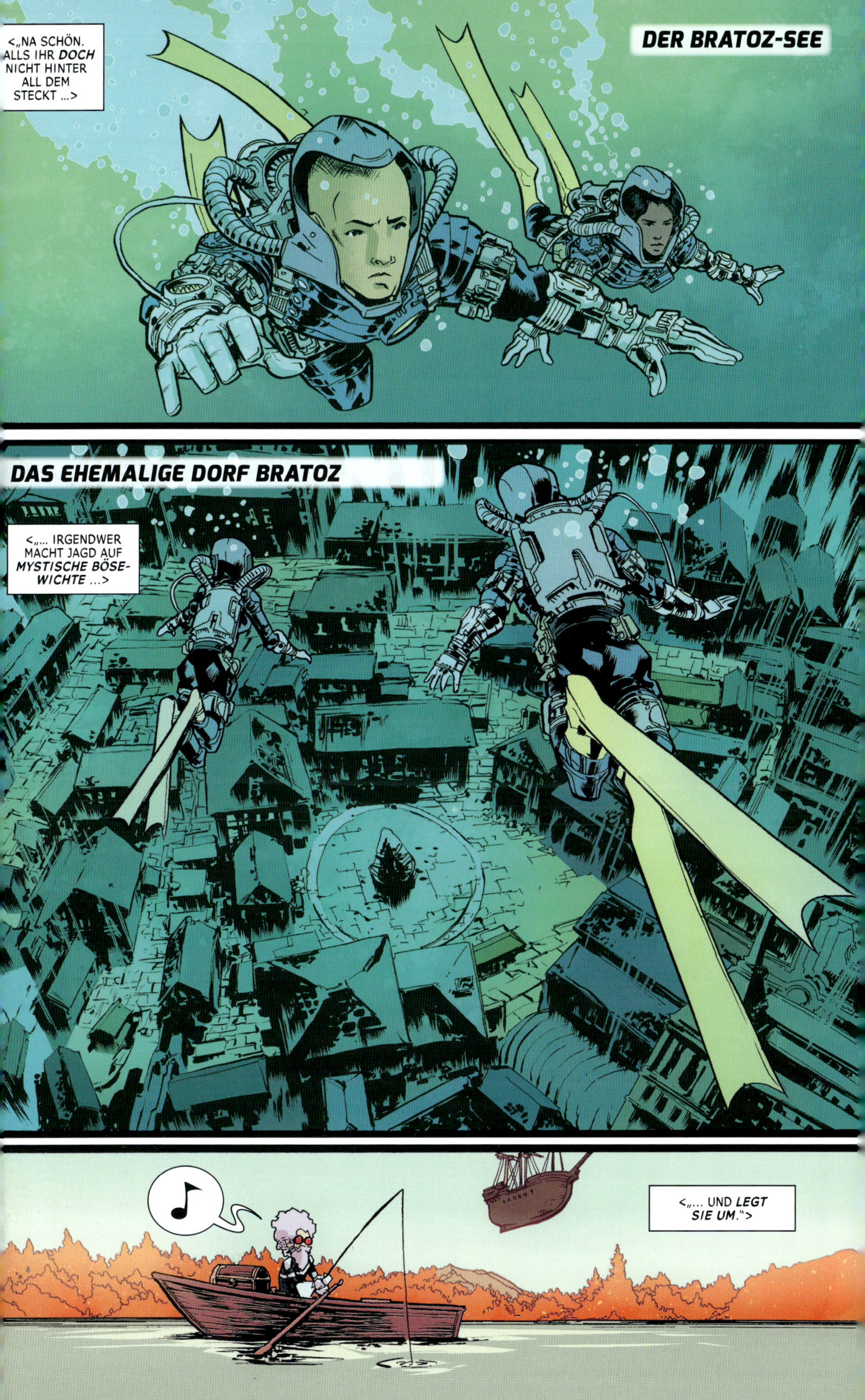
DER BRATOZ-SEE
<„NA SCHÖN. ALLS IHR *DOCH* NICHT HINTER ALL DEM STECKT ...>
DAS EHEMALIGE DORF BRATOZ
<„... IRGENDWER MACHT JAGD AUF *MYSTISCHE BÖSE-WICHTE* ...>
<„... UND *LEGT SIE UM*.">

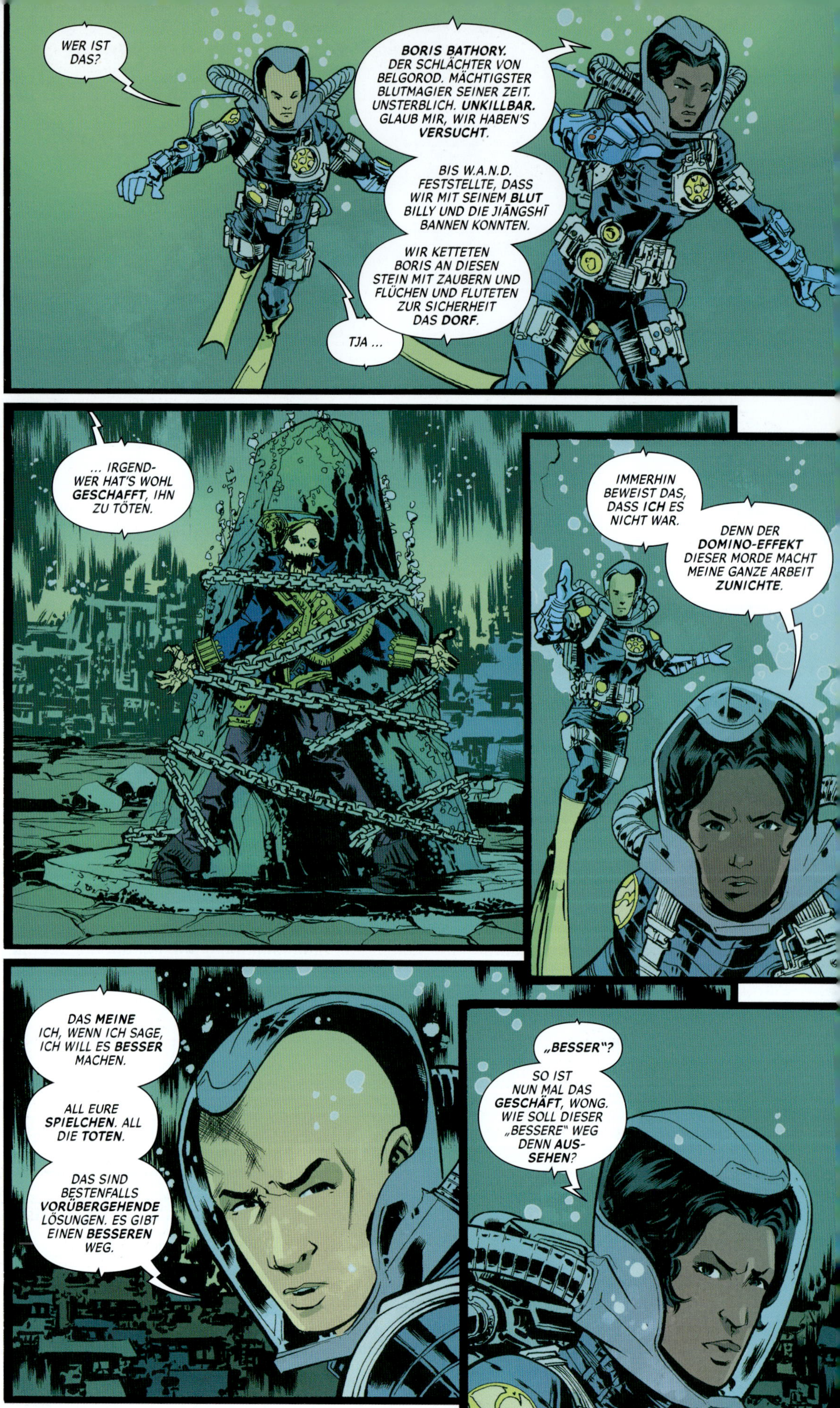

WER IST DAS?
BORIS BATHORY. DER SCHLÄCHTER VON BELGOROD. MÄCHTIGSTER BLUTMAGIER SEINER ZEIT. UNSTERBLICH. **UNKILLBAR.** GLAUB MIR, WIR HABEN'S **VERSUCHT**.
BIS W.A.N.D. FESTSTELLTE, DASS WIR MIT SEINEM **BLUT** BILLY UND DIE JIĀNGSHĪ BANNEN KONNTEN.
WIR KETTETEN BORIS AN DIESEN STEIN MIT ZAUBERN UND FLÜCHEN UND FLUTETEN ZUR SICHERHEIT DAS **DORF**.
TJA ...
... IRGEND-WER HAT'S WOHL **GESCHAFFT**, IHN ZU TÖTEN.
IMMERHIN BEWEIST DAS, DASS **ICH** ES NICHT WAR.
DENN DER **DOMINO-EFFEKT** DIESER MORDE MACHT MEINE GANZE ARBEIT **ZUNICHTE**.
DAS **MEINE** ICH, WENN ICH SAGE, ICH WILL ES **BESSER** MACHEN.
ALL EURE **SPIELCHEN**. ALL DIE **TOTEN**.
DAS SIND BESTENFALLS **VORÜBERGEHENDE** LÖSUNGEN. ES GIBT EINEN **BESSEREN** WEG.
„BESSER"?
SO IST NUN MAL DAS **GESCHÄFT**, WONG. WIE SOLL DIESER „BESSERE" WEG DENN **AUS-SEHEN**?

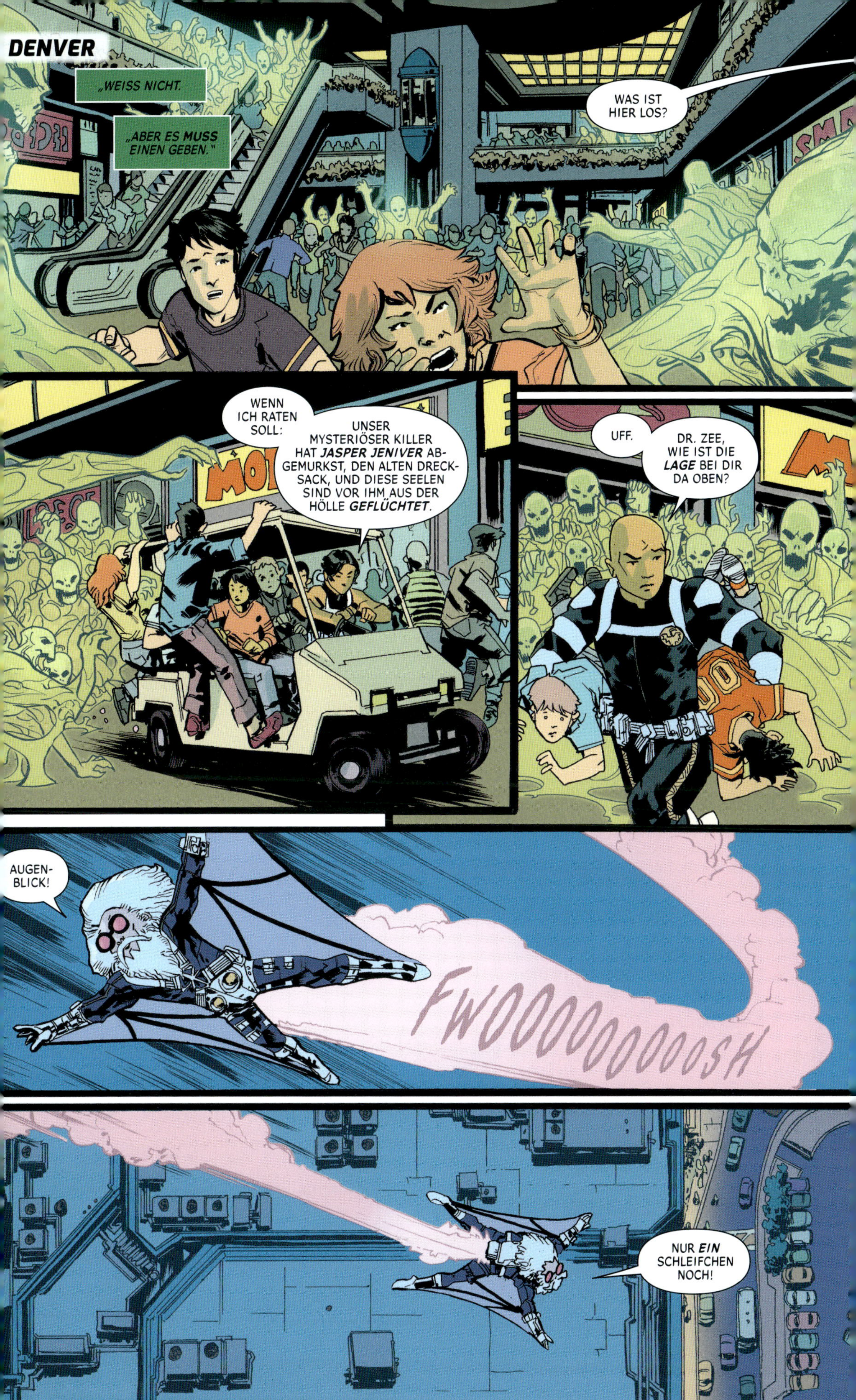
DENVER
„WEISS NICHT.
„ABER ES MUSS EINEN GEBEN."
WAS IST HIER LOS?
WENN ICH RATEN SOLL:
UNSER MYSTERIÖSER KILLER HAT JASPER JENIVER ABGEMURKST, DEN ALTEN DRECKSACK, UND DIESE SEELEN SIND VOR IHM AUS DER HÖLLE GEFLÜCHTET.
UFF.
DR. ZEE, WIE IST DIE LAGE BEI DIR DA OBEN?
AUGENBLICK!
FWOOOOOOOOOOSH
NUR EIN SCHLEIFCHEN NOCH!

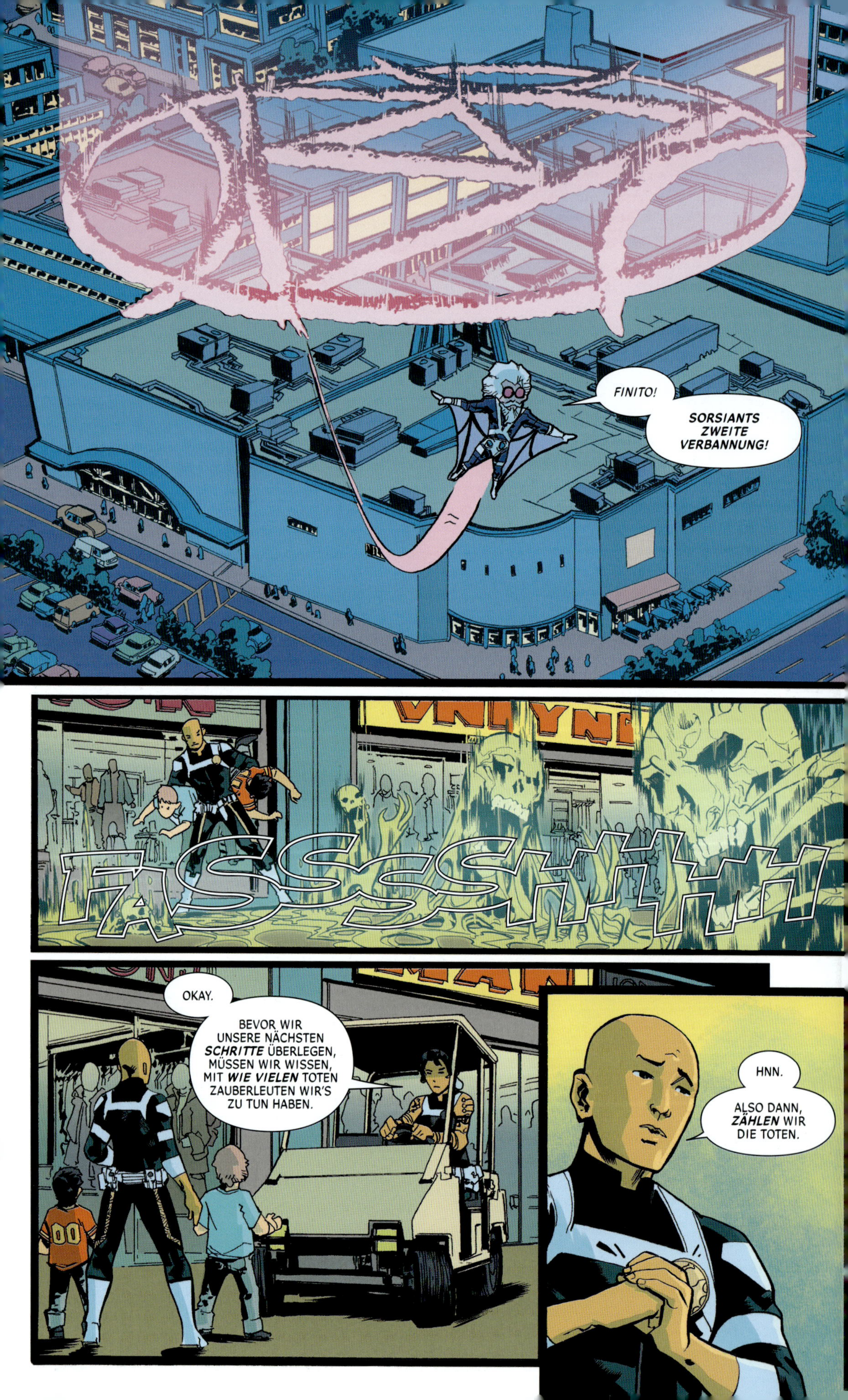

FINITO!
SORSIANTS ZWEITE VERBANNUNG!

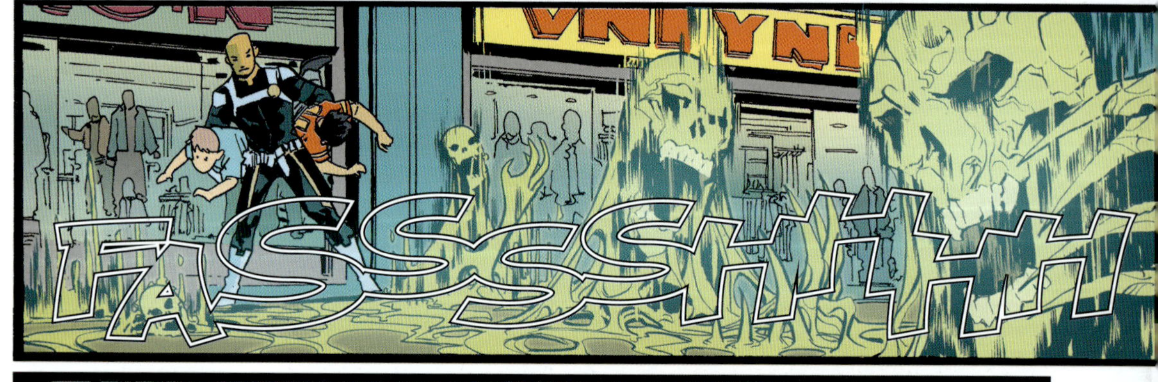

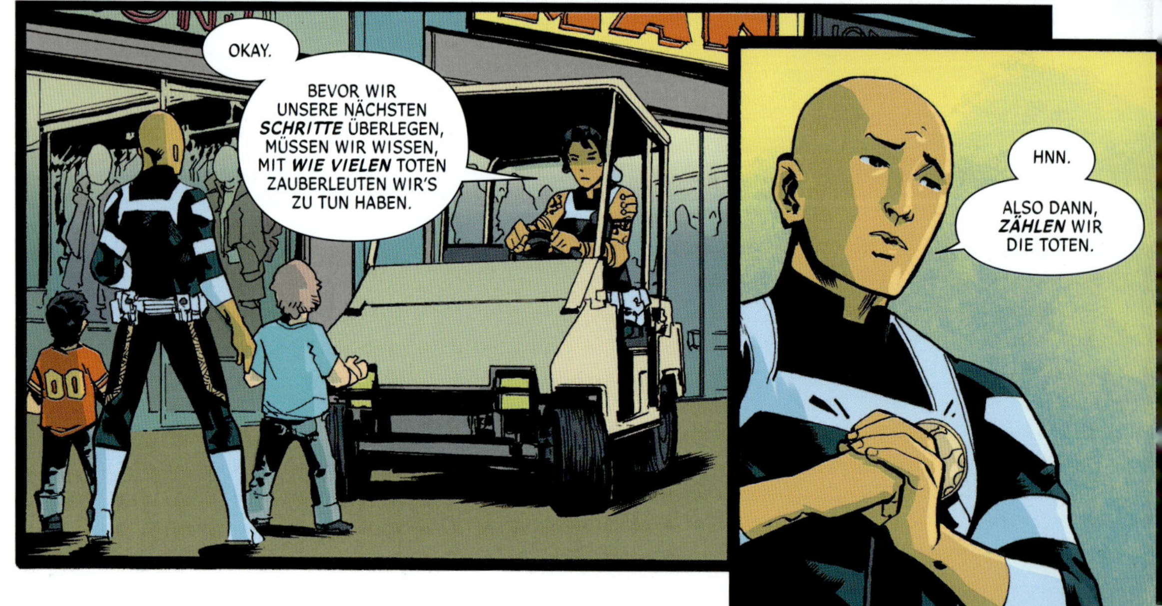

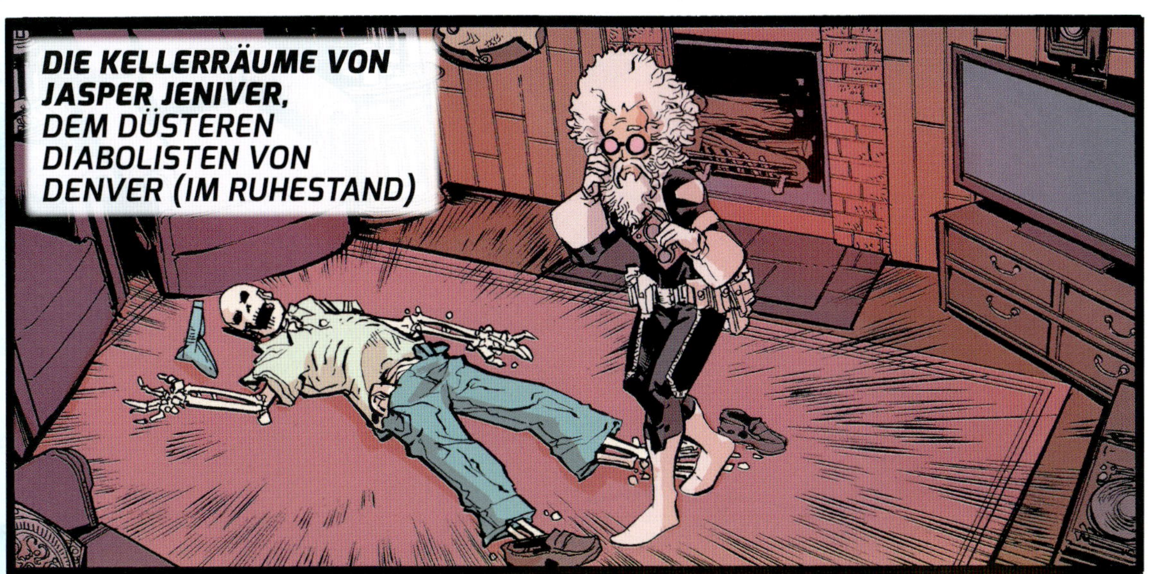
DIE KELLERRÄUME VON JASPER JENIVER, DEM DÜSTEREN DIABOLISTEN VON DENVER (IM RUHESTAND)
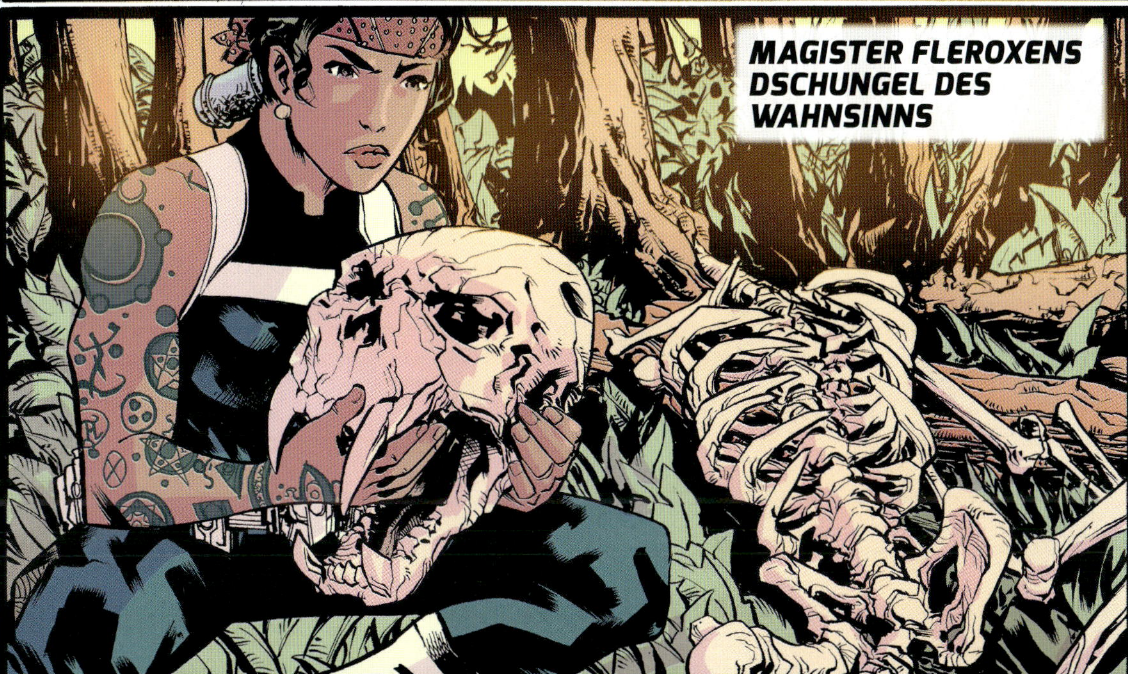
MAGISTER FLEROXENS DSCHUNGEL DES WAHNSINNS
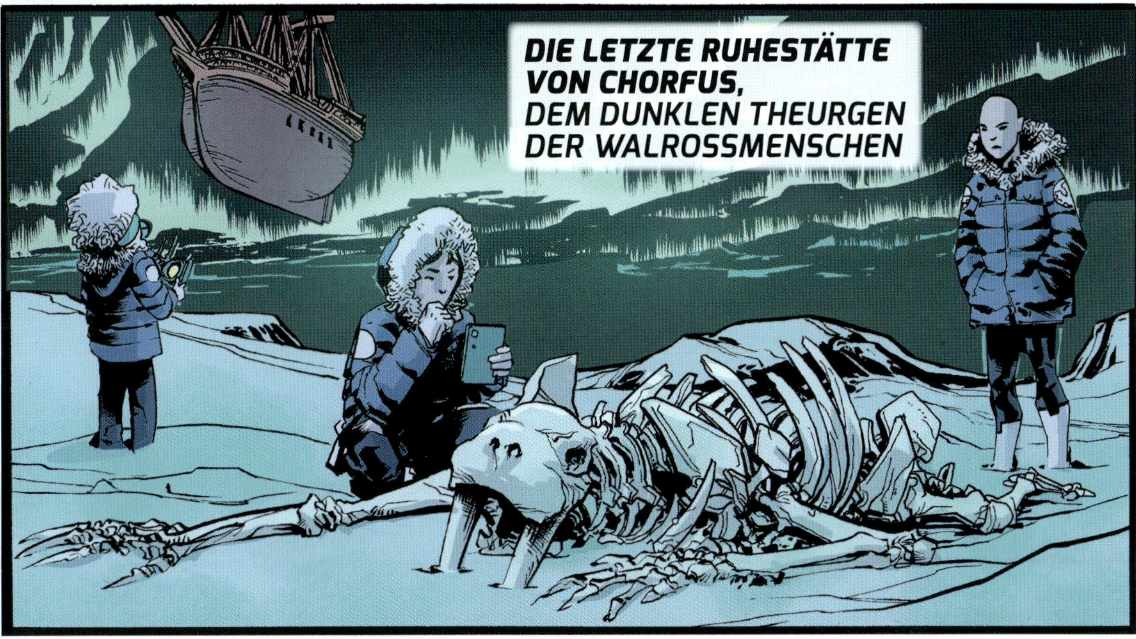
DIE LETZTE RUHESTÄTTE VON CHORFUS, DEM DUNKLEN THEURGEN DER WALROSSMENSCHEN

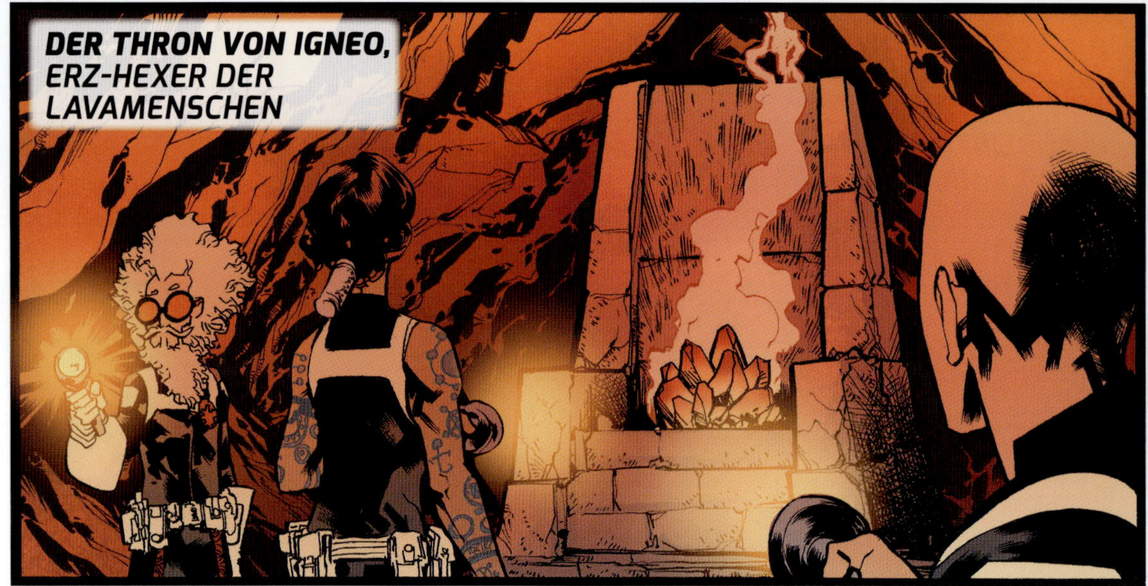
DER THRON VON IGNEO,
ERZ-HEXER DER
LAVAMENSCHEN

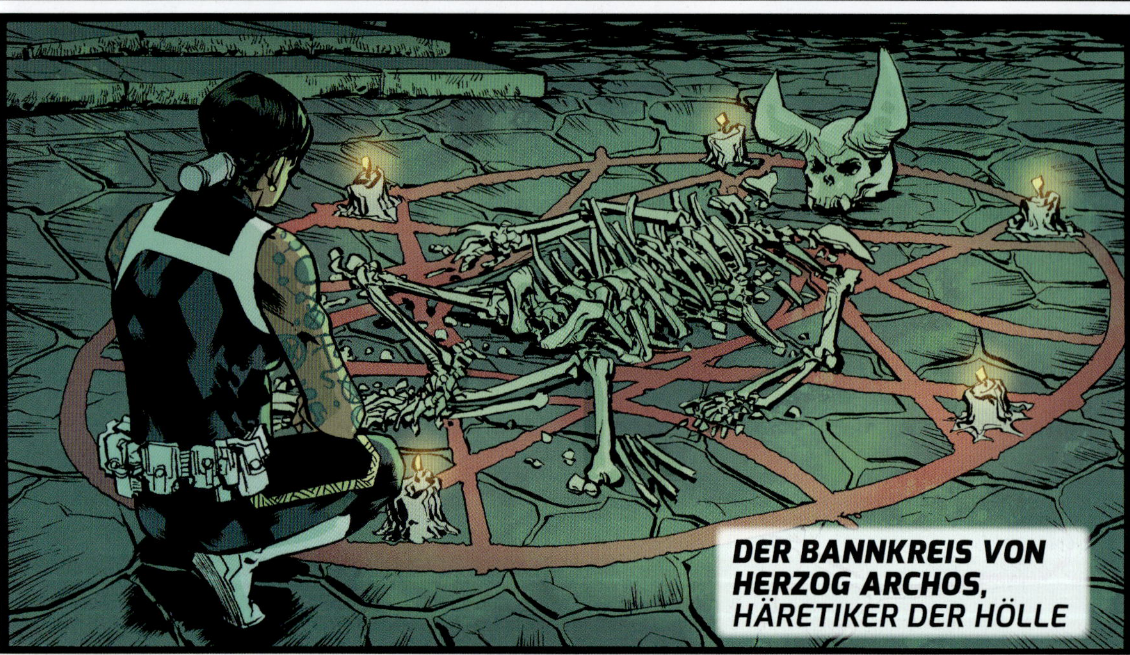
DER BANNKREIS VON
HERZOG ARCHOS,
HÄRETIKER DER HÖLLE

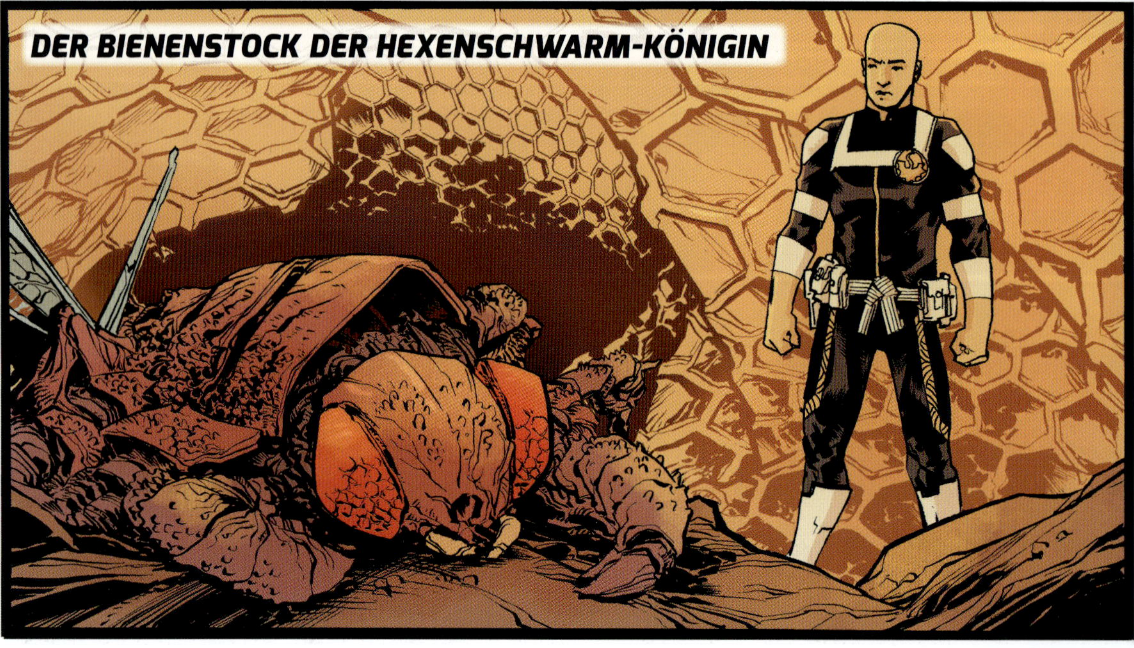
DER BIENENSTOCK DER HEXENSCHWARM-KÖNIGIN

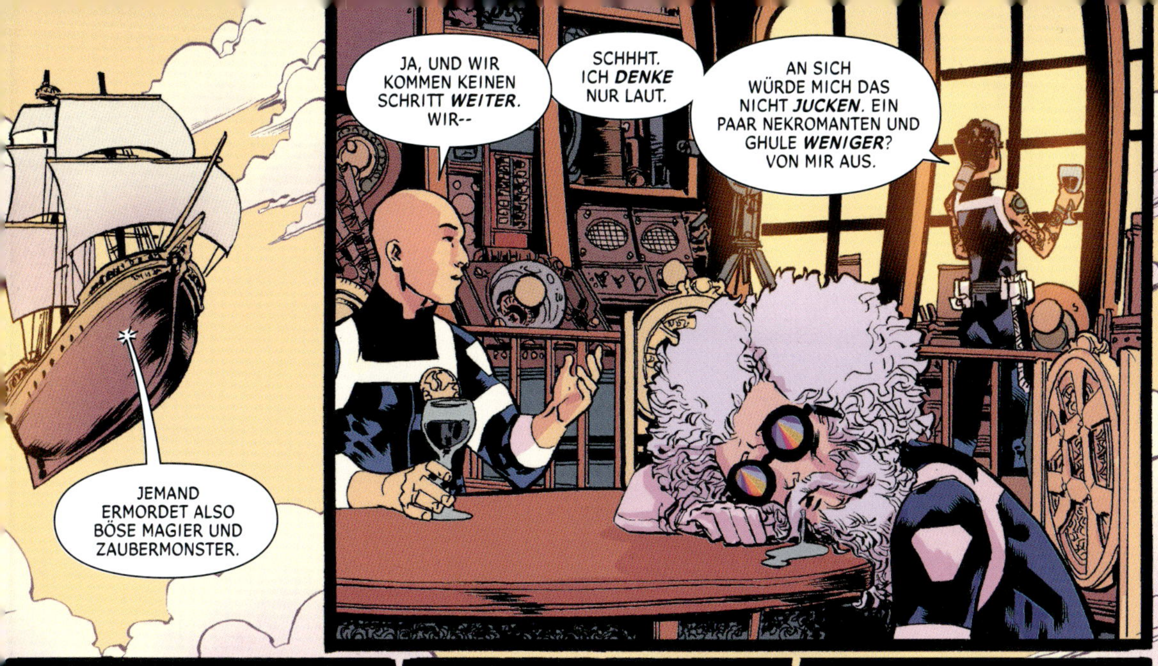
JEMAND ERMORDET ALSO BÖSE MAGIER UND ZAUBERMONSTER.
JA, UND WIR KOMMEN KEINEN SCHRITT WEITER. WIR--
SCHHHT. ICH DENKE NUR LAUT.
AN SICH WÜRDE MICH DAS NICHT JUCKEN. EIN PAAR NEKROMANTEN UND GHULE WENIGER? VON MIR AUS.

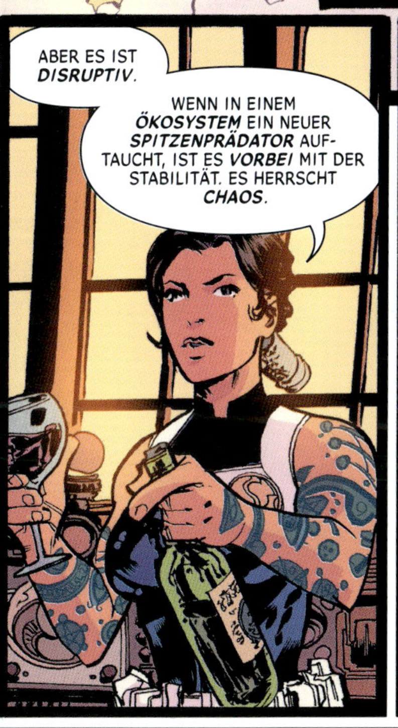
ABER ES IST DISRUPTIV.
WENN IN EINEM ÖKOSYSTEM EIN NEUER SPITZENPRÄDATOR AUFTAUCHT, IST ES VORBEI MIT DER STABILITÄT. ES HERRSCHT CHAOS.

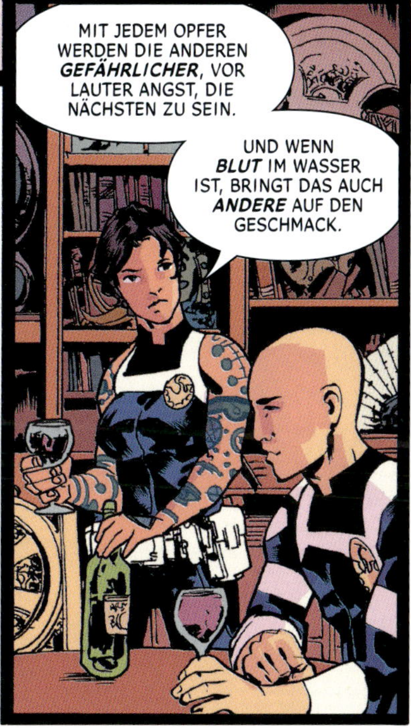
MIT JEDEM OPFER WERDEN DIE ANDEREN GEFÄHRLICHER, VOR LAUTER ANGST, DIE NÄCHSTEN ZU SEIN.
UND WENN BLUT IM WASSER IST, BRINGT DAS AUCH ANDERE AUF DEN GESCHMACK.

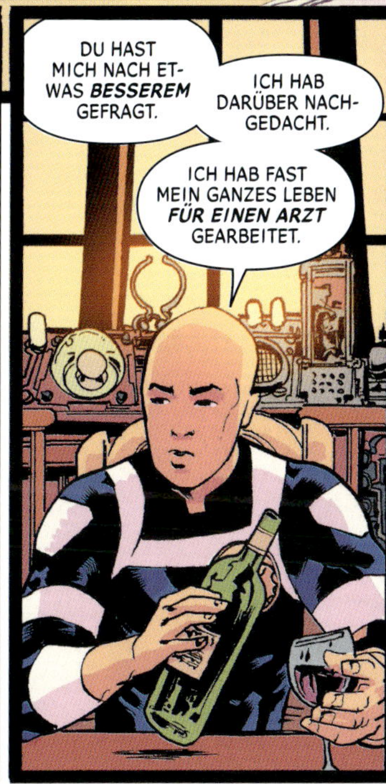
DU HAST MICH NACH ETWAS BESSEREM GEFRAGT.
ICH HAB DARÜBER NACHGEDACHT.
ICH HAB FAST MEIN GANZES LEBEN FÜR EINEN ARZT GEARBEITET.

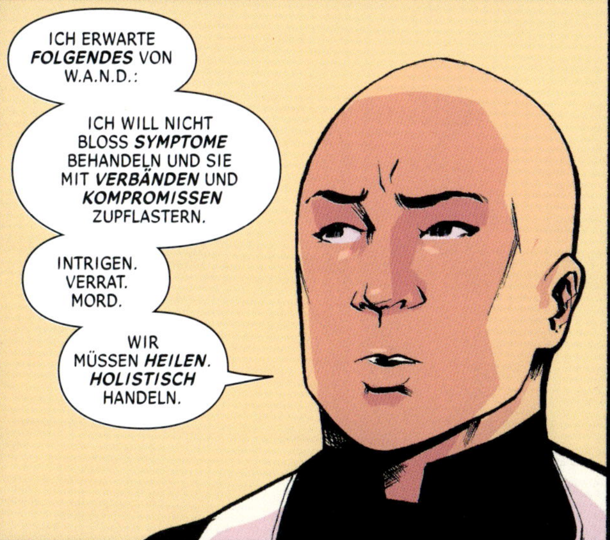
ICH ERWARTE FOLGENDES VON W.A.N.D.:
ICH WILL NICHT BLOSS SYMPTOME BEHANDELN UND SIE MIT VERBÄNDEN UND KOMPROMISSEN ZUPFLASTERN.
INTRIGEN. VERRAT. MORD.
WIR MÜSSEN HEILEN. HOLISTISCH HANDELN.

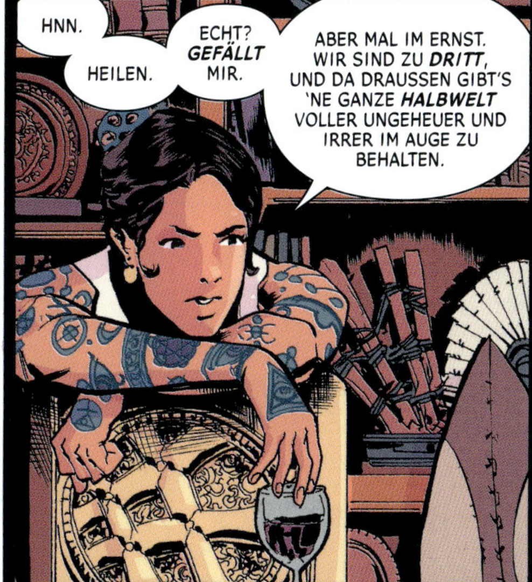
HNN.
HEILEN.
ECHT? GEFÄLLT MIR.
ABER MAL IM ERNST. WIR SIND ZU DRITT, UND DA DRAUSSEN GIBT'S 'NE GANZE HALBWELT VOLLER UNGEHEUER UND IRRER IM AUGE ZU BEHALTEN.

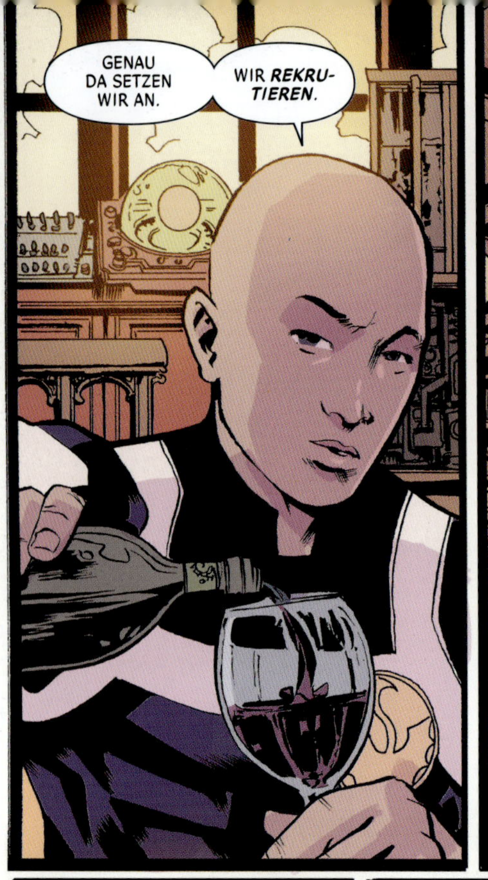
GENAU DA SETZEN WIR AN.
WIR REKRUTIEREN.

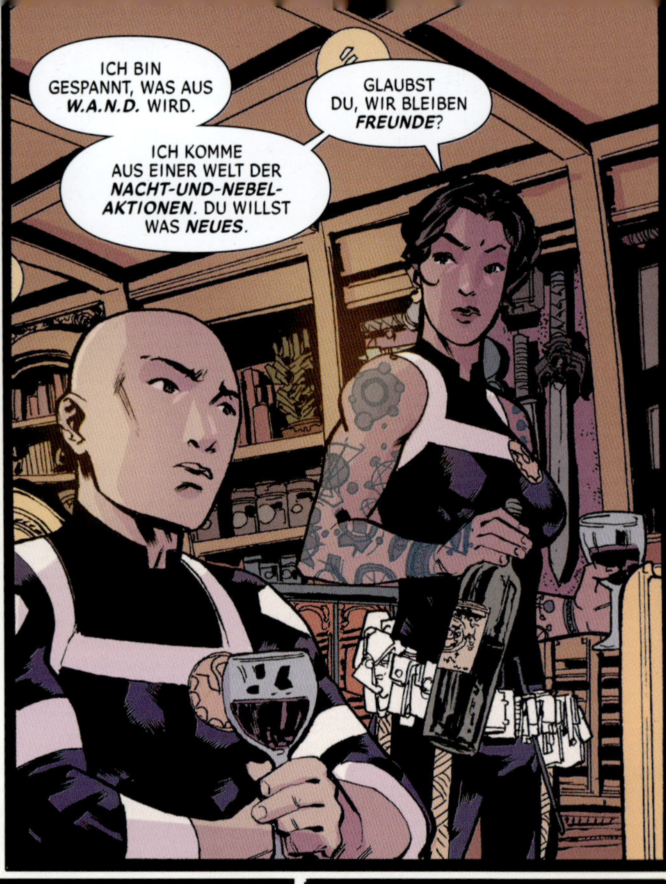
ICH BIN GESPANNT, WAS AUS W.A.N.D. WIRD.
ICH KOMME AUS EINER WELT DER NACHT-UND-NEBEL-AKTIONEN. DU WILLST WAS NEUES.
GLAUBST DU, WIR BLEIBEN FREUNDE?

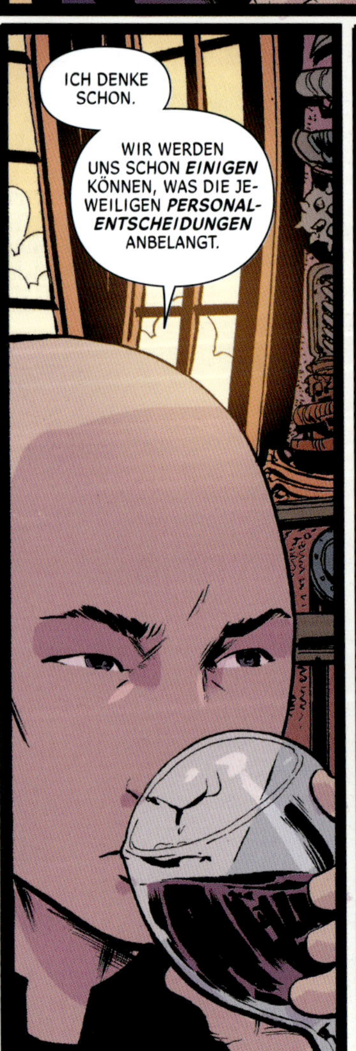
ICH DENKE SCHON.
WIR WERDEN UNS SCHON EINIGEN KÖNNEN, WAS DIE JEWEILIGEN PERSONALENTSCHEIDUNGEN ANBELANGT.

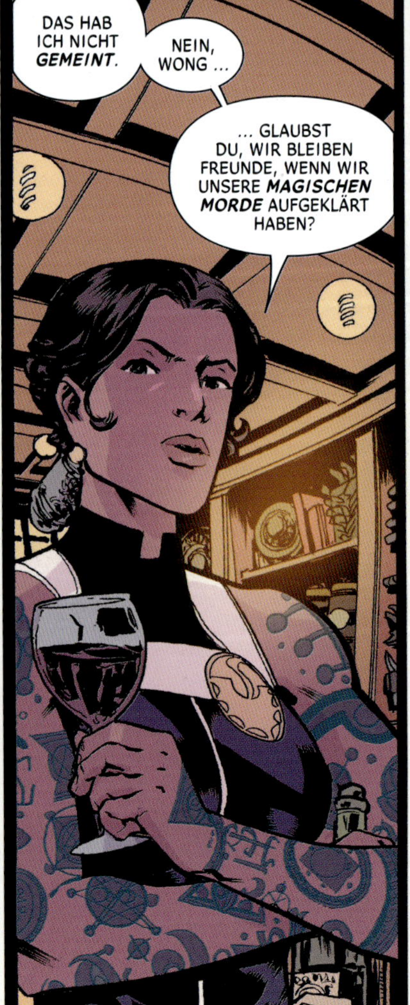
DAS HAB ICH NICHT GEMEINT.
NEIN, WONG ...
... GLAUBST DU, WIR BLEIBEN FREUNDE, WENN WIR UNSERE MAGISCHEN MORDE AUFGEKLÄRT HABEN?

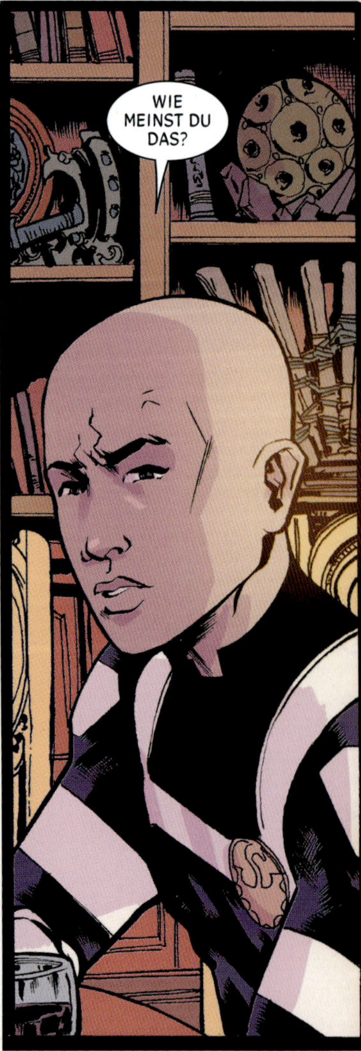
WIE MEINST DU DAS?

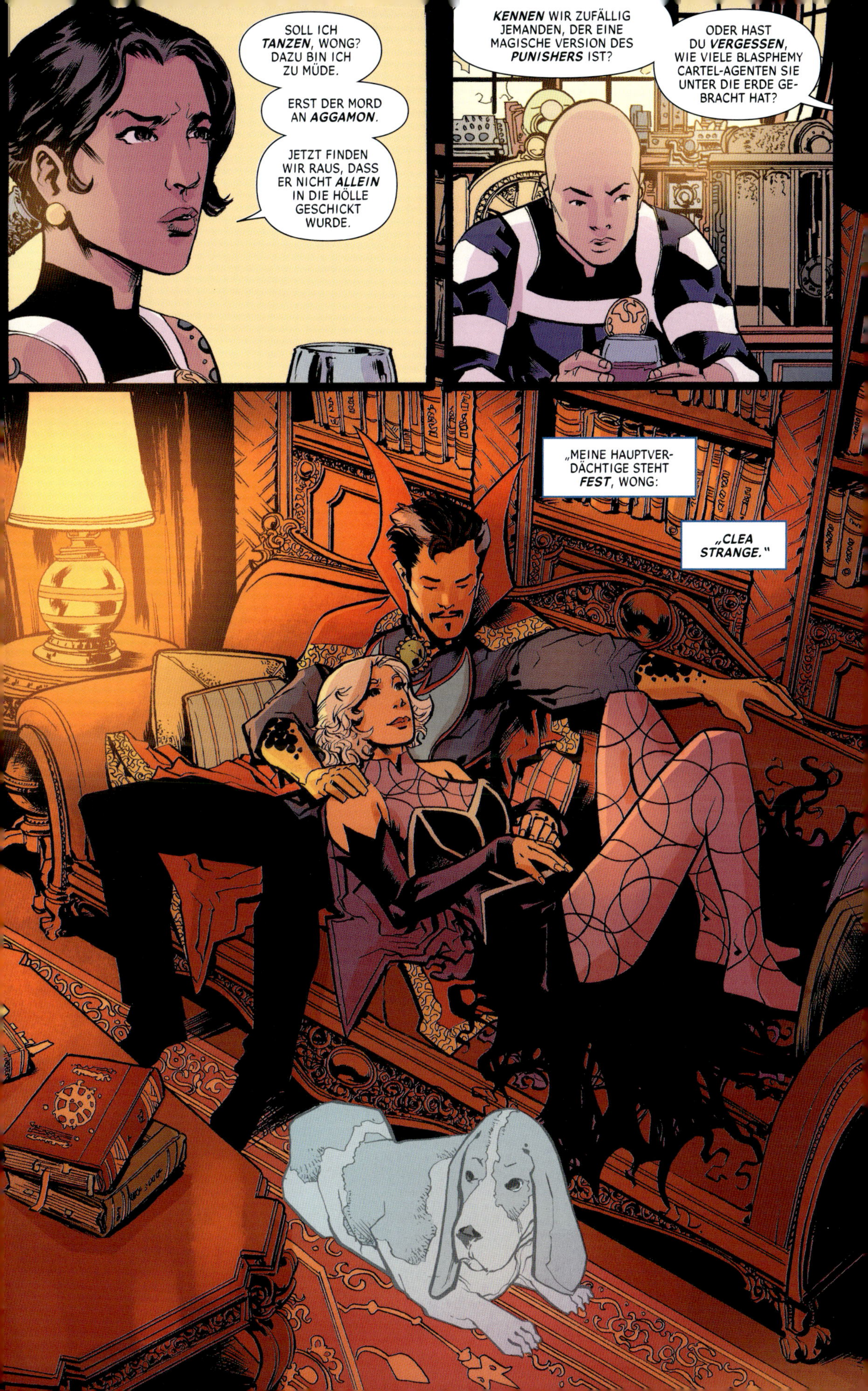
SOLL ICH TANZEN, WONG? DAZU BIN ICH ZU MÜDE.
ERST DER MORD AN AGGAMON.
JETZT FINDEN WIR RAUS, DASS ER NICHT ALLEIN IN DIE HÖLLE GESCHICKT WURDE.
KENNEN WIR ZUFÄLLIG JEMANDEN, DER EINE MAGISCHE VERSION DES PUNISHERS IST?
ODER HAST DU VERGESSEN, WIE VIELE BLASPHEMY CARTEL-AGENTEN SIE UNTER DIE ERDE GEBRACHT HAT?
„MEINE HAUPTVERDÄCHTIGE STEHT FEST, WONG:
„CLEA STRANGE."

DIE INFERNALE HOCHZEIT

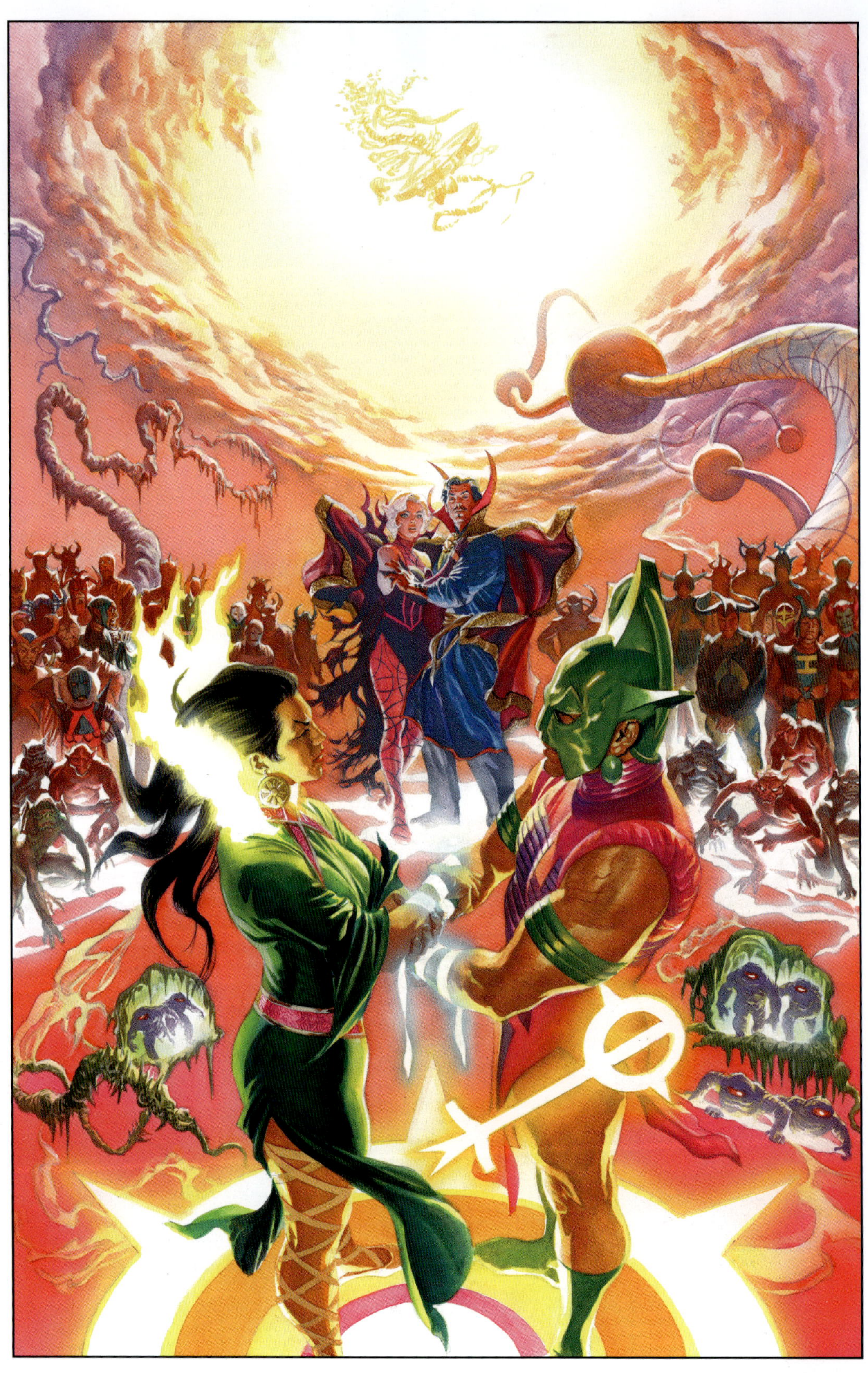

Doctor Strange (2023) 5
Cover von **ALEX ROSS**

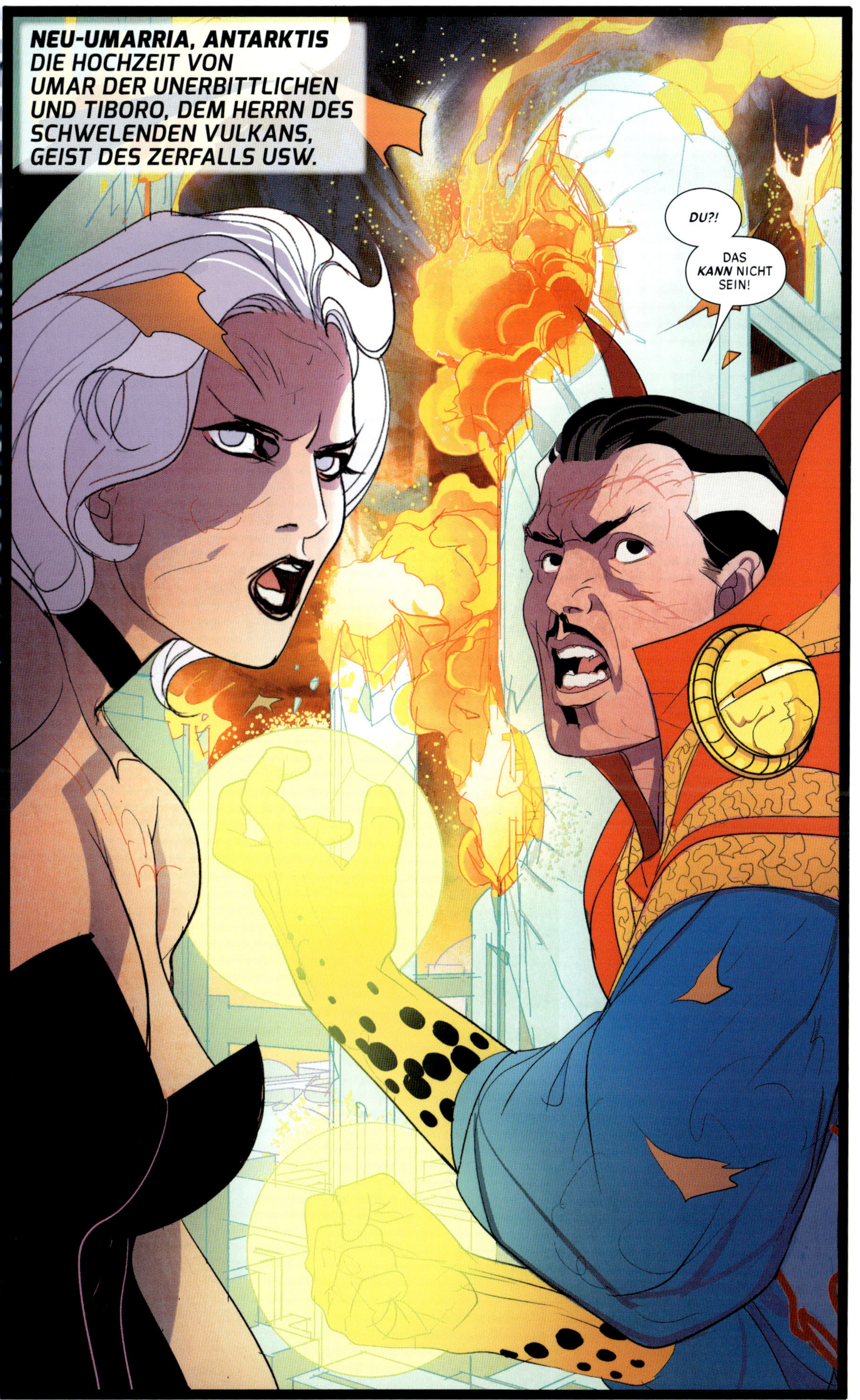
NEU-UMARRIA, ANTARKTIS
DIE HOCHZEIT VON UMAR DER UNERBITTLICHEN UND TIBORO, DEM HERRN DES SCHWELENDEN VULKANS, GEIST DES ZERFALLS USW.
DU?!
DAS *KANN* NICHT SEIN!

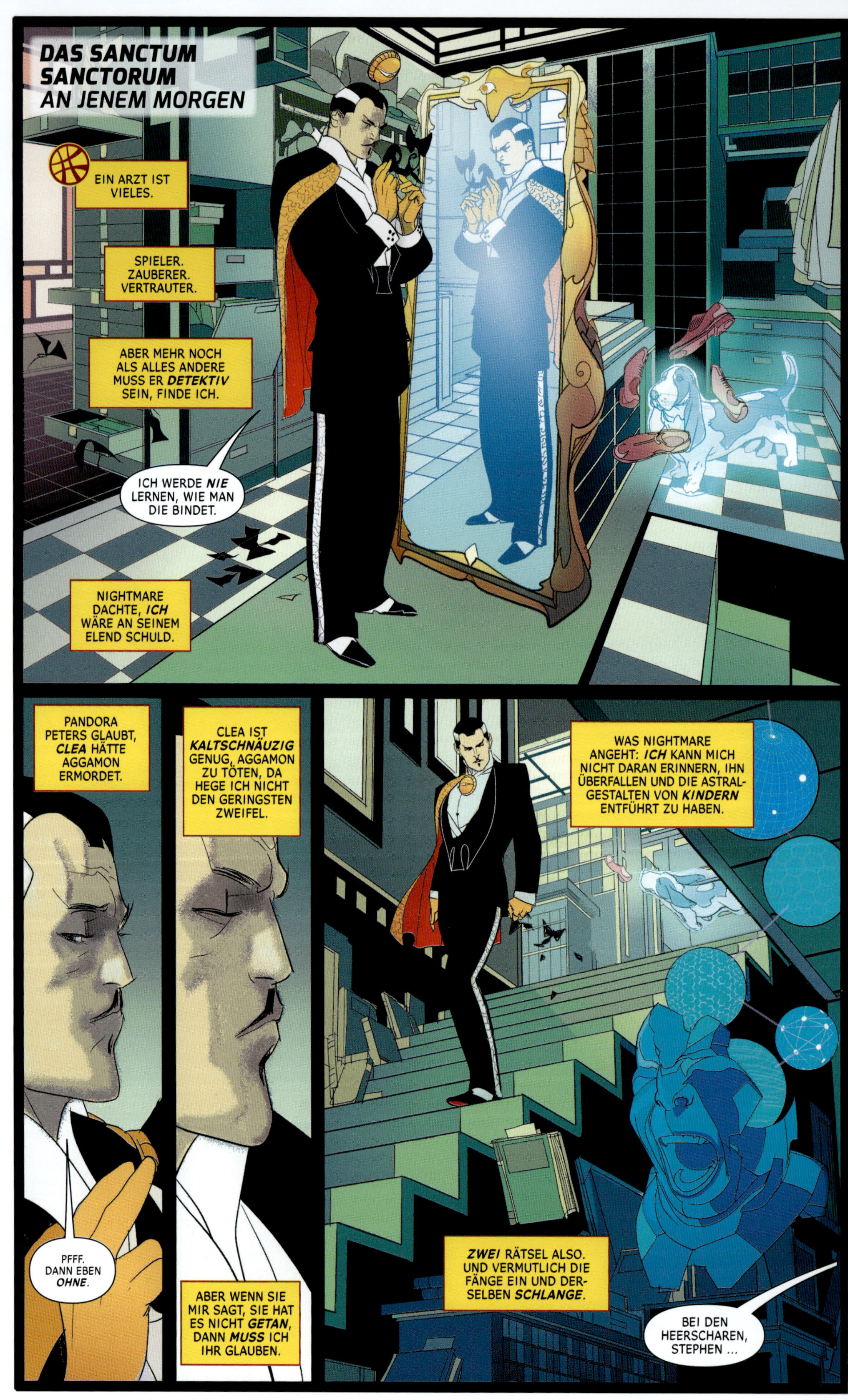
DAS SANCTUM SANCTORUM AN JENEM MORGEN
EIN ARZT IST VIELES.
SPIELER. ZAUBERER. VERTRAUTER.
ABER MEHR NOCH ALS ALLES ANDERE MUSS ER DETEKTIV SEIN, FINDE ICH.
ICH WERDE NIE LERNEN, WIE MAN DIE BINDET.
NIGHTMARE DACHTE, ICH WÄRE AN SEINEM ELEND SCHULD.
PANDORA PETERS GLAUBT, CLEA HÄTTE AGGAMON ERMORDET.
PFFF. DANN EBEN OHNE.
CLEA IST KALTSCHNÄUZIG GENUG, AGGAMON ZU TÖTEN, DA HEGE ICH NICHT DEN GERINGSTEN ZWEIFEL.
ABER WENN SIE MIR SAGT, SIE HAT ES NICHT GETAN, DANN MUSS ICH IHR GLAUBEN.
WAS NIGHTMARE ANGEHT: ICH KANN MICH NICHT DARAN ERINNERN, IHN ÜBERFALLEN UND DIE ASTRALGESTALTEN VON KINDERN ENTFÜHRT ZU HABEN.
ZWEI RÄTSEL ALSO. UND VERMUTLICH DIE FÄNGE EIN UND DERSELBEN SCHLANGE.
BEI DEN HEERSCHAREN, STEPHEN ...

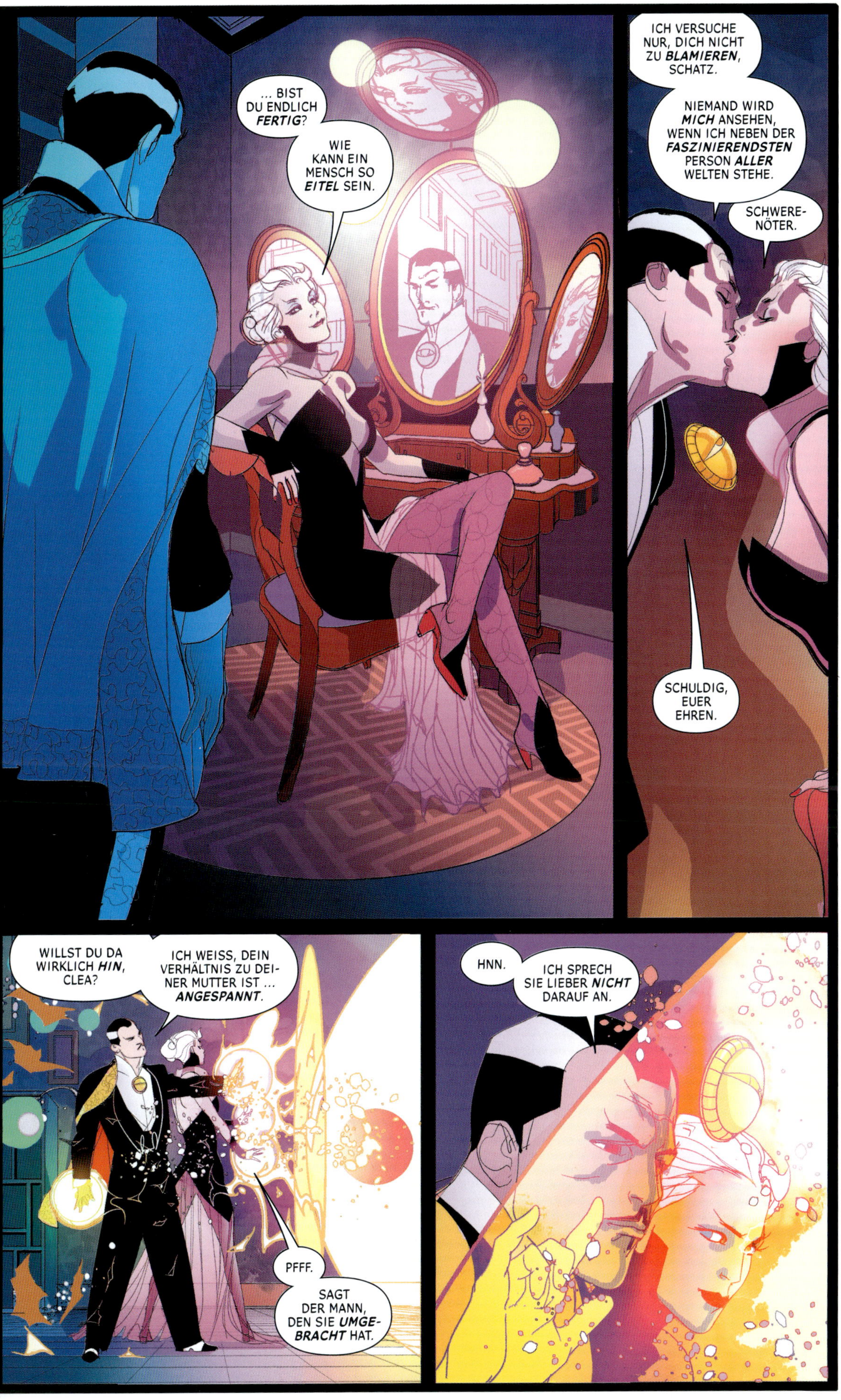

... BIST DU ENDLICH *FERTIG*?
WIE KANN EIN MENSCH SO *EITEL* SEIN.

ICH VERSUCHE NUR, DICH NICHT ZU *BLAMIEREN*, SCHATZ.
NIEMAND WIRD *MICH* ANSEHEN, WENN ICH NEBEN DER *FASZINIERENDSTEN* PERSON *ALLER* WELTEN STEHE.
SCHWERE-NÖTER.
SCHULDIG, EUER EHREN.

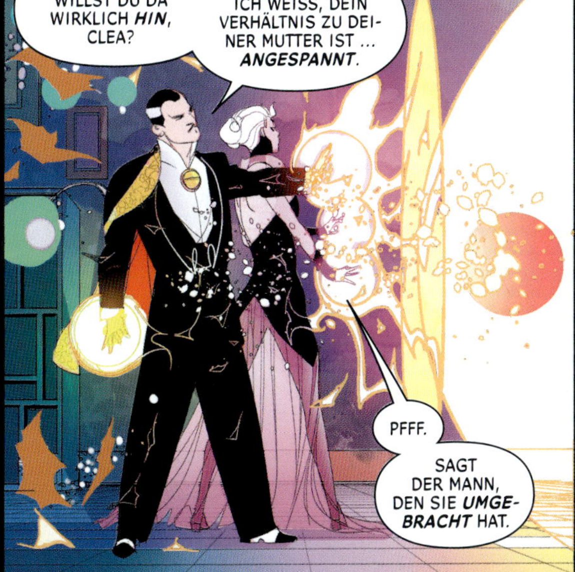

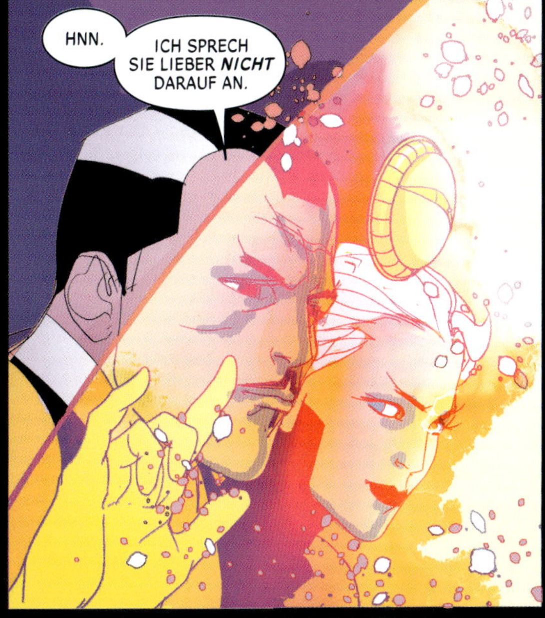

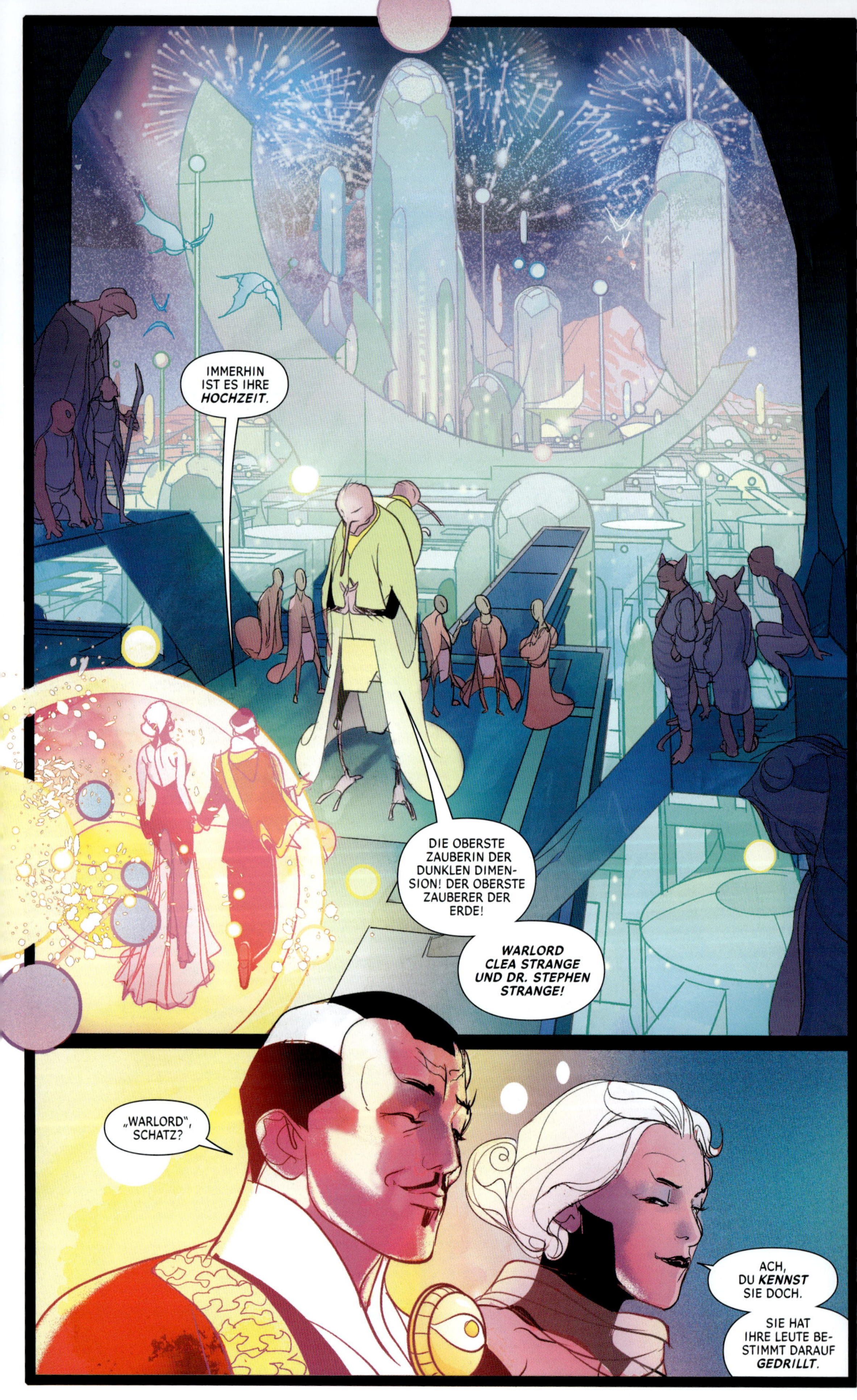
IMMERHIN IST ES IHRE *HOCHZEIT*.
DIE OBERSTE ZAUBERIN DER DUNKLEN DIMENSION! DER OBERSTE ZAUBERER DER ERDE!
WARLORD CLEA STRANGE UND DR. STEPHEN STRANGE!
„WARLORD“, SCHATZ?
ACH, DU *KENNST* SIE DOCH.
SIE HAT IHRE LEUTE BESTIMMT DARAUF *GEDRILLT*.

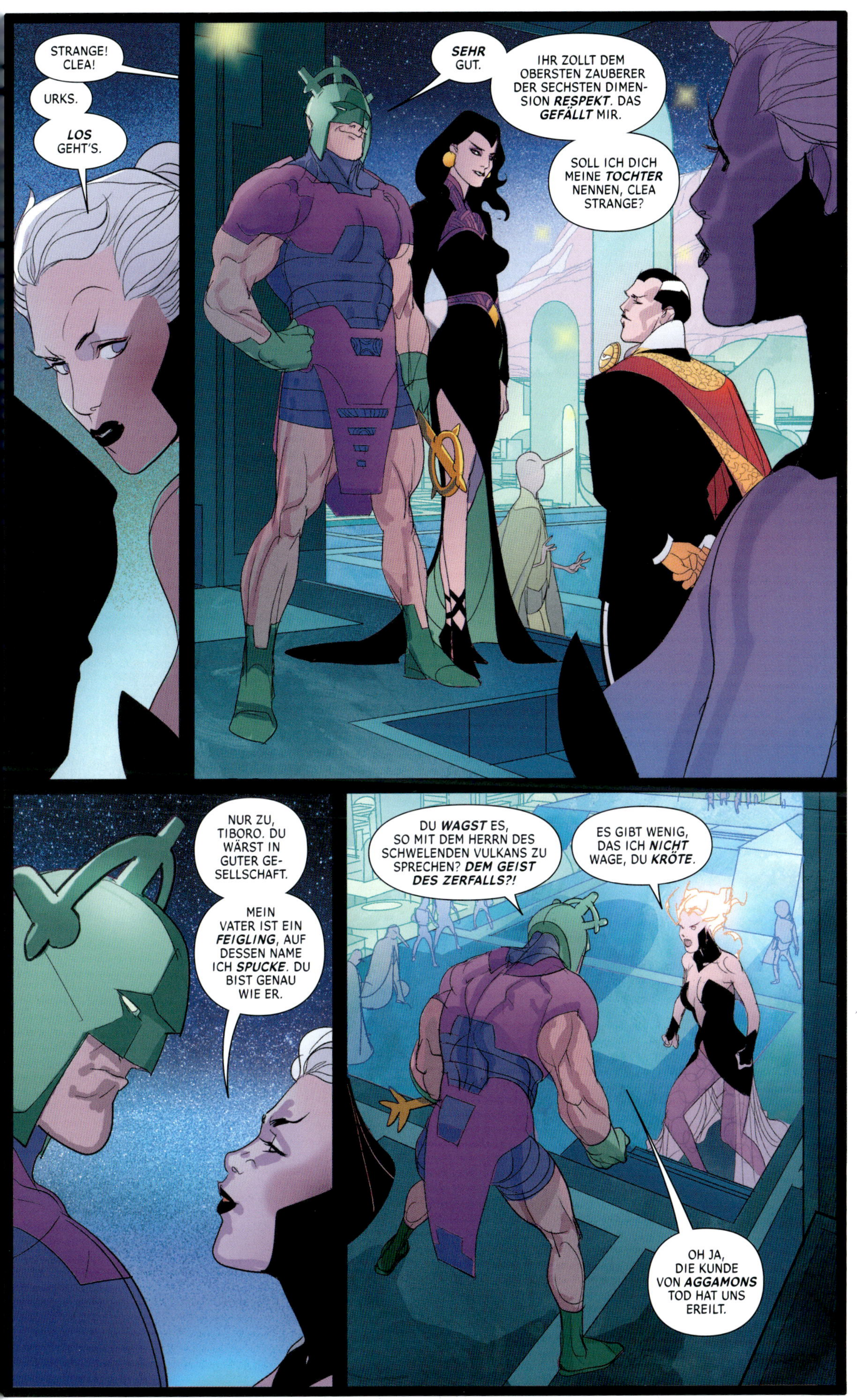
STRANGE! CLEA!
URKS.
LOS GEHT'S.
SEHR GUT.
IHR ZOLLT DEM OBERSTEN ZAUBERER DER SECHSTEN DIMENSION RESPEKT. DAS GEFÄLLT MIR.
SOLL ICH DICH MEINE TOCHTER NENNEN, CLEA STRANGE?
NUR ZU, TIBORO. DU WÄRST IN GUTER GESELLSCHAFT.
MEIN VATER IST EIN FEIGLING, AUF DESSEN NAME ICH SPUCKE. DU BIST GENAU WIE ER.
DU WAGST ES, SO MIT DEM HERRN DES SCHWELENDEN VULKANS ZU SPRECHEN? DEM GEIST DES ZERFALLS?!
ES GIBT WENIG, DAS ICH NICHT WAGE, DU KRÖTE.
OH JA, DIE KUNDE VON AGGAMONS TOD HAT UNS EREILT.

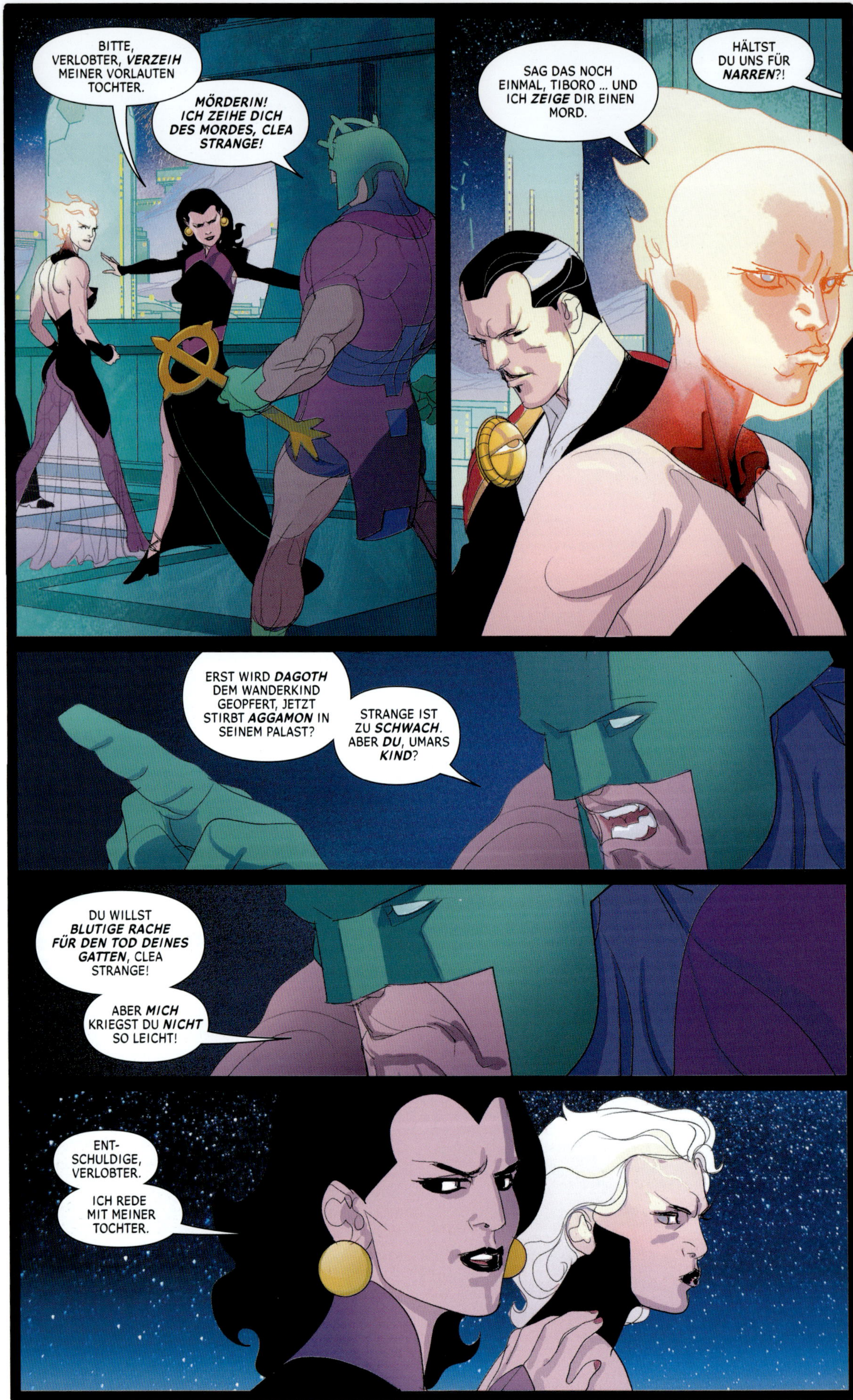
BITTE, VERLOBTER, VERZEIH MEINER VORLAUTEN TOCHTER.
MÖRDERIN! ICH ZEIHE DICH DES MORDES, CLEA STRANGE!
SAG DAS NOCH EINMAL, TIBORO ... UND ICH ZEIGE DIR EINEN MORD.
HÄLTST DU UNS FÜR NARREN?!
ERST WIRD DAGOTH DEM WANDERKIND GEOPFERT, JETZT STIRBT AGGAMON IN SEINEM PALAST?
STRANGE IST ZU SCHWACH. ABER DU, UMARS KIND?
DU WILLST BLUTIGE RACHE FÜR DEN TOD DEINES GATTEN, CLEA STRANGE!
ABER MICH KRIEGST DU NICHT SO LEICHT!
ENT-SCHULDIGE, VERLOBTER.
ICH REDE MIT MEINER TOCHTER.

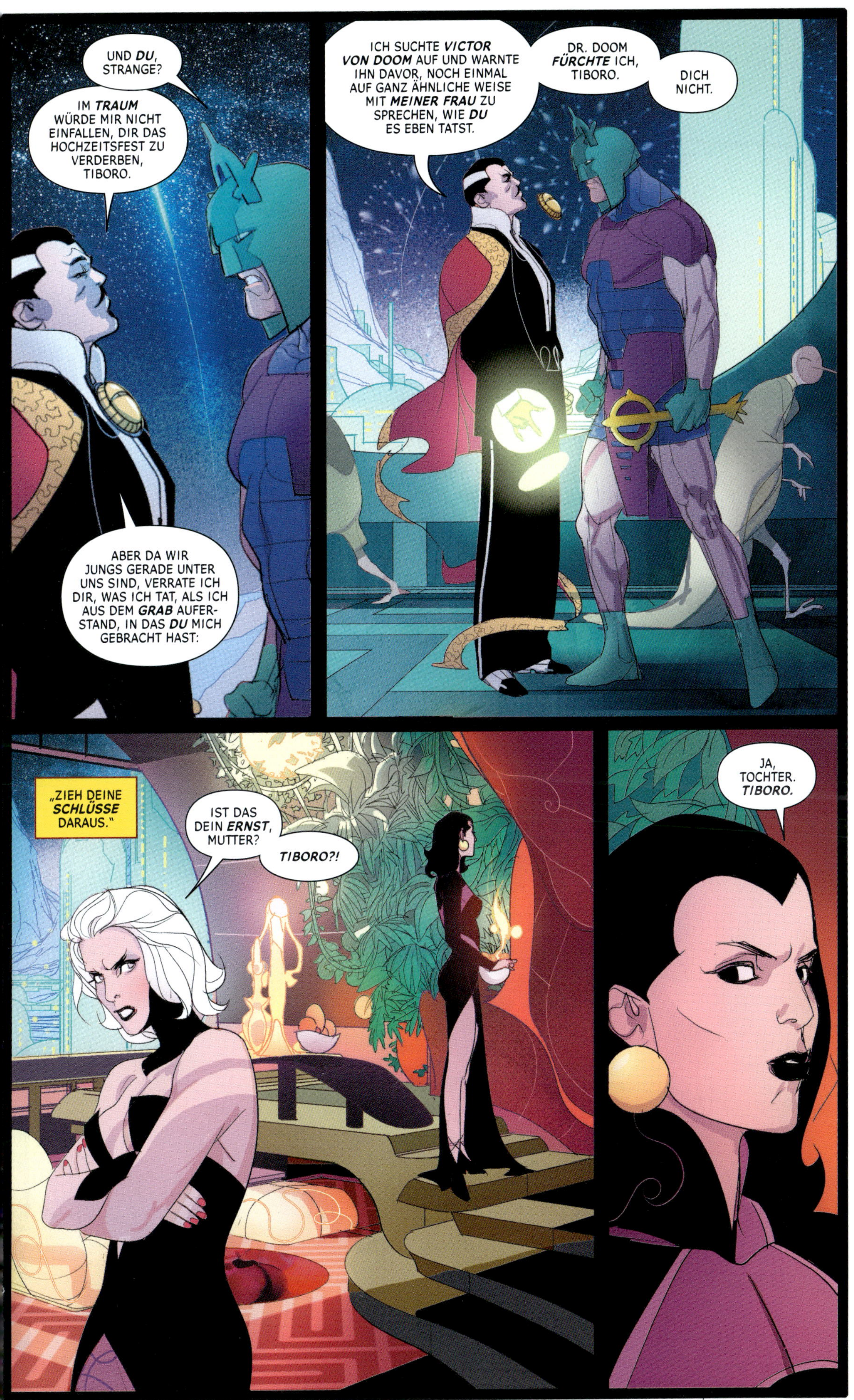
UND DU, STRANGE?
IM TRAUM WÜRDE MIR NICHT EINFALLEN, DIR DAS HOCHZEITSFEST ZU VERDERBEN, TIBORO.
ABER DA WIR JUNGS GERADE UNTER UNS SIND, VERRATE ICH DIR, WAS ICH TAT, ALS ICH AUS DEM GRAB AUFERSTAND, IN DAS DU MICH GEBRACHT HAST:
ICH SUCHTE VICTOR VON DOOM AUF UND WARNTE IHN DAVOR, NOCH EINMAL AUF GANZ ÄHNLICHE WEISE MIT MEINER FRAU ZU SPRECHEN, WIE DU ES EBEN TATST.
DR. DOOM FÜRCHTE ICH, TIBORO.
DICH NICHT.
„ZIEH DEINE SCHLÜSSE DARAUS."
IST DAS DEIN ERNST, MUTTER?
TIBORO?!
JA, TOCHTER. TIBORO.

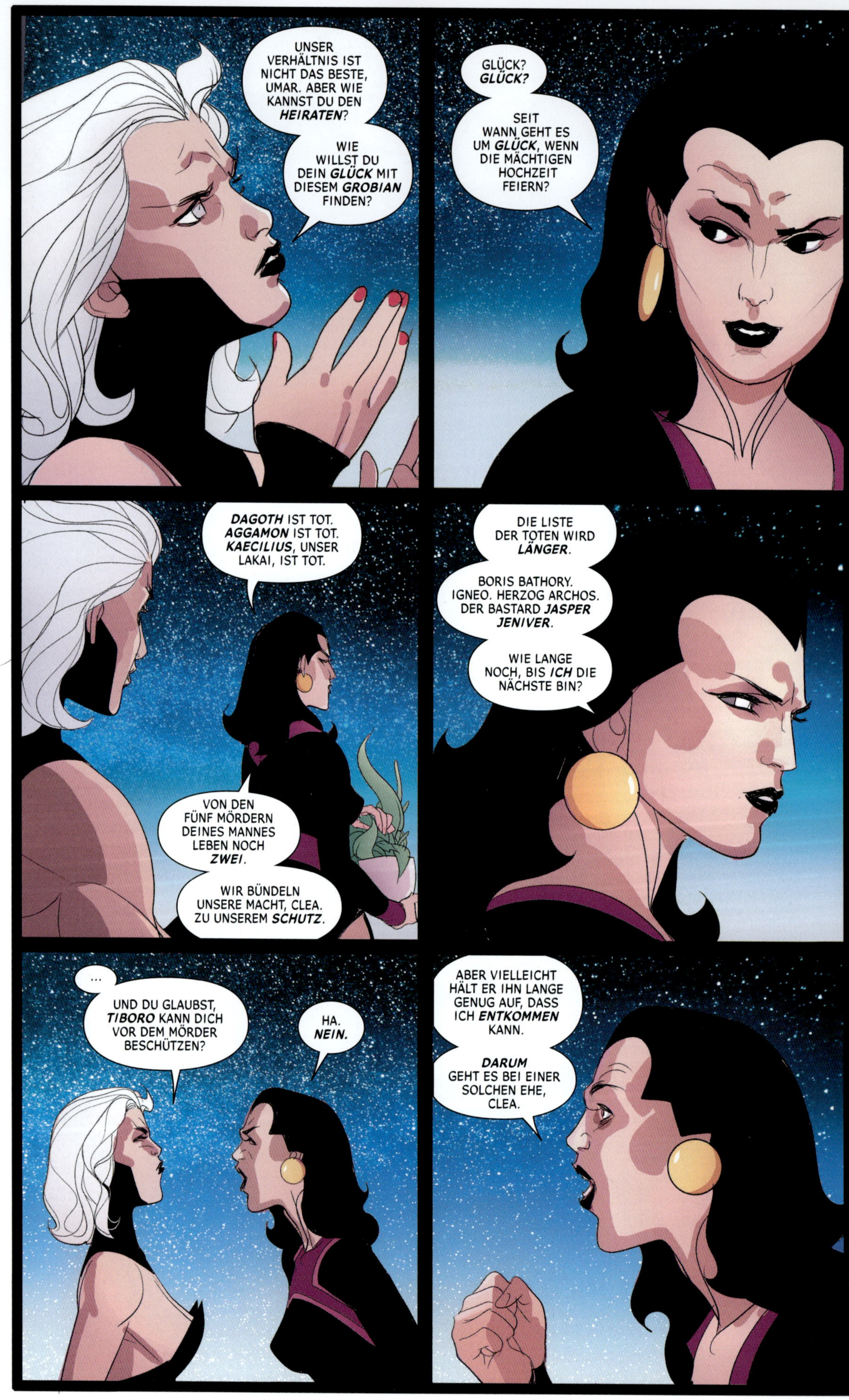
UNSER VERHÄLTNIS IST NICHT DAS BESTE, UMAR. ABER WIE KANNST DU DEN HEIRATEN?
WIE WILLST DU DEIN GLÜCK MIT DIESEM GROBIAN FINDEN?
GLÜCK? GLÜCK?
SEIT WANN GEHT ES UM GLÜCK, WENN DIE MÄCHTIGEN HOCHZEIT FEIERN?
DAGOTH IST TOT. AGGAMON IST TOT. KAECILIUS, UNSER LAKAI, IST TOT.
VON DEN FÜNF MÖRDERN DEINES MANNES LEBEN NOCH ZWEI.
WIR BÜNDELN UNSERE MACHT, CLEA. ZU UNSEREM SCHUTZ.
DIE LISTE DER TOTEN WIRD LÄNGER.
BORIS BATHORY. IGNEO. HERZOG ARCHOS. DER BASTARD JASPER JENIVER.
WIE LANGE NOCH, BIS ICH DIE NÄCHSTE BIN?
...
UND DU GLAUBST, TIBORO KANN DICH VOR DEM MÖRDER BESCHÜTZEN?
HA. NEIN.
ABER VIELLEICHT HÄLT ER IHN LANGE GENUG AUF, DASS ICH ENTKOMMEN KANN.
DARUM GEHT ES BEI EINER SOLCHEN EHE, CLEA.

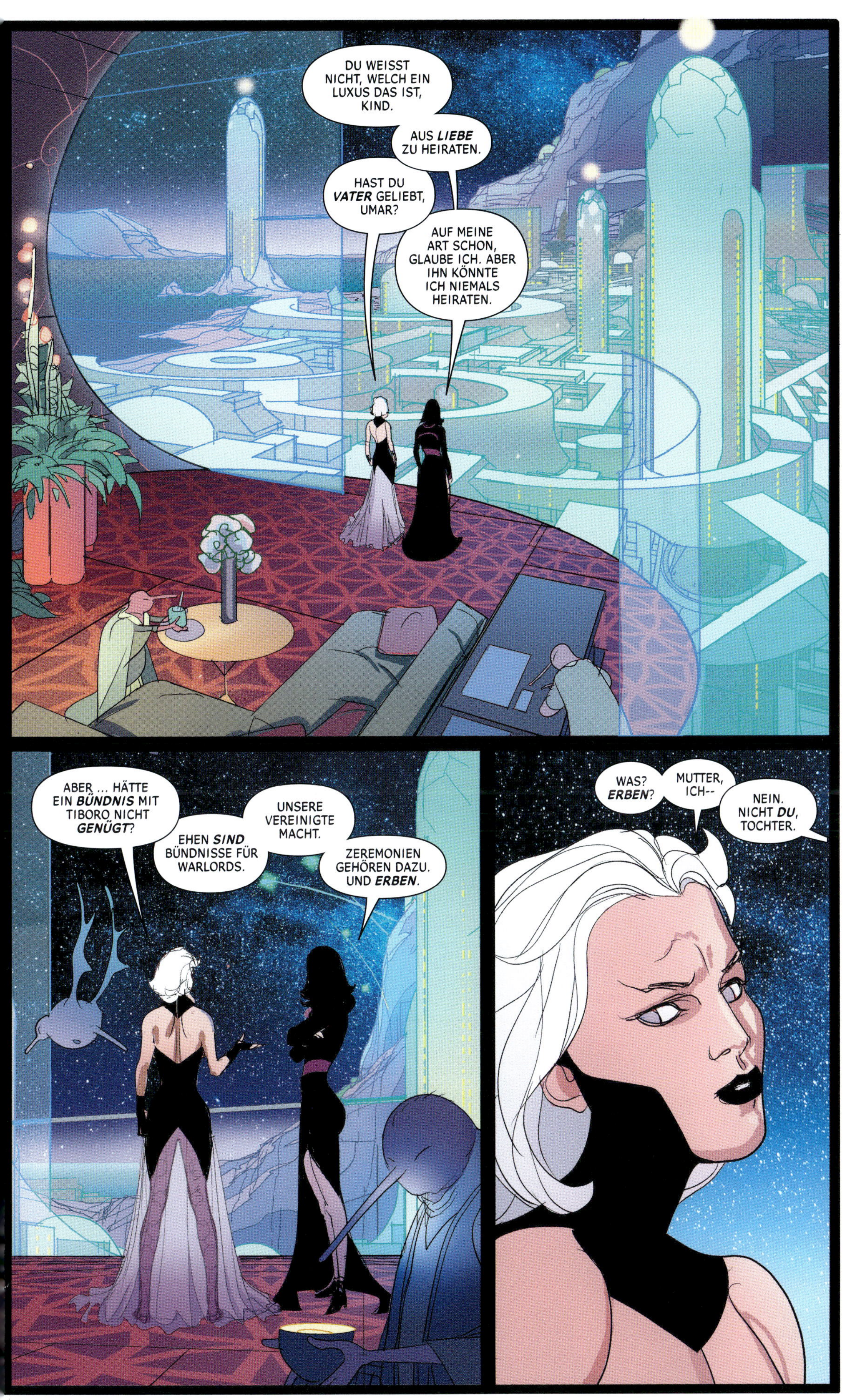
DU WEISST NICHT, WELCH EIN LUXUS DAS IST, KIND.
AUS *LIEBE* ZU HEIRATEN.
HAST DU *VATER* GELIEBT, UMAR?
AUF MEINE ART SCHON, GLAUBE ICH. ABER IHN KÖNNTE ICH NIEMALS HEIRATEN.
ABER ... HÄTTE EIN *BÜNDNIS* MIT TIBORO NICHT *GENÜGT*?
EHEN *SIND* BÜNDNISSE FÜR WARLORDS.
UNSERE VEREINIGTE MACHT.
ZEREMONIEN GEHÖREN DAZU. UND *ERBEN*.
WAS? *ERBEN*?
MUTTER, ICH--
NEIN. NICHT *DU*, TOCHTER.

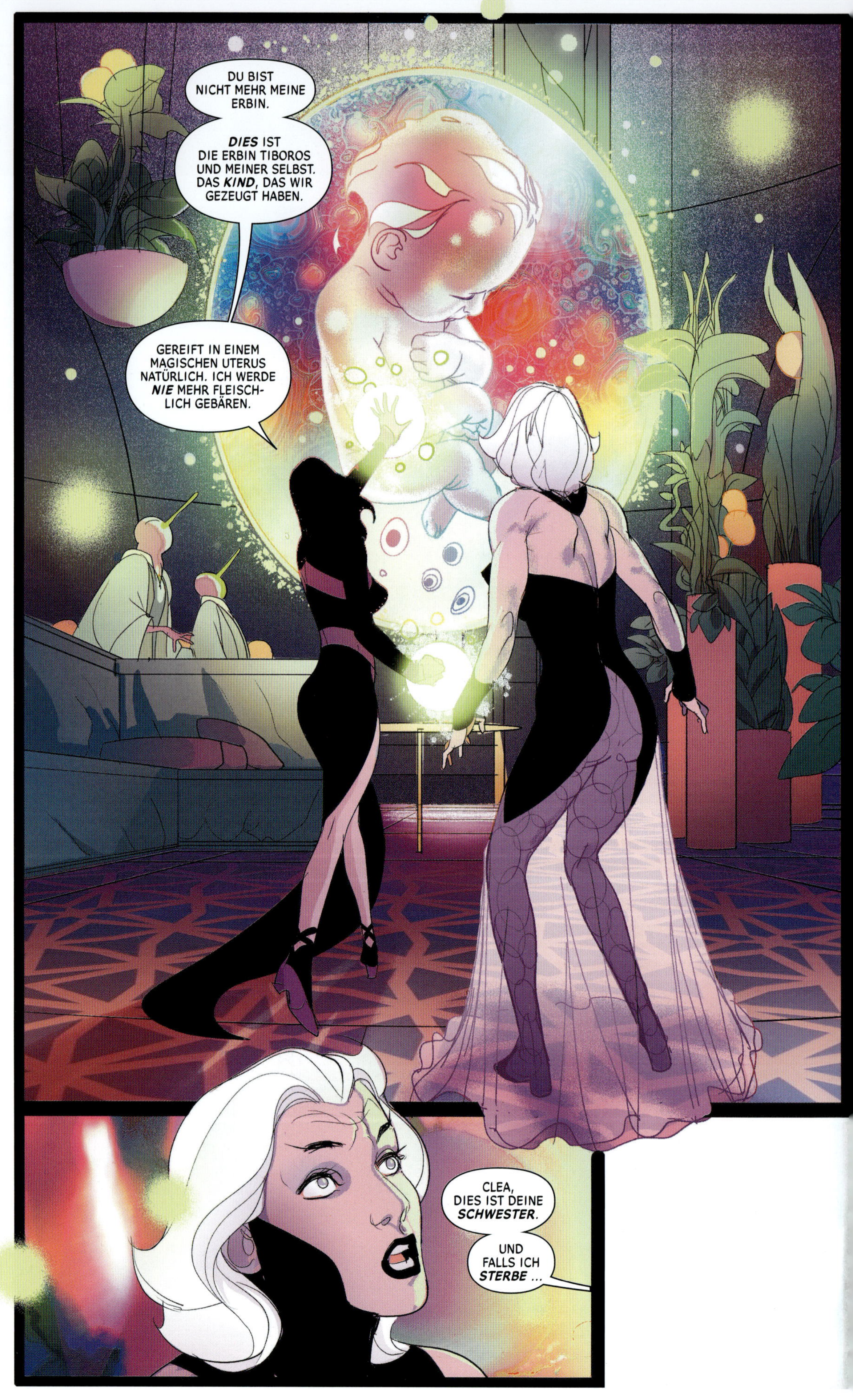
DU BIST NICHT MEHR MEINE ERBIN.
DIES IST DIE ERBIN TIBOROS UND MEINER SELBST. DAS KIND, DAS WIR GEZEUGT HABEN.
GEREIFT IN EINEM MAGISCHEN UTERUS NATÜRLICH. ICH WERDE NIE MEHR FLEISCH-LICH GEBÄREN.
CLEA, DIES IST DEINE SCHWESTER.
UND FALLS ICH STERBE ...

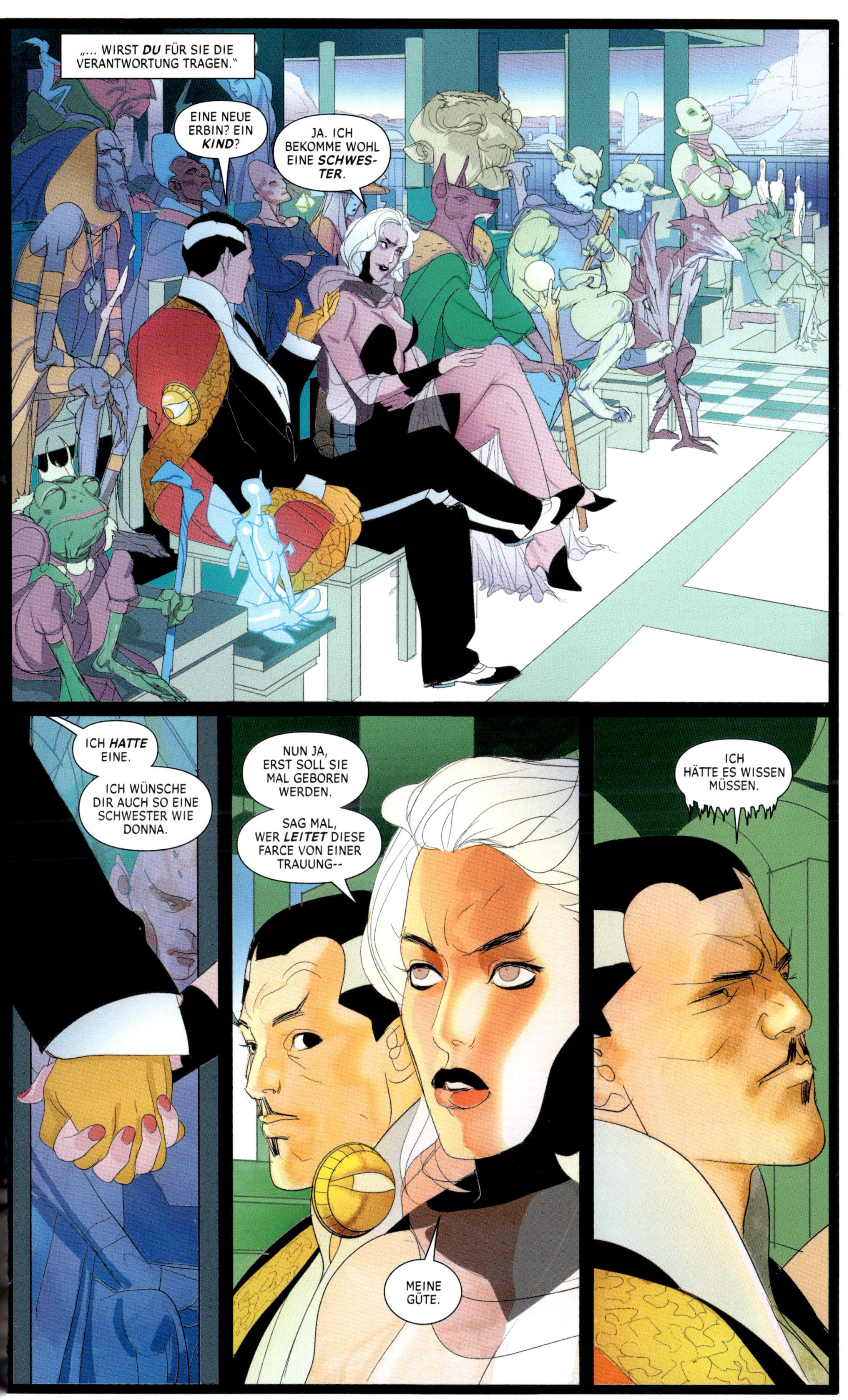
„... WIRST DU FÜR SIE DIE VERANTWORTUNG TRAGEN."
EINE NEUE ERBIN? EIN KIND?
JA. ICH BEKOMME WOHL EINE SCHWES-TER.
ICH HATTE EINE.
ICH WÜNSCHE DIR AUCH SO EINE SCHWESTER WIE DONNA.
NUN JA, ERST SOLL SIE MAL GEBOREN WERDEN.
SAG MAL, WER LEITET DIESE FARCE VON EINER TRAUUNG--
MEINE GÜTE.
ICH HÄTTE ES WISSEN MÜSSEN.

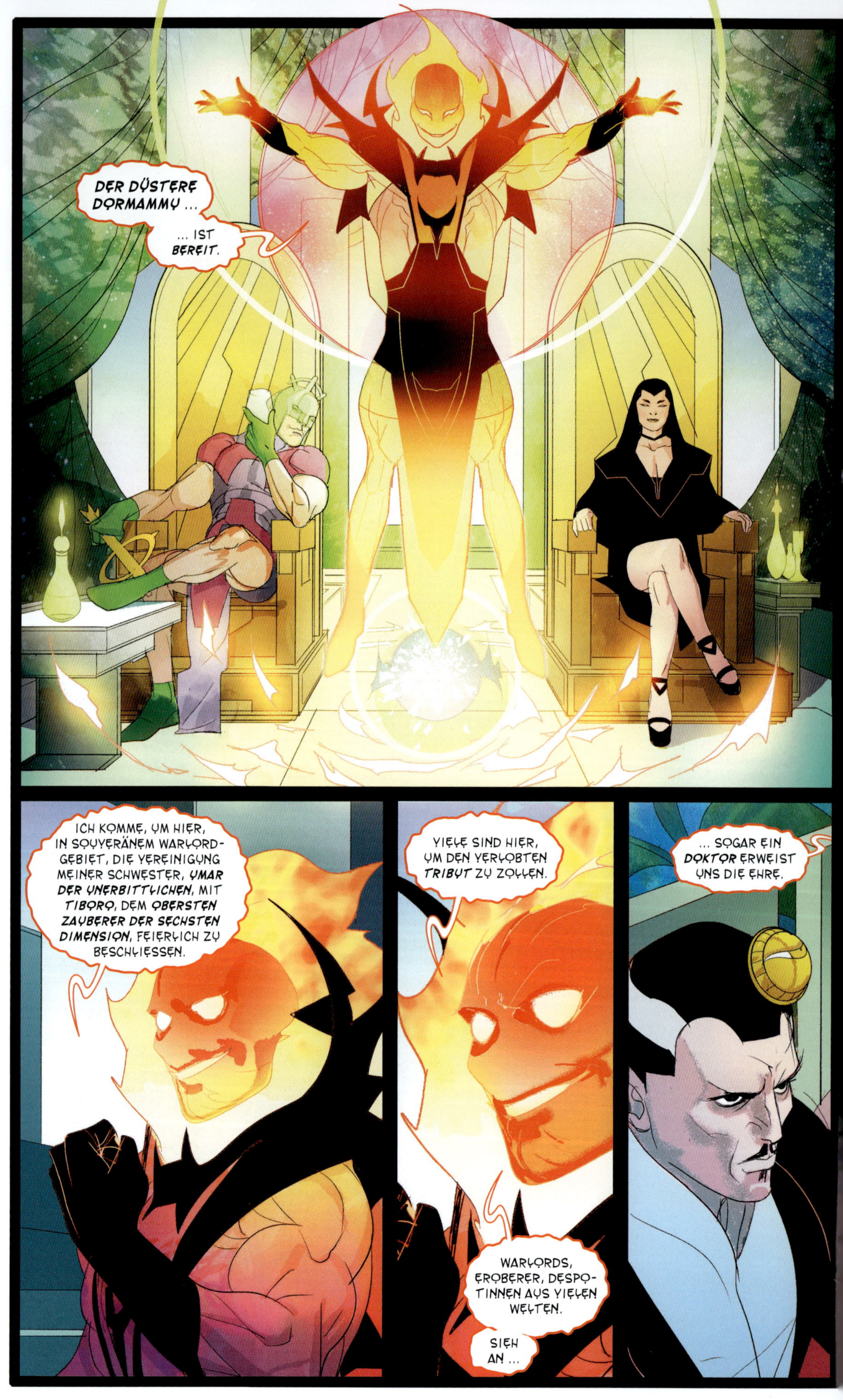
DER DÜSTERE DORMAMMU …
… IST BEREIT.
ICH KOMME, UM HIER, IN SOUVERÄNEM WARLORD-GEBIET, DIE VEREINIGUNG MEINER SCHWESTER, UMAR DER UNERBITTLICHEN, MIT TIBORO, DEM OBERSTEN ZAUBERER DER SECHSTEN DIMENSION, FEIERLICH ZU BESCHLIESSEN.
VIELE SIND HIER, UM DEN VERLOBTEN TRIBUT ZU ZOLLEN.
WARLORDS, EROBERER, DESPOTINNEN AUS VIELEN WELTEN.
SIEH AN …
… SOGAR EIN DOKTOR ERWEIST UNS DIE EHRE.

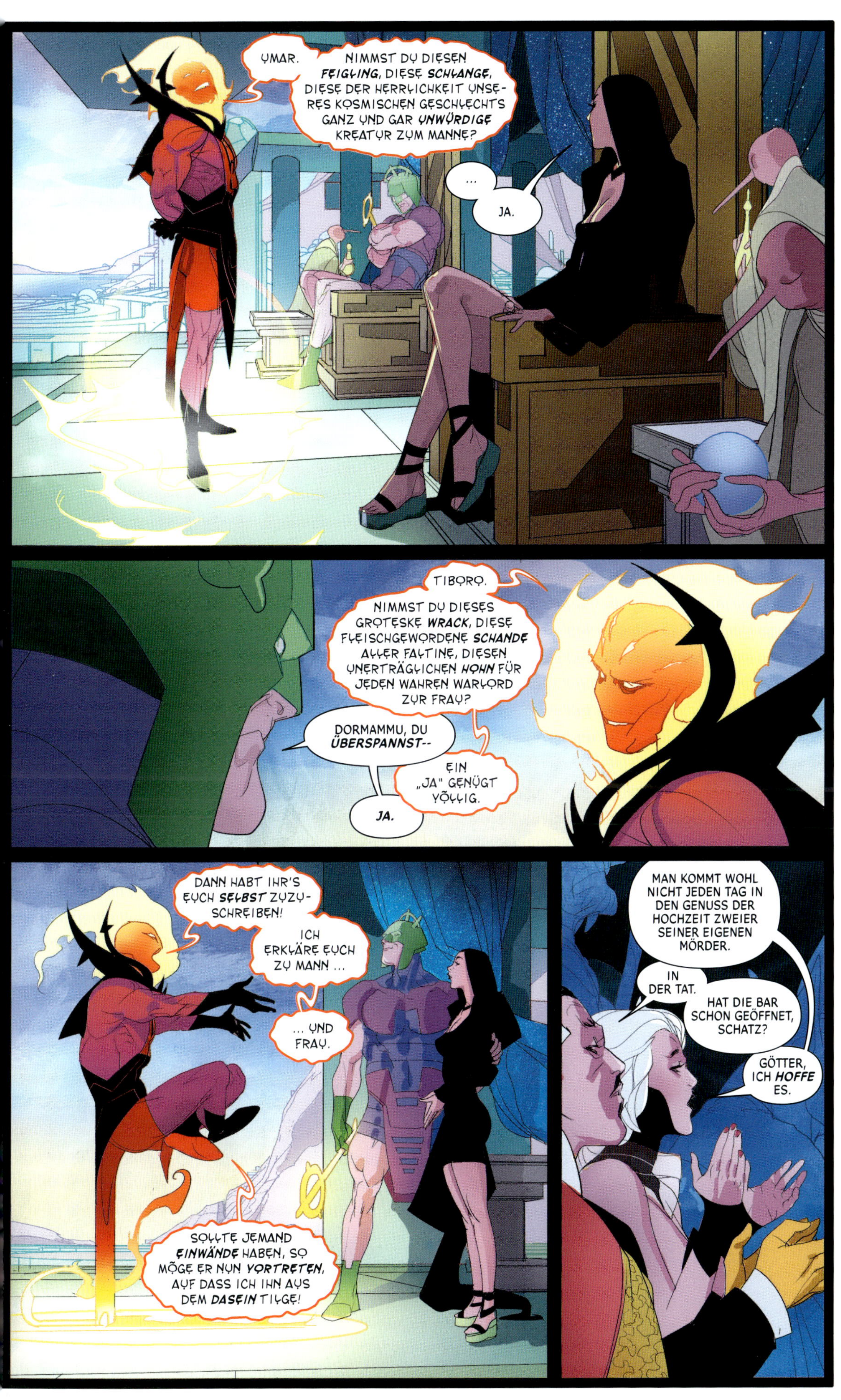
UMAR.
NIMMST DU DIESEN FEIGLING, DIESE SCHLANGE, DIESE DER HERRLICHKEIT UNSERES KOSMISCHEN GESCHLECHTS GANZ UND GAR UNWÜRDIGE KREATUR ZUM MANNE?
...
JA.
TIBORO.
NIMMST DU DIESES GROTESKE WRACK, DIESE FLEISCHGEWORDENE SCHANDE ALLER FALTINE, DIESEN UNERTRÄGLICHEN HOHN FÜR JEDEN WAHREN WARLORD ZUR FRAU?
DORMAMMU, DU ÜBERSPANNST--
EIN „JA" GENÜGT VÖLLIG.
JA.
DANN HABT IHR'S EUCH SELBST ZUZUSCHREIBEN!
ICH ERKLÄRE EUCH ZU MANN ...
... UND FRAU.
SOLLTE JEMAND EINWÄNDE HABEN, SO MÖGE ER NUN VORTRETEN, AUF DASS ICH IHN AUS DEM DASEIN TILGE!
MAN KOMMT WOHL NICHT JEDEN TAG IN DEN GENUSS DER HOCHZEIT ZWEIER SEINER EIGENEN MÖRDER.
IN DER TAT.
HAT DIE BAR SCHON GEÖFFNET, SCHATZ?
GÖTTER, ICH HOFFE ES.

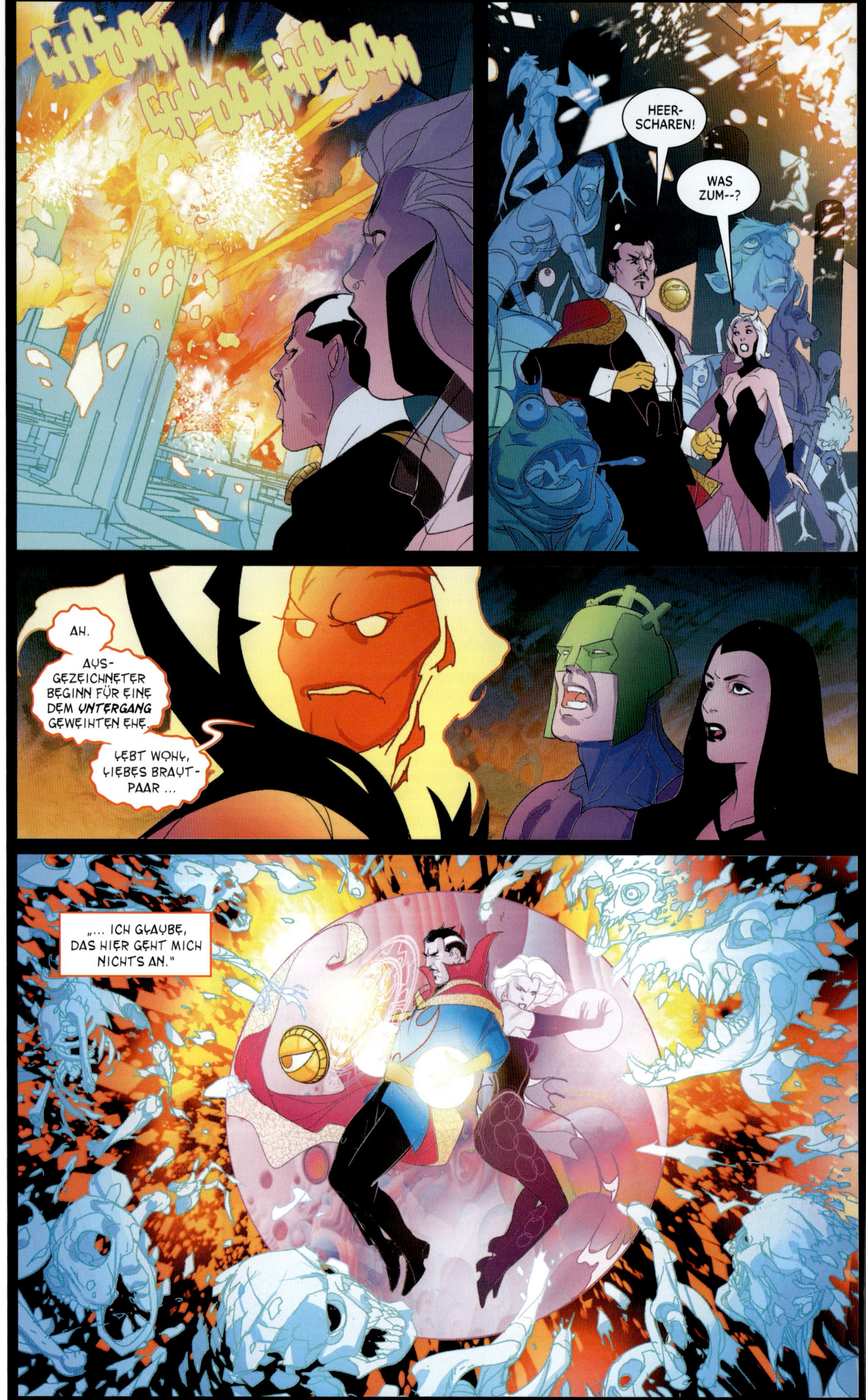
HEER-SCHAREN!
WAS ZUM--?
AH.
AUS-GEZEICHNETER BEGINN FÜR EINE DEM **UNTERGANG** GEWEIHTEN EHE.
LEBT WOHL, LIEBES BRAUT-PAAR …
„… ICH GLAUBE, DAS HIER GEHT MICH NICHTS AN."

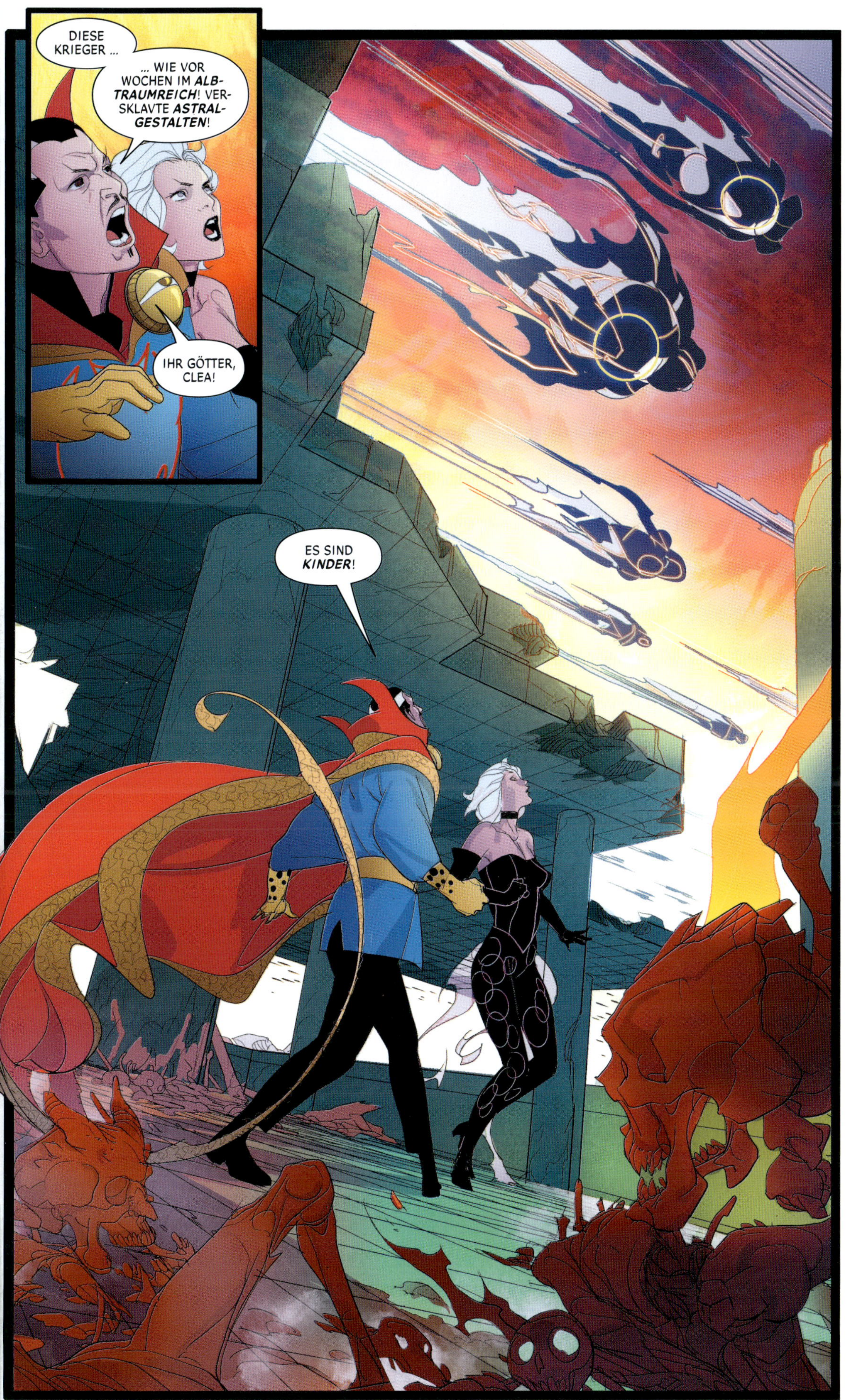
DIESE KRIEGER ...
... WIE VOR WOCHEN IM ALB-TRAUMREICH! VER-SKLAVTE ASTRAL-GESTALTEN!
IHR GÖTTER, CLEA!
ES SIND KINDER!

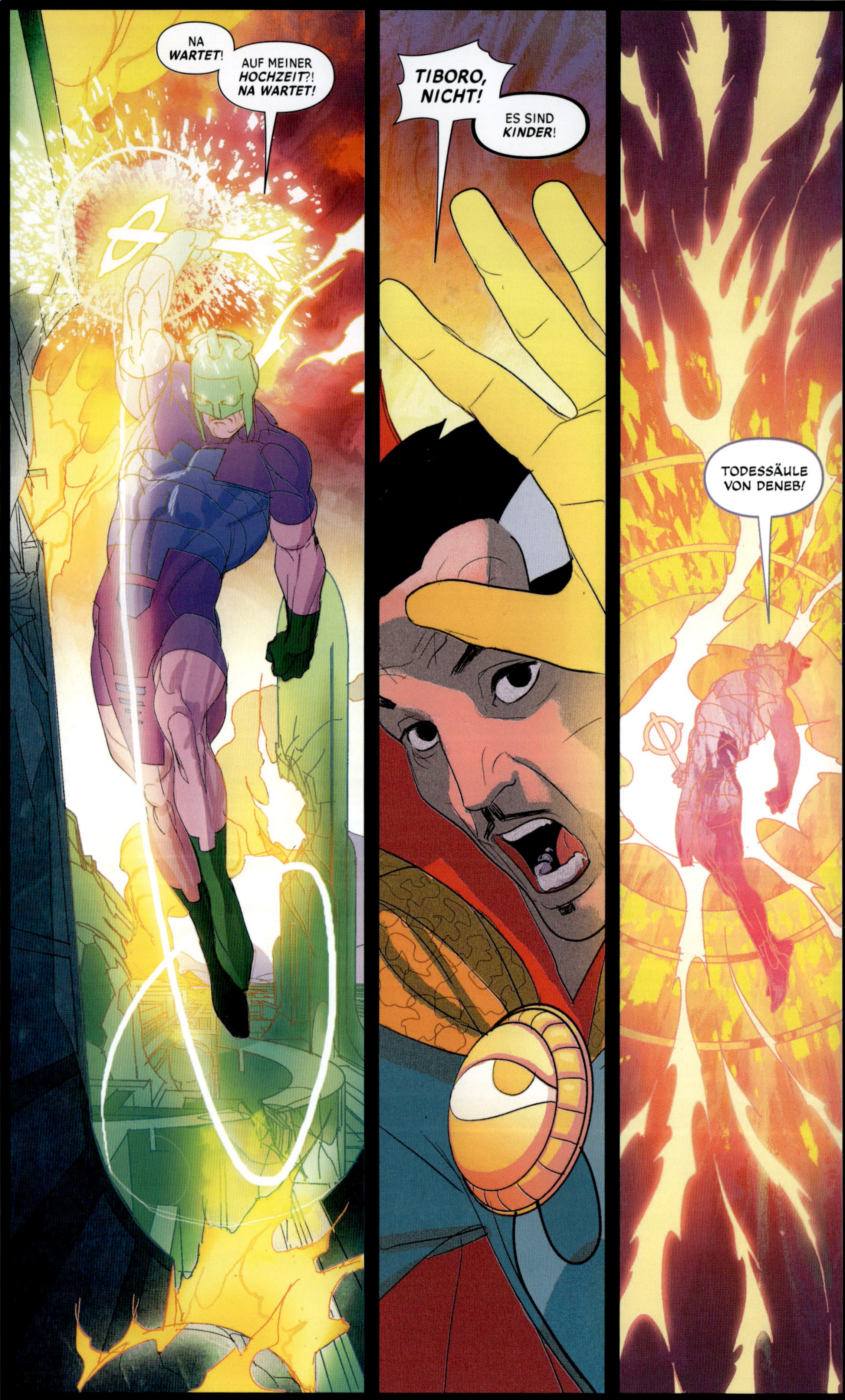
NA WARTET!
AUF MEINER HOCHZEIT?! NA WARTET!
TIBORO, NICHT!
ES SIND KINDER!
TODESSÄULE VON DENEB!

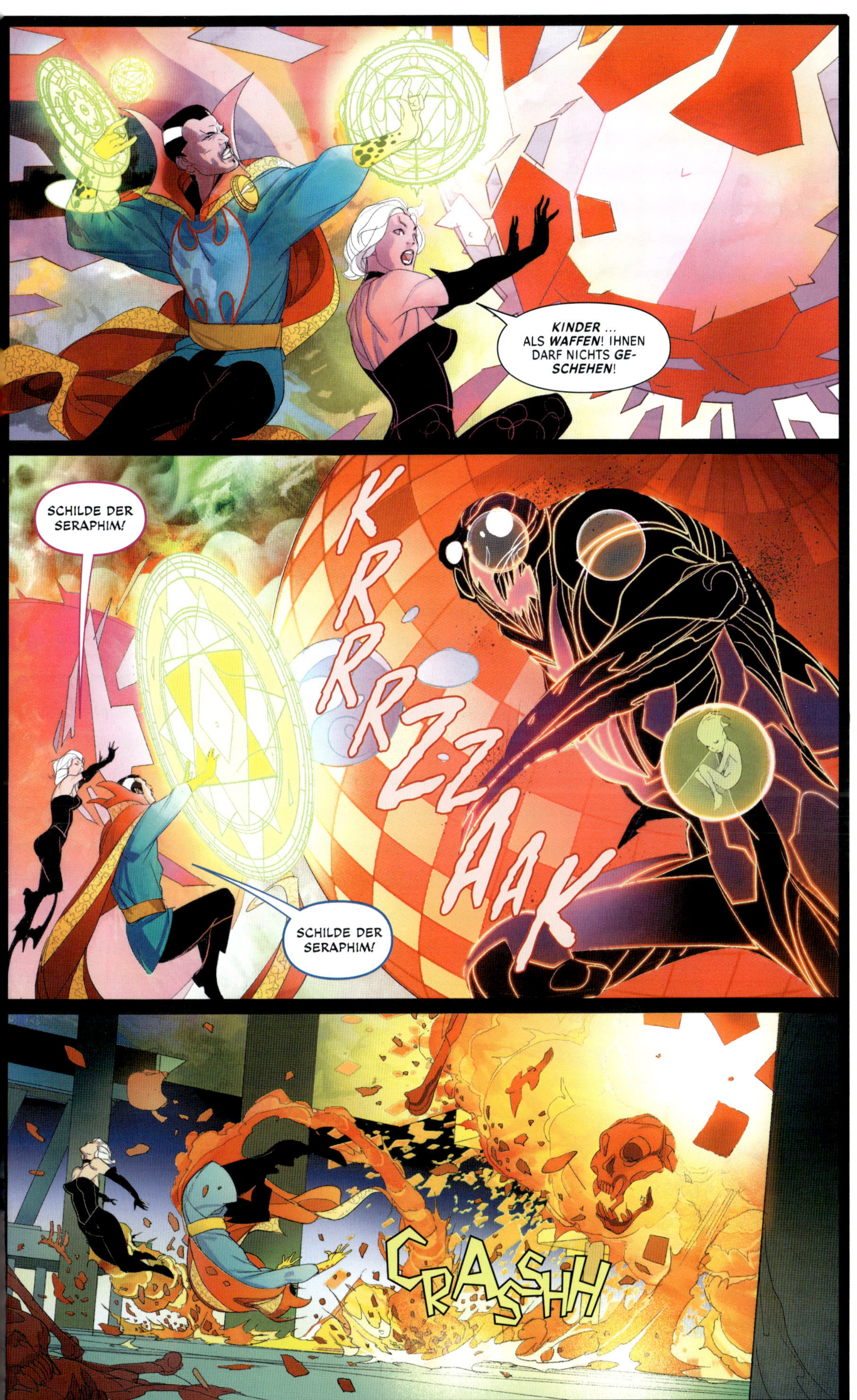
KINDER … ALS WAFFEN! IHNEN DARF NICHTS GESCHEHEN!
SCHILDE DER SERAPHIM!
KRRRZZAAK
SCHILDE DER SERAPHIM!
CRASHH

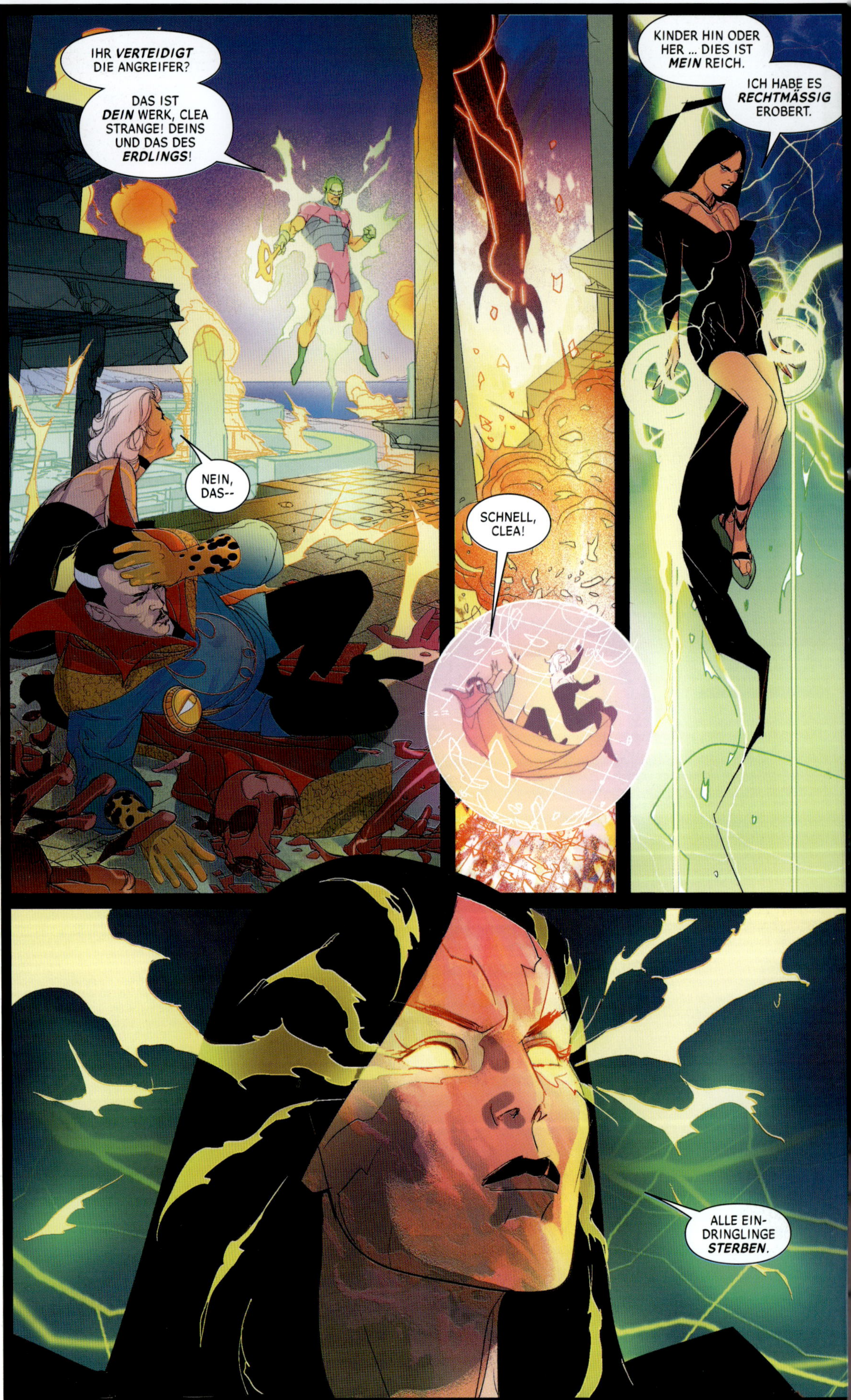

IHR VERTEIDIGT DIE ANGREIFER?
DAS IST DEIN WERK, CLEA STRANGE! DEINS UND DAS DES ERDLINGS!
NEIN, DAS--
SCHNELL, CLEA!
KINDER HIN ODER HER ... DIES IST MEIN REICH.
ICH HABE ES RECHTMÄSSIG EROBERT.
ALLE EIN-DRINGLINGE STERBEN.

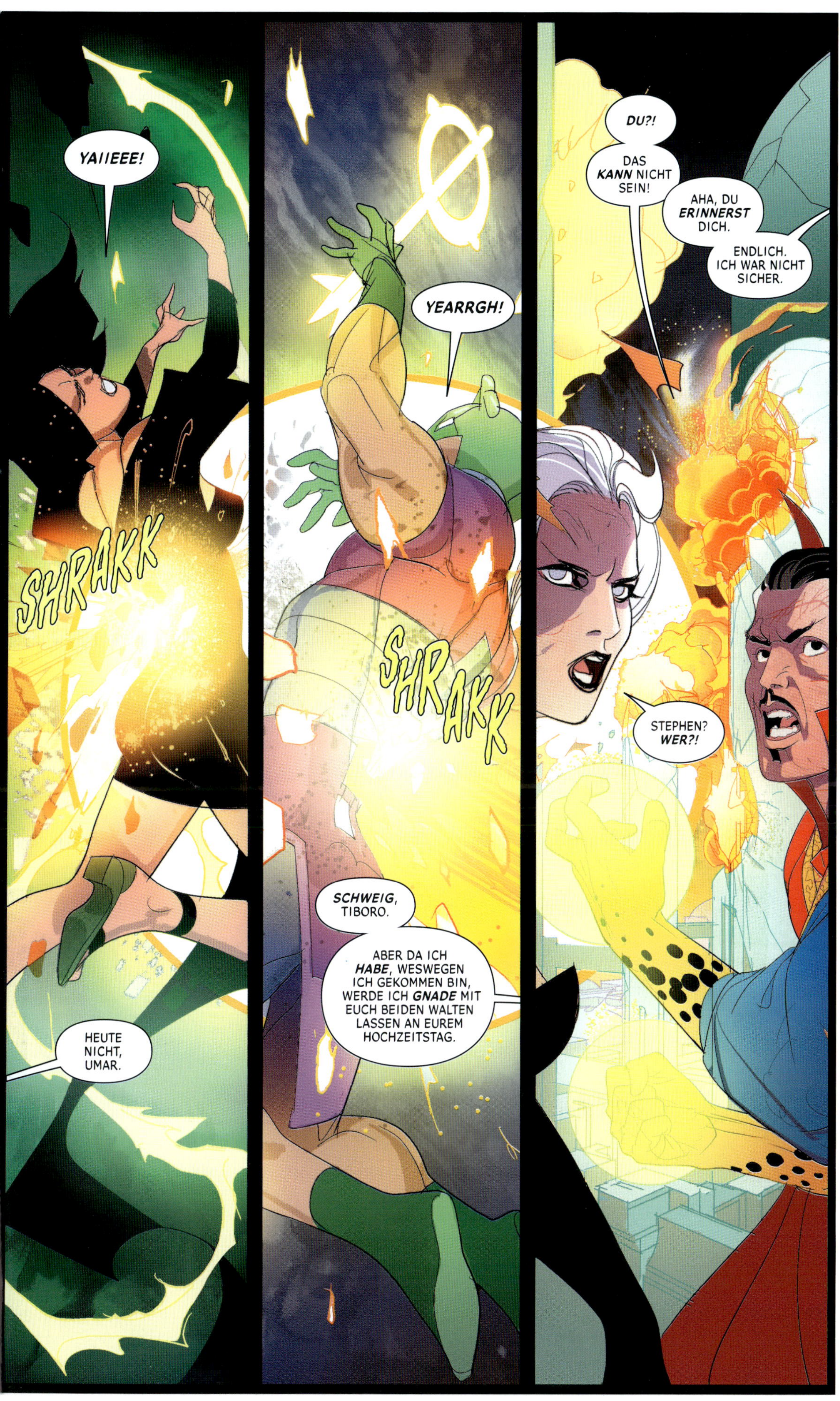
YAIIEEE!
SHRAKK
HEUTE NICHT, UMAR.
YEARRGH!
SHRAKK
SCHWEIG, TIBORO.
ABER DA ICH HABE, WESWEGEN ICH GEKOMMEN BIN, WERDE ICH GNADE MIT EUCH BEIDEN WALTEN LASSEN AN EUREM HOCHZEITSTAG.
DU?!
DAS KANN NICHT SEIN!
AHA, DU ERINNERST DICH.
ENDLICH. ICH WAR NICHT SICHER.
STEPHEN? WER?!

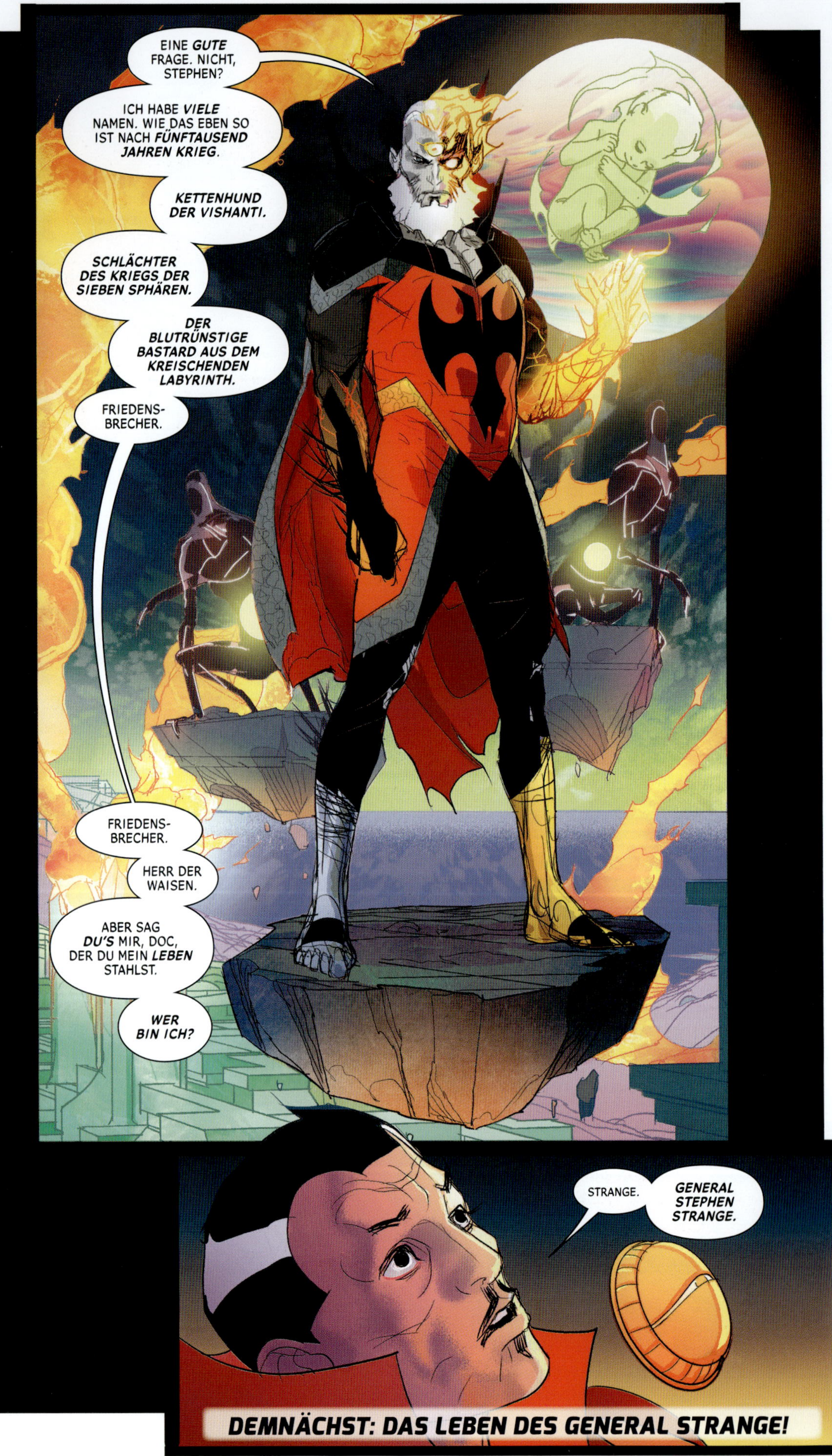
EINE *GUTE* FRAGE. NICHT, STEPHEN?
ICH HABE *VIELE* NAMEN. WIE DAS EBEN SO IST NACH *FÜNFTAUSEND JAHREN KRIEG*.
KETTENHUND DER VISHANTI.
SCHLÄCHTER DES KRIEGS DER SIEBEN SPHÄREN.
DER BLUTRÜNSTIGE BASTARD AUS DEM KREISCHENDEN LABYRINTH.
FRIEDENS-BRECHER.
FRIEDENS-BRECHER.
HERR DER WAISEN.
ABER SAG *DU'S* MIR, DOC, DER DU MEIN *LEBEN* STAHLST.
WER BIN ICH?
STRANGE.
GENERAL STEPHEN STRANGE.
DEMNÄCHST: DAS LEBEN DES GENERAL STRANGE!

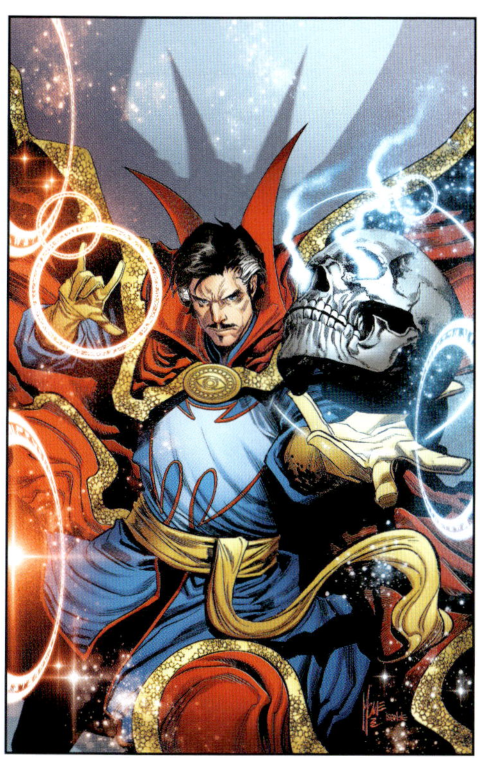

Doctor Strange (2023) 1
Variant-Cover von **MARCO CHECCHETTO**

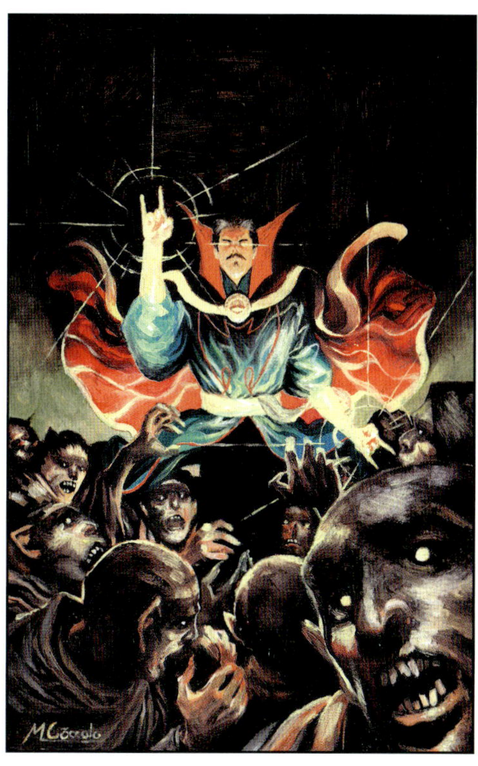

Doctor Strange (2023) 1
Variant-Cover von **MARTÍN CÓCCOLO**

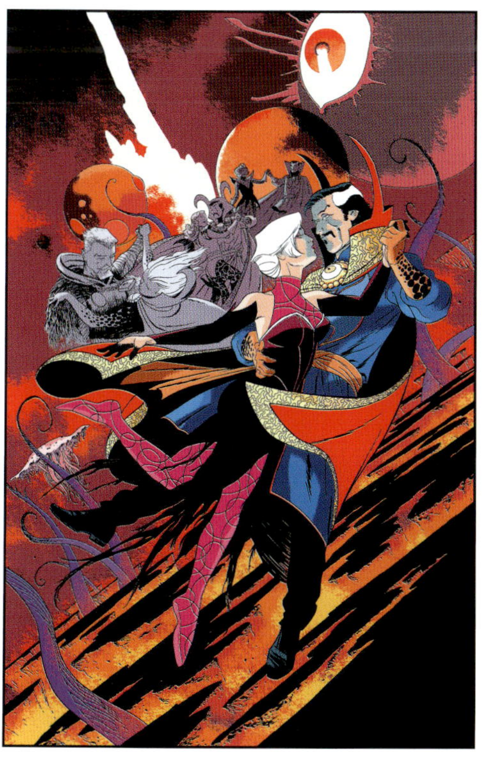

Doctor Strange (2023) 4
Variant-Cover von **MARCOS MARTÍN**

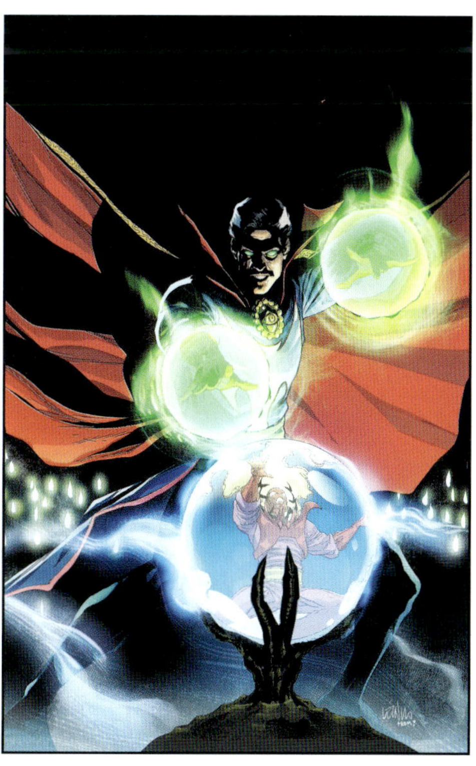

Doctor Strange (2023) 5
Variant-Cover von **LEINIL FRANCIS YU**

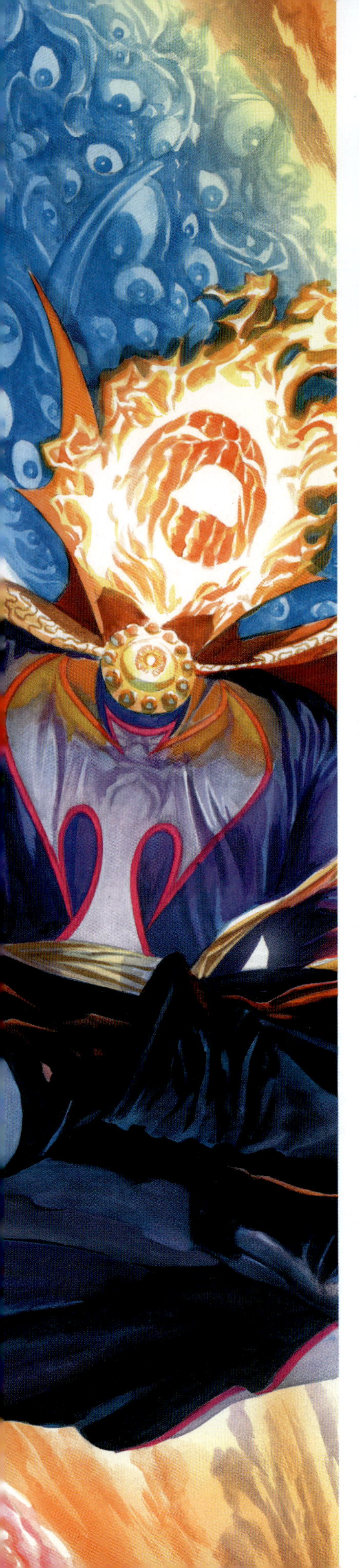

SANCTUM SANCTORUM

JED MACKAY lebt und arbeitet in Kanada. Seine Saga in DER TOD VON DOCTOR STRANGE und STRANGE, aber auch Titel wie MOON KNIGHT: WÄCHTER DER NACHT, BLACK CAT, SPIDER-VERSE: SPIDER-ZERO, TIMELESS und SPIDER-MAN machten ihn Anfang der 2020er zu einem von Marvels neuen Top-Autoren. Folgerichtig wurde er gerade zum Stammschreiber der AVENGERS-Serie mit Captain Marvel, Black Panther, Iron Man, Thor und anderen Helden ernannt. Zu MacKays weiterem Schaffen gehören Comics zum Fantasy-Sammelkartenspiel *Magic: The Gathering*, *Taskmaster*, *Man Without Fear*, *Daughters of the Dragon* und INFINITY WARS MEGABAND.

PASQUAL FERRY ist ein spanischer Künstler, der zunächst in seiner Heimat und in England veröffentlichte. Mitte der 1990er gelang ihm der Sprung über den großen Teich, anfangs zeichnete er z. B. *Heroes for Hire*, *Fantastic Four 2099* und *Warlock* für Marvel. Es folgten unter anderem THOR, DIE ULTIMATIVEN FANTASTISCHEN VIER, DER ULTIMATIVE IRON MAN, SPIDER-MAN: WAS WÄRE, WENN PETER PARKER ZUM MONSTER WIRD?, X-MEN, SUPERMAN, eine Comic-Adaption des Science-Fiction-Romans *Ender's Game*, *Namor: Conquered Shores*, *Adam Strange: Planet Heist*, *Superboy* und *Seven Soldiers of Victory*.

ANDY MACDONALD bebilderte bereits den Band WOLVERINE: INFINITY WATCH, außerdem Storys für WONDER WOMAN, BATMAN: DIE NACHT DER MONSTER-MENSCHEN, FUTURES END – DAS ENDE ALLER ZEITEN, JUSTICE LEAGUE OF AMERICA, *Rogue Planet*, *I Breathed a Body*, *Multiple Man*, *The Terminator: 1984* und andere Comics. Er lebt und arbeitet in Brooklyn.

AMY CHU schrieb nicht nur *Red Sonja*, sondern auch das Crossover *Red Sonja and Vampirella Meet Betty and Veronica*. Dazu kommen *Summit*, *Dejah Thoris*, mehrere Comics mit der Rockband Kiss, POISON IVY: KREISLAUF VON LEBEN UND TOD, *Aero* um die asiatische Marvel-Heldin gleichen Namens, *Green Hornet*, *Wonder Woman '77* und Infinity Comics mit den Avengers sowie über das Spider-Verse.

TOKITOKORO zeichnete noch eine Geschichte über Hulkling und Wiccan von Autor Josh Trujillo, erschienen in der digitalen Marvel-Reihe *Love Unlimited*.